去杠杆研究

娄飞鹏 著

中国金融出版社

责任编辑：石　坚

责任校对：刘　明

责任印制：裴　刚

图书在版编目（CIP）数据

去杠杆研究（Qu Ganggan Yanjiu）／娄飞鹏著．—北京：中国金融出版社，
2018.6

ISBN 978 – 7 – 5049 – 9537 – 7

Ⅰ.①去…　Ⅱ.①娄…　Ⅲ.①中国经济—研究　Ⅳ.①F12

中国版本图书馆 CIP 数据核字（2018）第 068666 号

出版
发行　中国金融出版社

社址　　北京市丰台区益泽路 2 号

市场开发部　（010）63266347，63805472，63439533（传真）

网 上 书 店　http：//www.chinafph.com

　　　　　　（010）63286832，63365686（传真）

读者服务部　（010）66070833，62568380

邮编　100071

经销　新华书店

印刷　保利达印务有限公司

尺寸　169 毫米×239 毫米

印张　17.5

字数　258 千

版次　2018 年 6 月第 1 版

印次　2018 年 6 月第 1 次印刷

定价　52.00 元

ISBN 978 – 7 – 5049 – 9537 – 7

如出现印装错误本社负责调换　联系电话（010）63263947

本书为国家社科基金重大项目"普惠金融发展视角下精准扶贫、精准脱贫的理论与政策研究"（批准号：15ZDC027），国家社科基金重大项目"中国经济走势的马克思主义政治经济学研究"（批准号：17ZDA036），教育部人文社科重点研究基地重大项目"中国人口增长与经济可持续发展问题研究"（批准号：14JJD790042）研究成果。

序

2018 年恰逢我国改革开放 40 周年，改革开放释放的活力推动了我国经济高速增长，堪称人类有史以来大国经济发展的奇迹。根据世界银行的统计，按照现价美元计量，我国 GDP 于 2006 年、2007 年、2010 年分别超过英国、德国、日本，其后至今一直位居全球第二位，并且在 2015 年超过了位居第三、第四、第五位的日本、德国、英国三国 GDP 之和。以现价美元计量的我国 GDP 占全球的比重，也从 1978 年的 1.75% 提升至 2016 年的 14.77%。如果按照购买力平价（PPP）来衡量并以现价国际元为单位，则相关测算表明，我国的经济总量已经超过美国位居全球第一位（当然这一指标仅具有特定角度上的参考意义）。在经济总量快速增长的同时，我国经济结构也在不断优化，社会发展成效非常显著。三次产业结构、城乡结构等重要的经济指标都在向好的方向发展，人口预期寿命、教育普及率等指标也都有可观的改进。人均国民收入指标已经成功步入中等收入国家行列中的上半区。

我国经济社会发展取得举世瞩目成就的背后，也存在一系列问题迫切需要通过深化改革提高增长质量来加以解决。国内经济运行面临的突出矛盾和问题，虽然有周期性、总量性因素，但根源是重大结构性失衡，导致经济循环不畅，必须从供给侧结构性改革上想办法，努力实现供求关系新的动态均衡。2015年12月召开的中央经济工作会议提出，要在适度扩大总需求的同时，着力加强供给侧结构性改革，作为切入点的重点任务是"三去一降一补"，即"去产能、去库存、去杠杆、降成本、补短板"。这是我国经济发展进入新常态的必然选择，是经济发展新常态下我国宏观经济管理必须确立的战略思路。2016年，以推进供给侧结构性改革为主线，并取得初步成效。2017年，党的十九大报告明确提出：建设现代化经济体系，必须以供给侧结构性改革为主线，要求把发展经济的着力点放在实体经济上，把提高供给体系质量作为主攻方向，显著增强我国经济质量优势，"坚持去产能、去库存、去杠杆、降成本、补短板，优化存量资源配置，扩大优质增量供给，实现供需动态平衡"。

去杠杆，作为供给侧结构性改革的一项重要内容，也是经济发展中需要着力解决的重大现实问题。自2008年国际金融危机以来，在主要发达经济体"量化宽松"加杠杆的背景下，我国经济生活中的杠杆率也快速提高。2016年，我国金融业增加值对GDP的贡献率达到8.31%，已经超过同期美国、英国和日本的水平。2009年以来，我国非金融企业杠杆率无论是与发达经济体还是与新兴经济体国家相比，都处于较高水平。我国杠杆率快速提高，的确与宏观经济增速放缓、间接融资为主的融资方式等有关，但在杠杆率快速提高的过程中，也不乏各种为了片面追求短期盈利而加杠杆的情况。杠杆率快速提高的同时，也隐藏了较大的风险隐患，许多人认为目前我国面临"灰犀牛"风险，包括影子银行、房地产价格泡沫、地方政府债务以及杠杆率快速提高等。从其形成的内在逻辑看，前三个因素都与第四个因素，即杠杆率快速提高有密切关系。

然而，我国去杠杆、控制杠杆率提高的难度却很大，面临着复杂的国内外形势。首先从国内看，以政策手段去杠杆面临较多掣肘。正如党的十九大报告所指出，"我国经济已由高速增长阶段转向高质量发展阶段，正处在转变发展方式、优化经济结构、转换增长动力的攻关期"，经济改革发展已经进入攻坚阶段，容易改的基本已经改完，剩下的都是难啃的硬骨头，其中需要解决的深层次问题多、难度大，去杠杆方面政策腾挪的空间相对较小。我国高杠杆率的结构性特点突出，非金融部门中企业杠杆率较高，国有企业相对民营企业杠杆率较高，地方政府相对中央政府杠杆率较高，城市家庭相对农村家庭杠杆率较高；金融部门中非银行业金融机构相对银行业金融机构杠杆率较高，银行业内部中小型银行相对大型银行杠杆率较高，表外资产相对表内资产杠杆率较高。这种情况决定了不宜仅仅采用总量政策去杠杆，一味收紧总量可能会对弱势群体造成更大的伤害，如简单紧缩货币政策，可能会首先加剧小微企业融资难、融资贵。总量政策已面临难以有效实施以及实施效果不好的问题。而采用结构性政策区别对待，既包括合理做出区别对待的难度，也包括让杠杆率在不同部门间转移，如增加政府杠杆率以转移私人部门杠杆率，却面临地方政府杠杆率本身就比较高、隐藏的风险也比较大、通过杠杆转移实现去杠杆的空间比较小的问题。

其次从国际看，去杠杆面临的国际形势依然复杂。在全球经济一体化背景下，我国经济开放程度已较高，作为经济大国对全球也有较大影响，在做出各项决策时不得不充分考虑国际形势和国际影响。2008 年国际金融危机之后的复苏阶段到来后，美国、欧元区、英国等发达经济体陆续进入去杠杆阶段，并取得较好成效，这种情况显然有利于我国扩大出口，2017 年货物和服务净出口对我国 GDP 的贡献率已明显提高。然而，目前的国际形势对我国政策灵活调整也存在掣肘：发达经济体在经济复苏态势明显的情况下，所开启的加息周期，从外部对我国货币政策灵活调整形成一定的压力；美国开始实施大规模减税计划，也在无形中增加了我国财政政策调控难度；国际贸易保护主义抬头，更是直接对我国出口贸易形成负面影响。贸易伙伴经济体政治上的"黑天鹅"事件，因地缘冲突等造成的局部地区不稳定等问题，也直接加剧了国际形势的复杂程度。

面对复杂的内外部形势和去杠杆重大且迫切的任务，需要全面深入研究，优化顶层设计，形成系统的解决方案。不仅杠杆率较高以及杠杆率快速提高形成了风险，去杠杆的过程中如果实施不当，也会引发新的风险，这在提高政策实施的难度的同时，更凸显了科学的系统化方案的重要性。

我在《中国式去杠杆：空中加油》一书的序言中曾经指出："要真正解决好我国杠杆率适当的问题，大框架上还是需要把握好中国'金融深化'过程中目前发展阶段上的基本特征，结合中国金融改革为全面改革和经济打造'升级版'服务的迫切需要，以及在市场完善程度有限情况下结构问题和'矛盾凸显'问题的挑战性，进而必须特别注重供给侧的分析，特别留心'区别对待'的必要性和实施机制问题，而不能简单就事论事或囫囵吞枣式笼统地谈杠杆率。我们应努力从整体及细分上对问题和风险做出中肯判断，以及给出一个具有全局视野、考虑到各方面影响的较完善系统化解决方案，从国家现代化全局的高度来解读这一盘很大的棋局，并争取成为较有水平的'支招者'，做出有决策参考、支撑价值的建议。"

娄飞鹏博士《去杠杆研究》这本书，围绕去杠杆的研究主题，研究了金融部门和非金融部门两个部门杠杆率的衡量、现状和形成机制，探讨了高杠杆率的潜在危害，分析了国外去杠杆的经验教训以及国内去杠杆的做法和进展，最后提出了去杠杆的思路、重点和建议。作者作为一名金融从业人员，在企业从事实务工作，平日工作很忙，但在工作之余挤时间积极对宏观经济和金融进行深入思考研究。他博士毕业参加工作近8年来，一直坚持不懈地研究并形成了一系列公开发表的研究成果。由于他从本科到博士研究生毕业受过正规系统的经济学理论教育，工作后注重理论密切联系实际继续加强自身的研究功底，对一些经济金融问题形成了独到的看法。这些都成为他形成此部专著的支撑因素。作为他的导师，我对娄飞鹏博士的研究成果甚感欣慰，希望他在今后更好地兼顾工作与生活的前提下，把研究工作继续坚持做下去，多出高质量的成果。

本书作为一本研究去杠杆的专著，对去杠杆进行了较为深入系统的研究，书中的一些观点既直面实际，又不乏创意，在此略举一二。书中在对杠杆问题进行描述时，从资金循环流转的角度对高杠杆率进行分析，针对我国经济与金融运行的实际，比较有效地解释了金融部门和非金融部门杠杆率同时快速提高的问题，进而也说明了去杠杆需要统筹考虑金融部门和非金融部门，并且去杠杆不能操之过急。本书在解释高杠杆的形成机制时，提出资金脱实向虚主要推动金融部门杠杆率快速提高，也导致家庭部门、以房地产行业为代表的非金融企业的杠杆率提高，也是很具创意的观点。本书在讨论去杠杆的措施建议时，提出扩大消费来降低杠杆率，不仅从微观的企业资产负债表层面看有合理性，而且从宏观方面看把去杠杆和增强消费对经济发展的基础性作用有机统一，是很有启发性的观点。在去杠杆的建议部分，书中对党的十九大报告提出的"健全货币政策和宏观审慎政策双支柱调控框架"最新政策思路，进行了全面分析，时效性很强。书中还有不少富有新意之处，不再一一列举。

　　总之，我既为鼓励娄飞鹏博士继续坚持做好研究，又愿对本书的理论联系实际取向予以肯定，所以在他恳请我为其新书作序时，我欣然应允，在此向读者朋友们推荐这本书，相信会有益于共同深化认识、优化对策的努力。

贾　康
2018 年 5 月

目　　录

第一章
绪　论

党的十九大报告明确提出："深化供给侧结构性改革……坚持去产能、去库存、去杠杆、降成本、补短板，优化存量资源配置，扩大优质增量供给，实现供需动态平衡。"[①] 在深化供给侧结构性改革的过程中，去杠杆是需要重点推进的五大重要任务之一。2015 年中央经济工作会议首次提出去杠杆之后，去杠杆一直是国内经济社会发展中着力解决的重大问题。2017 年的总理政府工作报告明确提出："积极稳妥去杠杆。"2017 年 7 月 14 日至 15 日召开的第五次全国金融工作会议也明确提出："要推动经济去杠杆"，把去杠杆作为首要任务。从全球范围看，包括我国在内的全球主要经济体未来十年仍面临较大的去杠杆压力。[②] 然而，作为全球第二大经济体，我国去杠杆面临的问题相对更多也更复杂，这决定了有必要加强对该领域的研究，总结国内外去杠杆的经验，以期为更好地实施去杠杆提供参考借鉴。

一、研究的背景

2008 年国际金融危机之后，无论是从纵向发展历史看还是横向国际比较看，我国金融部门和非金融部门的杠杆率都经历了快速提高，金融部门和非金融企业杠杆率较高，为经济金融持续健康发展埋下了较大的风险隐患，面临较大的去杠杆压力。

2008 年以来，我国金融部门和非金融部门杠杆率增长较快。2008 年国际金融危机之前，美国金融监管放松，次级贷款规模高涨，经济泡沫恶性膨胀，[③] 也就是杠杆率高涨，危机发生后，全球主要发达经济体纷纷进入去杠杆阶段。然而，我国却在这一大背景下出现了杠杆率快速上涨，不

---

① 习近平. 决胜全面建成小康社会 夺取新时代中国特色社会主义伟大胜利 ［M］. 北京：人民出版社，2017：30 – 31.

② CF40 课题组. 主动去杠杆还是被动去杠杆 ［J］. 中国金融，2016（19）：12 – 14.

③ 刘鹤. 两次全球大危机的比较 ［J］. 管理世界，2013（3）：1 – 7.

论是金融部门还是非金融部门都是如此。从纵向发展看，我国杠杆率快速提高。根据国际清算银行（BIS）的统计数据，2008 年底至 2017 年 6 月底，我国非金融部门杠杆率从 141.3% 上升至 255.9%，增幅为 81.1%。同期，根据中国人民银行的统计数据，国内资产规模最大的金融子行业银行业总资产从 64.15 万亿元增加至 240.42 万亿元，增幅为 274.78%。从横向比较看，我国杠杆率快速提高的特点也十分明显。2008 年底至 2017 年 6 月底，我国非金融部门的杠杆率增幅为 81.1%，同期 BIS 报告的国家和地区、发达国家、20 国集团（G20）、新兴经济体国家的杠杆率增幅分别为 19.98%、14.33%、18.98%、77.24%。我国银行业总资产规模在经历 9 年的快速扩张后，2016 年底达到 33.2 万亿美元，是同期美国银行业总资产 16.07 万亿美元的两倍多，比同期欧元区银行业总资产 31 万亿美元高出逾 2 万亿美元。[1]

在杠杆率普遍快速提高的同时，加杠杆也呈现明显的结构性特点。从非金融部门看，与发达国家相比，我国非金融部门杠杆率整体不算高，政府部门、家庭部门杠杆率较低，但非金融企业杠杆率较高。[2] 2017 年 6 月底，我国政府部门的杠杆率为 45.7%，不到发达国家总体水平 108.6% 的一半，家庭部门的杠杆率为 46.8%，[3] 也属于全球范围内的较低水平，但非金融企业的杠杆率为 163.4%，是同期美国 73.3%、英国 81.8% 的两倍多。政府部门中，地方政府相对中央政府杠杆率更高；非金融企业中，国有企业相对民营企业杠杆率更高。[4] 根据财政部和审计署的统计数据，2016 年底，我国地方政府的杠杆率为 30%，中央政府的杠杆率为 16%，前者接近后者的两倍。根据国家统计局的工业企业统计数据，2017 年 9 月底，国有企业负债占我国非金融工业企业债务总额的 62.55%。

---

① 李迅雷. 金融严管下周期还能延续？［EB/OL］. http：//www.cfi.net.cn/p20170505000659.html，2017 - 05 - 05.

② 娄飞鹏. 非金融部门杠杆率现状与去杠杆建议［J］. 西南金融，2017（7）：23 - 29.

③ BIS 统计数据用的是家庭部门，人民银行资产负债表统计报表科目中用的是居民部门，二者并没有实质的区别。本书对二者的使用也不做区分，具体原则是，涉及 BIS 的统计数据用家庭部门，涉及人民银行的统计数据用居民部门。

④ 娄飞鹏. 协调推进金融和实体经济去杠杆［N］. 学习时报，2017 - 06 - 30.

从金融部门看，与银行业相比，非银行金融机构杠杆率更高；在银行业内部，资产负债表外的资产，即表外资产相对表内资产杠杆率更高，中小型银行相对大型银行杠杆率更高。[①] 2008～2016 年，我国国内生产总值（GDP）年均增长率为 8.42%，而同期银行业、保险业、证券业、基金业总资产年均增长率依次为 17.52%、21.11%、20.19%、16.25%，信托业 2011～2016 年总资产年均增长率为 36.69%，金融业总资产增长率远超 GDP 增长率，非银行金融机构增长得更快。2016 年，我国金融业总资产增长率情况是，银行业为 15.68%，保险业为 22.31%，信托业为 24.01%，基金业为 13.16%，同样远超 6.7% 的 GDP 增长率。在银行业内部，一方面，表外资产相对表内资产扩张速度更快。2010～2016 年，银行理财产品余额年均增长率高达 50.62%，而理财产品中 70%～80% 为非保本型理财，不在银行资产负债表内统计。这说明，银行表外资产扩张速度大幅度高于表内，表外杠杆率更高。另一方面，受中小型商业银行风险偏好较高，加杠杆更快等因素影响，其总资产在银行业总资产中的占比快速提高，而大型商业银行总资产占比则快速降低。根据银监会的统计数据，2008～2016 年，大型商业银行总资产占银行业总资产的比例从 51.03% 下降至 37.29%，股份制商业银行、城市商业银行总资产所占比例分别从 14.13%、6.62% 上升至 18.72%、12.16%。

高杠杆是宏观金融脆弱性的总根源。[②] 从国外历次金融危机看，金融危机时期杠杆率绝对水平高低不一，无法从中寻求规律，但危机发生前杠杆率快速上涨是一个共同的特点。[③] 我国的高杠杆率也是面临的"灰犀牛"之一，其造成了较大的资产价格泡沫，对宏观经济金融健康持续发展形成了较高的潜在威胁，也影响了宏观调控政策和监管政策的传导，不利于系统性金融风险的有效防范。在我国全面建成小康社会、实现第一个

---

① 娄飞鹏. 协调推进金融和实体经济去杠杆 [N]. 学习时报, 2017－06－30.

② 周小川. 守住不发生系统性金融风险的底线 [A]. 党的十九大报告辅导读本. 北京：人民出版社, 2017：100－109.

③ Carmen Reinhart, Kenneth Rogoff. Financial and Sovereign Debt Crises: Some Lessons Learned and Those Forgotten [R]. IMF Working Paper, No. 13/266, 2013.

百年奋斗目标，又要乘势而上开启全面建设社会主义现代化国家新征程，向第二个百年奋斗目标进军的过程中，系统性金融风险是战略目标能否顺利实现的关键影响因素之一。从这个角度看，高杠杆率不仅危害经济金融健康持续发展，也对社会和谐稳定有着较大的威胁。

在此背景下，去杠杆自然成为我国经济金融发展中必须要解决的一个重大问题，甚至推动经济金融健康持续发展的首要任务就是去杠杆。正因如此，党和政府的重要会议文件多次强调去杠杆，相关部门采取了多种措施，理论和实务界也进行了较多的研究探索并提出了相关的建议。但从所处的环境看，国际形势复杂多变，我国经济体量总体较大，国内经济金融领域面临的矛盾较多，经济对外开放程度较高等共同决定了去杠杆的困难较大。从去杠杆自身看，去杠杆事关降成本、去产能，是一项系统工程，需要多个部门综合施策，把宏观和微观、金融和实体、国内和国外、政府和市场、短期和长期、资产和负债、总量和结构、存量和增量、货币政策和监管政策等统筹规划，[①] 形成系统性解决方案。为了更好地推进去杠杆，深化供给侧结构性改革，有必要对去杠杆进行更加全面、深入、系统的研究，其意义也十分重大。

二、杠杆率的界定与衡量

杠杆率并没有一个明确的界定，金融部门和非金融部门的杠杆率也有不同的衡量标准。高杠杆率在非金融部门体现为过度负债，在金融部门体现为信用过快扩张。[②] 相比之下，非金融部门杠杆率的界定更明确并且标准较为统一，而金融部门杠杆率界定则更加复杂不一。在非金融部门，一

---

① 娄飞鹏. 杠杆要去也要优 [J]. 武汉金融，2017 (5)：1.
② 周小川. 守住不发生系统性金融风险的底线 [A]. 党的十九大报告辅导读本. 北京：人民出版社，2017：100 – 109.

般用债务/GDP①、广义货币供应量（M₂）/GDP、非金融企业资产负债率来衡量杠杆率。② 在衡量杠杆率时，分母用 GDP 这一流量指标而不用经济存量指标，主要是由于经济存量大多以实物形式存在，不能用来直接偿债，偿债能力主要还是依赖经济流量。③

对于金融部门，监管制度对细分行业规定有严格的杠杆率指标标准。如 2015 年 1 月 30 日，银监会发布的《商业银行杠杆率管理办法（修订）》（银监会令〔2015〕1 号）规定："杠杆率，是指商业银行持有的、符合有关规定的一级资本净额与商业银行调整后的表内外资产余额的比率。"其他金融细分行业也有相关的杠杆率规定，具体见表 1－1。然而，由于金融行业有着较为严格的监管，并且杠杆率是一个核心的监管指标，金融机构经营中也会努力实现监管达标，这决定了按照监管规定的杠杆率指标分析金融部门杠杆率情况并不是一个最佳的选择，因而分析金融部门杠杆率就需要寻求替代指标，一般从资产规模总量和增速等指标侧面反映。④

表 1－1　　　　　　　　　金融业杠杆率的监管规定

行业	杠杆率	制度来源
银行业	并表和未并表的杠杆率均不得低于 4%	《商业银行杠杆率管理办法（修订）》（银监会令〔2015〕1 号）
证券业	资本杠杆率不得低于 8%	《证券公司风险控制指标管理办法》（证监会令第 125 号）
期货业	净资本与净资产的比例不得低于 20%，负债与净资产的比例不得高于 150%	《期货公司风险监管指标管理办法》（证监会令第 131 号）

① 对于采用债务/GDP 的杠杆率衡量方式，也有学者认为这是用存量指标比流量指标，其经济意义模糊，主张在微观层面用"债务/息税前利润"来衡量偿债的可持续性，在宏观层面用"债务/可付息收入流"来衡量偿债的可持续性。详见：李扬. 综合施策去杠杆 [J]. 中国经济报告，2016（10）：83－85. 王国刚. "去杠杆"：范畴界定、操作重心和可选之策 [J]. 经济学动态，2017（7）：16－25.

② 魏革军. 去杠杆的哲学 [J]. 中国金融，2016（12）：5.

③ 李奇霖，张德礼，常娜，钟林楠. 中国杠杆全解析：金融杠杆的量化、跟踪与测算 [EB/OL]. https：//xueqiu.com/8107212038/89746175，2017－07－31.

④ 姜超，梁中华. 金融杠杆是怎样炼成的？ [EB/OL]. http：//money.163.com/17/0314/07/CFFJ4KHL002580S6.html，2017－03－14.

行业	杠杆率	制度来源
金融资产管理公司	集团母公司杠杆率不得低于6%，集团财务杠杆率不得低于8%	《金融资产管理公司资本管理办法（试行)》（银监发〔2017〕56号)
信托业	净资产与全部融资类单一资金信托余额的比例不得低于5%，净资产与全部融资类集合资金信托计划余额的比例不得低于12.5%	《信托公司条例（征求意见稿)》
金融租赁	资本净额与风险加权资产的比例不得低于银监会的最低监管要求	《金融租赁公司管理办法》（银监会令〔2014〕3号)

资料来源：根据公开资料整理。

正是受上述因素的影响，研究人员在具体研究时，往往会根据自己的理解对金融杠杆进行界定和分类。杠杆是以少量资金撬动大量资金，在承担较大风险的情况下获得更大的收益。在金融部门内，杠杆可以从金融产品和金融机构两个层面界定，其本质是金融机构和金融产品的信用衍生，利用期限错配、流动性溢价、信用风险获取更多的利差收益。具体见表1－2。总体而言，金融产品层面的杠杆可分为融资杠杆和结构化杠杆。前者是在用资金购买金融产品后，再以金融产品质押对外融资并利用融入的资金购买金融产品，从而实现以少量资金撬动大量资金的金融加杠杆。后者是在结构化的金融产品中通过优先与劣后的分层设计，以少量的劣后资金撬动大量的优先资金实现金融加杠杆，其融资行为发生在同一产品之中。① 金融机构层面的杠杆，主要是通过主动或被动负债，业务嵌套或拉长链条等实现金融机构资产负债表的扩张，即扩表。②

表1－2　　　　　　　　　金融部门杠杆的不同界定与分类

研究者	杠杆的界定与分类
姜超	狭义的杠杆是指金融机构通过债券质押式回购加杠杆获益的情况。广义的杠杆是指商业银行和非银行金融机构的规模扩张

---

① 孙海波，刘诚燃.2017年银行监管趋势：核心负债、理财、加杠杆、委外［EB/OL］. http://www.gold678.com/dy/A/481476，2017－02－28.

② 娄飞鹏.金融领域高杠杆的深层次成因与去杠杆建议［J］.西南金融，2017（6）：22－28.

续表

研究者	杠杆的界定与分类
李奇霖	微观层面上的金融杠杆是金融机构先利用自营资金购买债券资产，之后将债券在回购市场质押融资，以此进行滚动续作实现加杠杆。宏观层面上的金融杠杆主要在于金融体系内的信用衍生，主动负债扩大规模
郭磊	金融加杠杆是金融扩表过程中短久期负债撬动长久期资产。狭义加杠杆是指金融机构在货币市场上拆借资金，维系资金端和资产端的期限错配。广义加杠杆泛指金融机构的扩表行为
孔祥、何帆	产品杠杆包括结构化配资、收益互换、理财产品多杠杆嵌套、伞型信托等。流动性杠杆包括银行间债券市场和证券交易所市场债券质押式回购加杠杆、股票场内融资融券等。久期杠杆包括扩大期限错配、开展资金池投资、用短久期的同业理财投资长久期非标准化债权资产，即非标资产等
孙海波、刘诚燃	融资杠杆是指资产管理计划在投资运作期间，以资产管理计划的资产为担保而进行的融资。结构化杠杆是结构化分级产品中优先份额与劣后份额之比

资料来源：姜超. 金融去杠杆走向何方——从信用扩张和货币政策看债市 [EB/OL]. https://wallstreetcn.com/articles/288308，2017-02-07. 李奇霖. 如何看待金融去杠杆 [J]. 银行家，2017（8）：92-94. 郭磊. 金融杠杆到底是什么？[EB/OL]. http://mt.sohu.com/20170320/n483991015.shtml，2017-03-20. 孔祥，何帆. 金融去杠杆去到哪儿了？[EB/OL]. http://mt.sohu.com/business/d20170329/130945516_499106.shtml，2017-03-29. 孙海波，刘诚燃. 2017年银行监管趋势：核心负债、理财、加杠杆、委外 [EB/OL]. http://www.gold678.com/dy/A/481476，2017-02-28.

本书总体的原则是：对非金融部门杠杆率的衡量采用 BIS 的信贷/GDP，这样处理的原因是，BIS 的统计数据较为权威，在各类研究中使用得较多，而且对全球主要国家和地区都进行了统计公布便于国际比较研究。对金融部门杠杆率增长以总资产增长率来衡量。这是基于下述理由：第一，对金融杠杆率，并没有统一的界定和衡量指标。[1] 第二，金融机构杠杆率分析基本上可以等同于金融机构资产负债表扩张分析。[2] 第三，从

[1] 巴曙松，王月香. 金融去杠杆的缘起与走向 [N]. 上海证券报，2017-04-19.
[2] 郭磊. 同业存单撬动结构性杠杆：从何而来、向何处去？[EB/OL]. https://wallstreetcn.com/articles/297599，2017-03-29.

货币金融的角度看，加杠杆的过程就是增加货币供应或者信贷规模，[①] 也就是银行等金融机构资产规模扩张的过程。第四，从实际情况看，缩减资产负债规模，即缩表是银行业去杠杆的有效途径之一，这也可以佐证用总资产增长率表征金融部门杠杆率的有效性。[②]

全书在具体分析时，为了更好地说明问题，个别地方使用了其他杠杆率衡量标准。如家庭部门杠杆率也用信贷与家庭收入的比值衡量，从这个角度提醒大家理性看待家庭部门杠杆率；在分析去杠杆的成效时用了工业企业资产负债率这些微观指标，但这并不影响全书的分析。

三、主要内容和篇章结构

围绕去杠杆的研究主题，全书从研究的背景和杠杆率的衡量，金融部门和非金融部门杠杆率的发展与现状，非金融部门加杠杆的资金来源变化，同业存单在金融部门加杠杆中的作用，资金在金融部门和非金融部门循环流转视角的加杠杆，杠杆率快速提高的形成机制，高杠杆率和杠杆率快速提高的危害，去杠杆的国内外做法，去杠杆的思路重点和路径建议等方面开展研究。全书共分为十二章，各章的主要研究内容如下：

第一章为绪论。本章介绍了研究的背景，杠杆率的衡量，全书的主要研究内容和框架结构。

第二章为非金融部门的杠杆率。本章从数据来源和指标说明，非金融部门杠杆率的纵向发展变化和横向国际比较，客观看待非金融部门杠杆率等方面展开。其中在国际比较部分，不仅与全球和发达国家相比，也与新兴经济体国家比较，更全面地分析我国非金融部门的杠杆率。这种更全面的国际比较也是本章的一个特点。我国非金融部门杠杆率在 2008 年国际

---

① 李扬. 杠杆率和不良率攀升如何在刀刃上平衡？［EB/OL］. http：//www. imi. org. cn/view-point/26621，2017 – 05 – 02.

② 娄飞鹏. 资金循环流转视角的去杠杆思路 ［J］. 浙江金融，2017（7）：22 – 30.

金融危机之后快速提高，在全球范围内从较低水平进入较高水平。目前虽然政府部门和家庭部门杠杆率低于发达国家，但非金融企业杠杆率远高于发达国家。本章也提出，对国内非金融部门杠杆率快速提高，以及非金融企业杠杆率绝对水平较高的情况需要客观理性看待，加杠杆是在经济增速和利率下行的环境下实现，杠杆率较高呈现较强的结构性特点，非金融企业杠杆率较高和政府部门杠杆率较低之间有着密切的关系，家庭部门杠杆率较低但快速增长，并且评价家庭部门杠杆率也要考虑到家庭部门的收入及其增长问题。

第三章为金融部门的杠杆。本章从金融产品和金融机构两个层面开展分析，金融产品层面的杠杆可分为融资杠杆和结构化杠杆，[①] 也结合债券市场质押式回购情况分析了产品层面的融资杠杆。对于金融机构层面的杠杆问题，一方面是考虑资产规模最大的金融子行业银行业的资产规模变化，另一方面是考虑在金融系统内部，银行业是各类非银行金融机构加杠杆的主要资金供给方，也可以以银行业对金融机构的债权规模及其变化来粗略衡量金融业的加杠杆情况，[②] 并对其他金融子行业的资产规模变化情况进行分析。本章也创新性地提出，在金融部门资产规模快速增加的背后，推动其加杠杆的是资产配置结构的变化，不同类型的资产对金融机构加杠杆的推动作用不同。金融机构加杠杆的过程，其实可以视为是其资产规模及配置结构不断变化的过程。基于此，本章还分析了金融机构资产配置的结构变化，从而从资产配置的角度为金融机构加杠杆提供了支撑。

第四章为加杠杆的资金来源变化。本章的主要创新是围绕非金融部门加杠杆的资金来源变化展开分析，利用 BIS 统计数据进行这种研究的成果相对较少。按照 BIS 的统计标准，非金融部门加杠杆的信贷资金来源不仅包括国内银行业，还包括国内其他金融机构以及非金融机构，甚至是国外

① 孙海波，刘诚燃. 2017 年银行监管趋势：核心负债、理财、加杠杆、委外 ［EB/OL］. http：//www. gold678. com/dy/A/481476，2017 - 02 - 28.

② 娄飞鹏. 金融领域高杠杆的深层次成因与去杠杆建议 ［J］. 西南金融，2017（6）：22 - 28.

主体提供的信贷资金。① 从 2008 年以后的情况看，我国非金融部门加杠杆的资金主要来自国内银行业，但非银行金融机构为非金融部门加杠杆提供的资金占比正在快速提高。在银行业内部各自的资产结构中，中资大型银行为非金融部门加杠杆直接提供的信贷资金占比较高，中资中小型银行为非银行金融机构提供的信贷资金占比较高，再由后者为非金融部门加杠杆提供信贷资金。② 由于非银行金融机构不具备直接吸收存款的功能，其资金主要来源于银行业，在非金融部门加杠杆的过程中，非银行金融机构提供的资金占比提高，也说明了资金从金融部门到非金融部门的链条延长，中间也不可避免地存在较多的金融业内部资金空转。

第五章为加杠杆的工具同业存单。同业存单作为利率市场化条件下调节银行负债的金融工具，在 2013 年 12 月重启后，其发行规模迅速扩大，成为银行业金融机构加杠杆的主要金融工具。这主要是由于，同业存单在发行处理、金融监管、会计处理、市场流通等方面的优势明显，所以成为银行业增加主动负债的主要金融工具。在人民银行基础货币供给方式调整后，不同类型的商业银行吸收存款以及从人民银行获得资金的难易程度不同，导致难以通过存款等方式有效获取足够资金的股份制商业银行、其他商业银行同业存单发行的规模占比较高，而资金相对充裕的大型国有商业银行投资同业存单的占比较高。基金等非法人机构也是同业存单的主要投资主体。同业存单具体套利加杠杆的链条是：国有商业银行利用其存款资金，或者从人民银行融入的低成本资金投资同业存单以赚取利差，股份制商业银行和其他商业银行发行同业存单融入资金，并通过配置同业存单、同业理财、委外投资等赚取利差，非银行金融机构作为受托机构进行非标等各种投资并从中赚取利差。③

第六章为资金循环流转视角的加杠杆。本章从资金循环流转的视角，

---

① BIS. BIS Statistical Bulletin［EB/OL］. http：//www. bis. org/statistics/bulletin1703. pdf，2017 – 03 – 06：247.

② 娄飞鹏. 从资金来源变化看去杠杆的逻辑［J］. 金融与经济，2017（6）：25 – 30.

③ 娄飞鹏. 金融去杠杆视角的同业存单发展与监管分析［J］. 金融发展研究，2017（7）：59 – 64.

以资金在金融部门和非金融部门流转为基础，把两类部门加杠杆有机联系在一起，这也是本章最具创新之处。从金融部门看，商业银行加杠杆的资金主要来源于人民银行、金融同业和非金融主体，商业银行也是非银行金融机构加杠杆的主要资金供给主体。非金融企业等主体在将其资金存入商业银行以后，商业银行进行资金运用以获取利润，其资金运用主要包括为实体经济发放贷款和开展金融同业业务，并在此过程中实现金融主体和非金融主体加杠杆。从非金融部门看，其从金融机构贷款融资后杠杆率提高，但其贷款资金会再次以存款的形式回流商业银行，为商业银行通过资金运用加杠杆提供资金，便于商业银行为其他金融机构加杠杆提供资金，也推动商业银行的杠杆率提高。从资金循环流转的角度看，资金在金融部门和非金融部门循环流转并提高杠杆率，在加杠杆的过程中存在正向的强化机制，也导致快速去杠杆将面临更大的困难和风险。①

第七章为杠杆率快速提高的形成机制。总体来看，宏观流动性充裕，经济发展的周期性，债务融资为主的融资结构，资金在逐利的驱使下脱实向虚，基础货币供给方式的调整，金融同业业务的快速发展等都促成了高杠杆率的形成。本章最主要的创新之处在于，提出资金脱实向虚促成了杠杆率快速提高。总体而言，资金脱实向虚主要推动金融部门杠杆率快速提高，也导致家庭部门、以房地产行业为代表的非金融企业杠杆率提高。资金脱实向虚引起金融部门和非金融部门杠杆率提高的机制存在差异，金融部门杠杆率提高主要是资金滞留在金融部门内部，资金空转或者层层嵌套导致，非金融部门杠杆率提高主要是缺少足够的资金，难以扩大生产规模引起。对于家庭部门，加杠杆投资房地产拉大了贫富差距，也会刺激家庭部门加杠杆配置房地产，将同时引起家庭部门、非金融企业、金融部门加杠杆。

第八章为杠杆率及其快速提高的危害。本章从金融部门、非金融部门、货币政策和金融监管三个方面分析杠杆率快速提高的危害。杠杆率快速提高的潜在风险较大，并且从国际经验看，杠杆率快速提高是经济金融

第一章 绪论

① 娄飞鹏. 资金循环流转视角的去杠杆思路 [J]. 浙江金融，2017（7）：22-30.

运行风险积累的重要标志，也是金融危机的重要导火索。① 金融与实体经济相互联系、相互影响，两者的高杠杆率联系密切。风险会在金融领域和实体经济领域相互传导、相互强化，甚至是交叉感染从而增加高杠杆率的危害。② 虽然目前国内高杠杆率及杠杆率快速提高尚不至于引发金融危机，③ 但债务问题严重，资金脱实向虚问题突出，高杠杆率及杠杆率快速提高最大最直接的潜在风险是阻碍经济结构调整和转型发展，导致资金使用效率降低，催生资产价格泡沫，增加金融系统的脆弱性，以及货币政策和监管政策传导机制不畅进而影响政策效果。

第九章为去杠杆的国外做法与启示。本章以美国在 2008 年国际金融危机之后去杠杆的经验，以及日本在 1990 年经济泡沫破灭后去杠杆的教训作为案例，重点分析其去杠杆的背景、去杠杆的主要做法、去杠杆的成效，并结合其他国家的情况总结去杠杆的启示。总体来看，美国在 2008 年国际金融危机之后去杠杆取得了明显的成效，虽然美国是金融危机的发源地，但其国内经济率先进入复苏通道，杠杆率也得到较好的控制，这主要得益于美国在金融危机发生后及时启动去杠杆，货币政策、财政政策和监管政策同时发力并且有效配合，金融部门去杠杆和非金融部门去杠杆的顺序安排科学合理，非金融部门去杠杆的过程中通过政府加杠杆有效实现了私人部门杠杆的转移。④ 日本在经济泡沫破灭后实施去杠杆，虽然经历了较长时间，但仍然难言成功，经济进入"失去的二十年"。其问题主要是，日本政府没有及时启动去杠杆，在顺序安排上先开展非金融企业去杠杆，结构性去杠杆措施也未有效实施，人口老龄化增加了财政支付压力，限制了政府部门转移私人部门杠杆的潜力，多种不利因素最终导致日本去杠杆经历了二十余年但仍难言成功。

---

① Carmen Reinhart, Kenneth Rogoff. Financial and Sovereign Debt Crises: Some Lessons Learned and Those Forgotten [R]. IMF Working Paper No. 13/266, 2013.

② 娄飞鹏. 金融与非金融去杠杆 [J]. 金融理论探索, 2017 (5): 20-26.

③ 李扬. 杠杆率和不良率攀升如何在刀刃上平衡？ [EB/OL]. http://www.imi.org.cn/viewpoint/26621, 2017-05-02.

④ 仿照 BIS 的统计口径，本书的私人部门包括家庭部门和非金融企业，在相关章节中与私人非金融部门通用。

　　第十章为去杠杆的国内实践与进展。从 2014 年中央经济工作会议提出高杠杆问题，2015 年中央经济工作会议首次提到去杠杆开始，去杠杆就成为我国经济金融领域的一项重要工作。国内在非金融部门去杠杆方面采取了再次实施债转股等多种措施，国务院也专门发文就积极稳妥降低企业杠杆率进行指导。金融部门去杠杆措施相对更多并且进展更为明显。从 2016 年第三季度中央政治局会议提出抑制资产泡沫后，人民银行在流动性供给方面采用锁短放长等方式抬高资金价格以推动债券市场去杠杆，实施稳健中性实质偏紧的货币政策，灵活运用各种新型流动性调节工具实现资金供给"削峰填谷"，为去杠杆创造了适宜的流动性环境，也加快推动货币政策和宏观审慎政策双支柱调控框架的优化实施。银监会、证监会、保监会也根据去杠杆的总体部署出台多项文件加强金融监管。更重要的是，2017 年在国务院成立了金融稳定发展委员会，统筹负责金融稳定工作。通过多种政策的综合运用，国内去杠杆取得了较为明显的成效。

　　第十一章为去杠杆的思路和重点。去杠杆首先要对杠杆率态势及其风险进行科学判断。总体来看，目前我国发生"明斯基时刻"的概率较低。在去杠杆的思路方面，既要在思想上认识到去杠杆的紧迫性，又不能在实践中操之过急，合理把握去杠杆的节奏和力度，去杠杆的同时也要优化杠杆的分布，做好去杠杆的统筹工作。我国的杠杆率在不同领域有不同的表现，去杠杆在不同领域的紧迫程度、实施难度也不一样，因而，去杠杆既需要协调推进，但也要首先抓住最关键的部分以突出重点。在杠杆率的绝对水平和边际杠杆增速方面，去杠杆的重点是先控制边际杠杆增速，并根据进展情况压降杠杆率绝对水平。在金融部门和非金融部门方面，金融部门去杠杆需要继续深入推进，非金融部门去杠杆需要强化。在非金融部门内部，重点是去非金融企业尤其是国有企业的杠杆，[①] 以及地方政府的杠杆。在金融部门内部，去杠杆的重点是非银行金融机构杠杆，银行业的表外资产杠杆和中小型商业银行杠杆。

　　第十二章为去杠杆的路径建议。从经济金融发展的角度看，杠杆是经

---

① 娄飞鹏. 杠杆要去也要优 [J]. 武汉金融，2017（5）：1.

济金融发展到一定阶段的结果。国内杠杆率快速提高的背后有较大的风险隐患，需要积极稳妥去杠杆。在去杠杆的路径上，既要营造良好的经济金融环境，又要完善政策并强化政策执行，还要深化体制机制方面的改革。具体的路径建议包括：提升经济发展质量，为去杠杆营造良好的宏观经济环境。有效运用货币政策和宏观审慎政策双支柱调控框架，着力强化金融监管，充分利用好积极的财政政策，通过不同政策的搭配协调推动去杠杆。深化金融领域体制机制改革，推动金融机构转型发展，加快发展直接融资，降低对银行间接融资的依赖。

第二章
非金融部门的杠杆率

利用 BIS 统计的杠杆率数据分析发现，我国非金融部门杠杆率在 2008 年国际金融危机之后快速提高，已经赶上部分发达国家且高于新兴经济体国家，在全球范围内从较低水平进入较高水平。目前虽然政府部门和家庭部门杠杆率低于发达国家，但非金融企业杠杆率远高于发达国家，在全球范围内都处于高水平。对国内非金融部门杠杆率快速提高，以及非金融企业杠杆率绝对水平较高的情况需要客观理性看待，加杠杆是在经济增速和利率下行的背景下实现，杠杆率较高呈现较强的结构性特点，非金融企业杠杆率较高和政府部门杠杆率较低之间有着密切的关系，家庭部门杠杆率较低但快速增长，并且评价家庭部门杠杆率也要考虑到家庭部门的收入及其增长问题。

一、数据来源与指标说明

本书主要利用 BIS 的信贷与 GDP 之比衡量非金融部门的杠杆率，根据 BIS 的统计公报："其统计的信贷总量从来源看，包括本国银行、本国其他金融公司和非金融公司提供的资金借贷，以及非本国居民提供的资金借贷；从所使用的金融工具看，包括现金及存款、债券和贷款三类。"[①] BIS 主要统计并公布了全球 44 个国家和地区的信贷与 GDP 比例数据。2016 年底，这些国家和地区的 GDP 占全球 GDP 的比例为 95.86%，[②] 虽然国家数量不多，但从经济总量占比看其具有较好的代表性。在本书中，如无特别说明，非金融部门的杠杆率特指信贷与 GDP 的比值，BIS 报告的所有国家和地区（以下简称"BIS 报告的国家和地区"）特指 BIS 统计公布的 44 个国家和地区，全球是指世界银行等统计的国家和地区，用报告的

---

① BIS. BIS Statistical Bulletin [EB/OL]. http：//www.bis.org/statistics/bulletin1703.pdf, 2017 – 03 – 06：247.

② 2016 年底，BIS 统计的 44 个国家和地区的 GDP 总额为 724887.78 亿美元，世界银行统计的全球 GDP 总额为 755435.43 亿美元。

所有国家和地区与全球以示区分。本书所利用的 BIS 统计数据统计截止日期为 2017 年 11 月 20 日，发布时间为 2017 年 12 月 3 日。

在具体指标方面，BIS 主要统计并公布了 5 个指标，即非金融部门、私人非金融部门、政府部门、家庭部门和为家庭服务的非营利性机构(家庭部门和 NPISHs，以下简称"家庭部门")、私人非金融部门银行信贷各自与 GDP 的比例数据。5 个指标的相互关系是：非金融部门是总括指标，其分为政府部门和私人非金融部门两类细分指标，私人非金融部门又细分为非金融企业、家庭部门两个指标。BIS 公布的私人非金融部门信贷与私人非金融部门银行信贷两个指标的差别在于，后者只包括本国银行向私人非金融部门发放的信贷资金。① 正因如此，分析私人非金融部门信贷与私人非金融部门银行信贷的数据差别，可在一定程度上反映出本国非银行金融机构以及非本国居民对私人非金融部门提供的信贷支持情况，从而说明这些机构在私人非金融部门加杠杆过程中的作用大小。② 为方便表述并与本国银行对应，本书在第二章第三节、第四章等相关章节的分析中，把除本国银行以外的其他为非金融部门加杠杆提供信贷资金的主体，即本国其他金融公司和非金融公司以及非本国居民，统称为非本国银行。

二、非金融部门杠杆率的纵向变化

从纵向变化看，我国非金融部门的杠杆率在 2008 年以前增长相对缓慢，2008 年国际金融危机以后经历了快速增长，尤其是私人非金融部门杠杆率迅猛增长。目前，我国非金融部门杠杆率呈现总体杠杆率较高，非金融企业杠杆率高，政府部门和家庭部门杠杆率相对较低的特点。

从发展趋势看，我国非金融部门杠杆率在 2008 年之前增长较慢，2008 年之后经历了快速增长，政府部门、非金融企业、家庭部门杠杆率

---

① BIS. BIS Statistical Bulletin [EB/OL]. http：//www. bis. org/statistics/bulletin1703. pdf，2017 - 03 - 06：247.

② 娄飞鹏. 非金融部门杠杆率现状与去杠杆建议 [J]. 西南金融，2017 (7)：23 - 29.

变化也呈现相同的特点。从表2-1、表2-2的数据可以发现，1999年底至2017年6月底，我国非金融部门杠杆率从133.1%上升至255.9%，增幅为92.26%，2008年前后杠杆率变化较大。

1999~2007年，非金融部门杠杆率从133.1%上升至144.9%，增幅为8.87%；政府部门杠杆率从21.8%上升至29.3%，增幅为34.4%；私人非金融部门杠杆率从111.3%上升至115.6%，增幅为3.86%。总体而言，这段时期，政府部门杠杆率增长相对较快，私人非金融部门杠杆率增长较慢，私人非金融部门在整个杠杆率中的占比较高也导致整个非金融部门杠杆率增长较慢。

表2-1　　　　　　　　　　非金融部门的杠杆率

单位:%

时间	非金融部门	政府部门	私人非金融部门			私人非金融部门银行信贷
			合计	非金融企业	家庭部门	
1999	133.1	21.8	111.3	—	—	110.3
2000	134.6	22.9	111.7	—	—	111.1
2001	128.2	24.5	103.8	—	—	103.2
2002	144.4	25.9	118.5	—	—	117.4
2003	154.5	26.8	127.7	—	—	125.7
2004	149.9	26.4	123.5	—	—	119.4
2005	142.6	26.4	116.2	—	—	110.1
2006	143.0	25.7	117.3	106.5	10.8	109.4
2007	144.9	29.3	115.6	96.8	18.8	106.1
2008	141.3	27.1	114.2	96.3	17.9	102.1
2009	177.8	34.5	143.3	119.9	23.5	125.6
2010	181.6	33.7	147.9	120.7	27.2	126.7
2011	181.1	33.5	147.6	119.9	27.7	123.1
2012	194.6	34.4	160.3	130.6	29.7	128.8
2013	211.0	37.2	173.8	140.7	33.1	134.1
2014	225.8	40.2	185.6	149.9	35.7	140.4
2015	243.3	41.7	201.6	162.7	38.8	152.7
2016	255.1	44.5	210.6	166.3	44.4	157.0
2017-06	255.9	45.7	210.2	163.4	46.8	157.4

资料来源：根据BIS统计数据整理。

2008 年底至 2017 年 6 月底，非金融部门杠杆率从 141.3% 上升至 255.9%，增幅为 81.1%；政府部门杠杆率从 27.1% 上升至 45.7%，增幅为 68.63%；私人非金融部门杠杆率从 114.2% 上升至 210.2%，增幅为 84.06%。在私人非金融部门中，非金融企业杠杆率从 96.3% 上升至 163.4%，增幅为 69.68%；家庭部门杠杆率从 17.9% 上升至 46.8%，增幅为 161.45%。具体见表 2 - 2。这段时间，非金融部门杠杆率快速提升，尤其是私人非金融部门杠杆率提高更快。

表 2 - 2　　　　　　　　　非金融部门杠杆率变化

单位:%

| 时间 | 非金融部门 | 政府部门 | 私人非金融部门 | | | 私人非金融部门银行信贷 |
			合计	非金融企业	家庭部门	
1999～2007	8.87	34.40	3.86	—	—	-3.81
2008 年至 2017 年 6 月	81.10	68.63	84.06	161.45	69.68	54.16
1999 年至 2017 年 6 月	92.26	109.63	88.86	—	—	42.70

资料来源：根据 BIS 统计数据整理。

在非金融部门中，政府部门、非金融企业和家庭部门快速加杠杆的时间段顺序呈现一定的梯次特点。2008 年国际金融危机之后，我国推出四万亿元经济刺激计划，2009 年底非金融部门杠杆率较 2008 年底提高 25.83%，之后虽然在 2011 年底至 2012 年初经历了短暂的下降，但 2012～2016 年再次快速上升。2009 年，政府部门杠杆率快速提高。非金融企业杠杆率在 2009 年也经历了快速提高，并且 2012～2015 年连续 4 年都是杠杆率快速提高的时期。家庭部门杠杆率从 2016 年快速提高，主要是从 2014 年第四季度开始，人民银行不断降准、降息，加上从 2016 年初开始，降低居民购房的首付比例，并且下调贷款利率，导致家庭部门加杠杆买房。[①] 从居民部门新增人民币存贷款看，2014 年以来新增人民币贷款快速增加，2016 年居民部门新增人民币贷款 6.33 万亿元，比存款高 1.17 万亿元；2017 年居民部门新增人民币贷款 7.13 万亿元，比存款高 2.53 万亿

① 李迅雷. 去杠杆：这次真的不一样吗 [J]. 新理财，2017 (6): 20 - 21.

元，这是自 2007 年居民部门新增人民币贷款略微高出存款后再次出现这种
情况。具体见图 2-1。在居民部门快速加杠杆的过程中，2016 年主要是中
长期贷款迅速增加，2017 年主要是短期贷款迅速增加。具体表现为：根据
人民银行的统计数据，2016 年居民部门新增人民币贷款比 2015 年快速提高
63.27%，其中新增中长期人民币贷款提高 86.23%，新增短期人民币贷款在
下降；而 2017 年居民部门新增人民币贷款比 2016 年提高 12.64%，其中新
增短期人民币贷款提高 181.8%，新增中长期人民币贷款在下降。

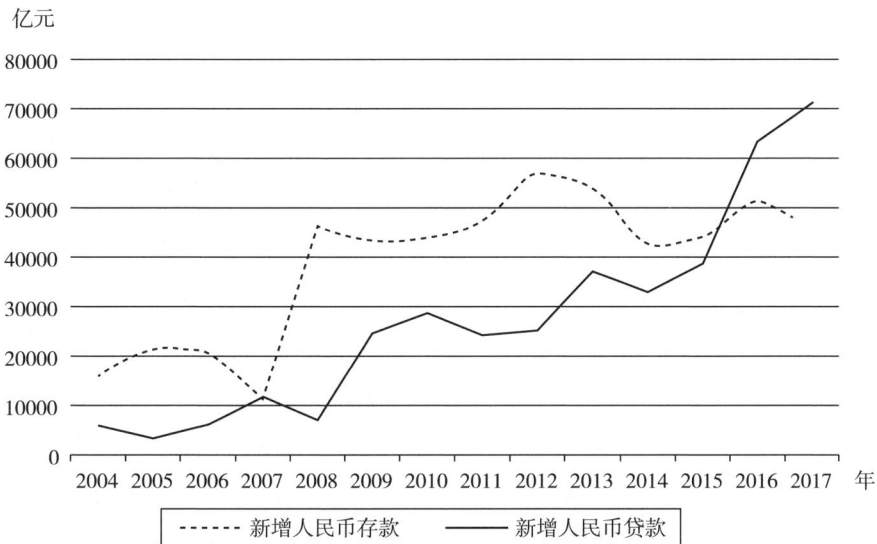

资料来源：根据中国人民银行、Wind 统计数据整理绘制。

图 2-1 居民部门新增人民币存贷款

从发展现状看，我国非金融企业杠杆率最高，家庭部门、政府部门的
杠杆率基本持平。非金融企业杠杆率较高的特点一直突出，但 2006～
2016 年政府部门杠杆率一直高于家庭部门杠杆率。2017 年 6 月底，我国
非金融企业杠杆率为 163.4%，政府部门杠杆率为 45.7%，家庭部门杠杆
率为 46.8%，在非金融部门杠杆率 255.9% 中的占比依次为 63.85%、
18.29%、17.86%，非金融企业杠杆率比其他两个部门的杠杆率之和还要
高出 76.65%。对 18 个经济合作与发展组织（OECD）国家的经验研究发
现，政府部门、非金融企业和家庭部门的杠杆率警戒线分别为 85%、

90% 和 85%。① 虽然该研究是针对 OECD 国家开展的，由于各国金融经济条件存在差异，其不一定适用于我国，但这也可以从一个方面说明我国非金融企业杠杆率较高的问题。②

三、非金融部门杠杆率的横向比较

利用 BIS 的统计数据，把我国分别与 BIS 报告区域（将 BIS 报告的国家和地区、发达国家、新兴经济体国家、欧元区等合并，简称为 "BIS 报告区域"），德国、美国、日本、英国 4 个发达国家，巴西、俄罗斯、墨西哥、印度 4 个新兴经济体国家进行比较，总结我国非金融部门杠杆率的现状与特点。经过对比发现：第一，我国非金融部门杠杆率走势与新兴经济体国家较为类似，BIS 报告的国家和地区非金融部门杠杆率走势与发达国家较为类似。虽然我国除非金融企业以外的非金融部门杠杆率比不上发达国家和欧元区，但经历快速增长后已经接近甚至超过新兴经济体国家。第二，与发达国家相比，我国非金融部门杠杆率快速提高，目前在对比的国家中处于中等水平，非金融企业杠杆率处于最高水平。自 2008 年以来，在对比的发达国家去杠杆的情况下，我国非金融企业和家庭部门杠杆率快速提高。第三，与新兴经济体国家相比，我国除了政府部门杠杆率处于居中水平外，其余对比的杠杆率均处于最高位置，并且自 2008 年以来杠杆率快速提高，与对比的新兴经济体国家的差距越来越大。第四，三方面的对比都表明，我国自 2008 年以来杠杆率快速提高，非金融企业杠杆率在全球范围内都处于较高水平。

（一）我国非金融部门杠杆率与 BIS 报告区域的比较

一是我国非金融部门杠杆率增长较快，从较低水平提升至中间水平。

---

① Stephen Cecchetti, Madhusudan Mohant, Fabrizio Zampolli. The Real Effects of Debt [R]. BIS Working Paper, No. 352, 2011.

② 娄飞鹏. 非金融部门杠杆率现状与去杠杆建议 [J]. 西南金融, 2017 (7)：23 – 29.

1999 年底至 2017 年 6 月底，我国非金融部门杠杆率的增幅为 92.26%，同期发达国家、欧元区的增幅分别为 26.26%、30.75%。2001 年底至 2017 年 6 月底，BIS 报告的国家和地区、新兴经济体国家的增幅分别为 25.9%、70.1%，我国非金融部门杠杆率的增幅远远高于对比的国家和地区。2008 年之后，这种差距更加明显。2008 年底至 2017 年 6 月底，我国非金融部门杠杆率的增幅为 81.1%，同期 BIS 报告的国家和地区、发达国家、新兴经济体国家、欧元区的增幅分别为 19.98%、14.33%、77.24%、13.37%。可以发现，2008 年之后，除了新兴经济体国家以外的其他国家和地区非金融部门杠杆率缓慢增长的情况下，我国非金融部门的杠杆率快速增长并从 2014 年开始超过全球平均水平。由于基数较低，我国非金融部门杠杆率仍低于发达国家、欧元区，在国际范围内不算最高。[①] 具体见图 2-2。

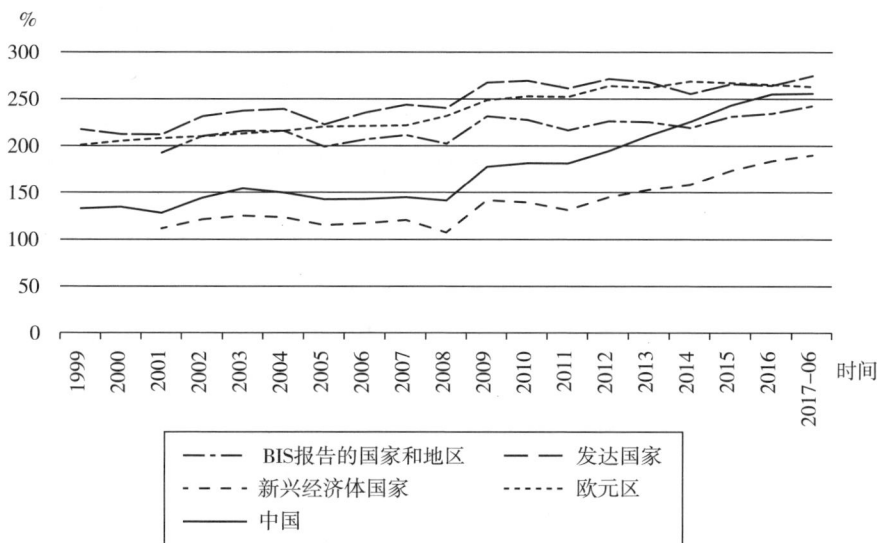

资料来源：根据 BIS 统计数据整理绘制。

图 2-2　我国和 BIS 报告区域非金融部门杠杆率

二是我国非金融企业杠杆率快速增长，并且已经处于最高水平。我国非金融企业杠杆率在总体较高的情况下仍然保持快速增长，与其他国家和

① 娄飞鹏. 非金融部门杠杆率现状与去杠杆建议 [J]. 西南金融, 2017 (7)：23-29.

地区的差距越来越大。2008 年底至 2017 年 6 月底,我国非金融企业杠杆率的增幅为 69.68%,同期 BIS 报告的国家和地区、发达国家、新兴经济体国家、欧元区的增幅分别为 21.01%、2.72%、84.9%、3.71%。在此期间,我国非金融企业杠杆率的增幅远高于 BIS 报告的国家和地区、发达国家、欧元区,加上 2008 年我国非金融企业杠杆率仅低于欧元区,这导致我国非金融企业的高杠杆率与其他国家和地区间的差距越拉越大。我国非金融企业杠杆率的增幅虽然低于新兴经济体国家,但由于 2008 年底我国非金融企业杠杆率为 96.3%,比新兴经济体国家 56.3% 的杠杆率高出 71.05%,因而 2017 年 6 月底,我国非金融企业杠杆率远高于新兴经济体国家。具体见图 2 - 3。

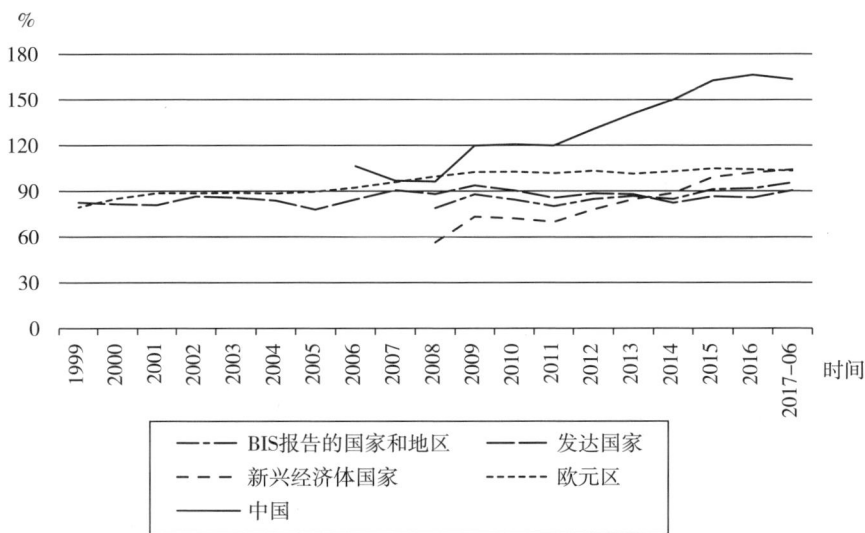

资料来源:根据 BIS 统计数据整理绘制。

图 2 - 3　我国和 BIS 报告区域非金融企业杠杆率

三是我国政府部门杠杆率经历了平稳较快增长,与新兴经济体国家较为接近,但与其他 BIS 报告区域相比处于较低水平。这主要是由于政府部门加杠杆是 2008 年国际金融危机以来全球的基本趋势,[①] 发达国家在危机

[①] Zhang Xiaojing, Chang Xin. Deleveraging: Data, Risks and Countermeasures [J]. China Economist, 2017, 12 (1): 2 - 37.

后通过将家庭部门杠杆转移到政府部门以降低整体的杠杆率，^① 我国政府部门杠杆率基数低导致其绝对值与其他国家和地区的差距呈快速扩大的态势。1999 年底至 2017 年 6 月底，我国政府部门杠杆率的增幅为109.63%，同期发达国家、欧元区的增幅分别为 52.1%、37.13%。2001年底至 2017 年 6 月底，BIS 报告的国家和地区、新兴经济体国家政府部门杠杆率的增幅分别为 39.12%、15.46%，我国政府部门杠杆率快速提高的特点突出。2008 年底至 2017 年 6 月底，我国政府部门杠杆率的增幅为68.63%，同期 BIS 报告的国家和地区、发达国家、新兴经济体国家、欧元区的增幅分别为 39.46%、42.33%、53.7%、40.75%，我国政府部门杠杆率增速处于相对较高水平。此时，我国政府部门杠杆率仍远低于欧盟60% 的警戒值标准和 90% 的公共债务阈值标准，^② 但 2013 年以来与新兴经济体国家政府部门的杠杆率十分接近，并且在 2014 年、2015 年还略高于新兴经济体国家政府部门的杠杆率。具体见图 2-4。

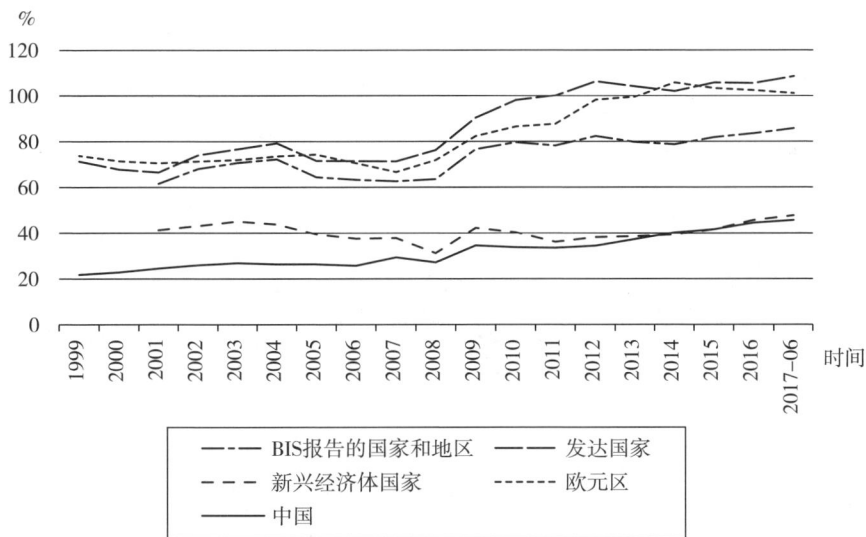

资料来源：根据 BIS 统计数据整理绘制。

图 2-4　我国和 BIS 报告区域政府部门杠杆率

① 张茉楠. 全球步入去杠杆化艰难期 [N]. 经济参考报，2012-02-16.

② Carmen M. Reinhart, Kenneth S. Rogoff. Growth in a Time of Debt [J]. American Economic Review, 2010, 100 (2)：573-578.

四是我国家庭部门杠杆率经历了快速增长，并且已经超过新兴经济体国家。2008 年底至 2017 年 6 月底，我国家庭部门杠杆率的增幅为161.45%，同期 BIS 报告的国家和地区、发达国家、新兴经济体国家、欧元区的增幅分别为 2.68%、-0.4%、93.37%、-3.65%。可见，这一时期内，发达国家、欧元区家庭部门处于去杠杆阶段，新兴经济体国家和我国家庭部门处于快速加杠杆阶段。我国家庭部门杠杆率在 2010 年超过新兴经济体国家，之后因为我国家庭部门杠杆率提高速度更快，两者的差距也在逐步拉大，2017 年 6 月底比新兴经济体国家高 8.9 个百分点。同时也要看到，我国家庭部门杠杆率远低于发达国家、BIS 报告的国家和地区，与欧元区相比也有较大的差距。具体见图 2-5。

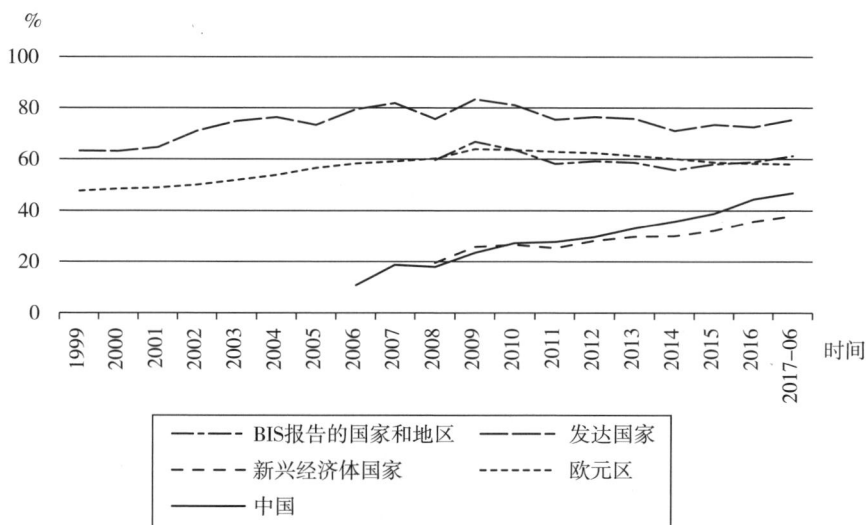

资料来源：根据 BIS 统计数据整理绘制。

图 2-5　我国和 BIS 报告区域家庭部门杠杆率

五是我国非本国银行为私人非金融部门提供的融资增多，本国银行在私人非金融部门加杠杆中的绝对主导地位有所弱化。以私人非金融部门信贷与 GDP 的比值和私人非金融部门银行信贷与 GDP 的比值的差值变动情况看，我国的这一指标经历了快速增长。1999 年底至 2017 年 6 月底，我国这一差值的增幅为 5180%，同期 BIS 报告的国家和地区、发达国家、新兴经济体国家、欧元区的增幅分别为 6.53%、16.74%、163.64%、50.21%，我国的增长速度飞快。2008 年底至 2017 年 6 月底，我国这一差值的增幅为 336.36%，同期 BIS 报告的国家和地区、发达国家、新兴经济体国家、欧元区的增幅分别为 7.22%、5.15%、148.57%、25.18%，我国的增速与其他国家和地区增速的差距依然较大。在经历了快速的增长后，我国的这一差值虽然仍远低于发达国家、欧元区、BIS 报告的国家和地区，但已不再处于最低水平，2010 年超过新兴经济体国家，并且 2017 年 6 月底比新兴经济体国家高 18 个百分点。BIS 报告的国家和地区的差值走势与发达国家的走势基本一致，2008 年以来波动并小幅下降，我国和新兴经济体国家、欧元区的差值在 2008 年以来都有明显提高。具体见图 2 – 6。

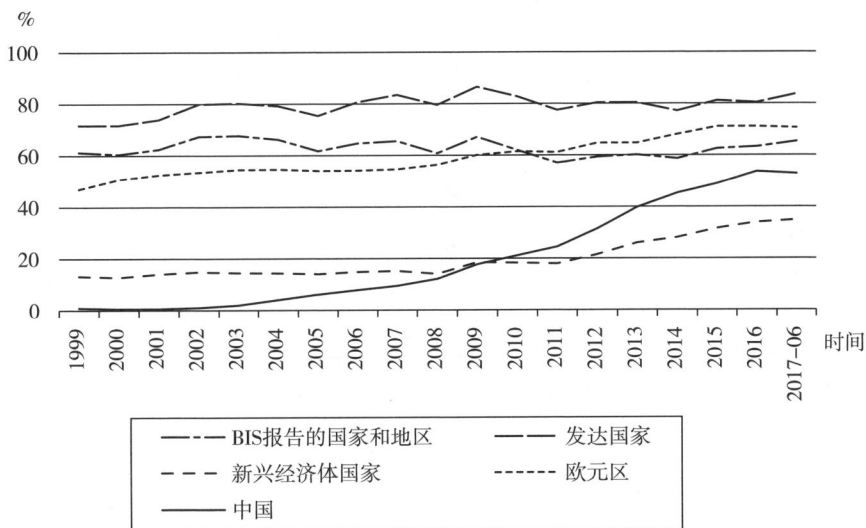

资料来源：根据 BIS 统计数据整理绘制。

图 2 – 6 我国和 BIS 报告区域私人非金融部门信贷、私人非金融部门银行信贷与 GDP 之比的差值

考虑到这一差值代表的含义，说明非本国银行在我国私人非金融部门加杠杆过程中提供的信贷资金占比增幅远高于其他国家和地区，其扩大也说明了非本国银行为我国私人非金融部门提供的融资增多，本国银行在我国私人非金融部门加杠杆中的绝对主导地位有所弱化。① 我国和新兴经济体国家这一差值普遍较低，发达国家、欧元区普遍较高，也从一个侧面说明我国和新兴经济体国家外资金融机构以及国内非银行金融机构发展相对滞后。

（二）我国非金融部门杠杆率与发达国家的比较

一是我国非金融部门杠杆率增长较快，已先后超过德国、美国。1999年底至 2017 年 6 月底，我国非金融部门杠杆率的增幅为 92.26%，同期德国、美国、日本、英国的增幅分别为 – 3.45%、34.28%、18.79%、58.22%，我国非金融部门杠杆率增速远高于对比的发达国家。2008 年底至 2017 年 6 月底，我国非金融部门杠杆率的增幅为 81.1%，同期德国、美国、日本、英国的增幅分别为 – 2.87%、4.13%、17.44%、12.04%，我国与发达国家非金融部门杠杆率增速的差距更大。我国非金融部门杠杆率在 2013 年超过德国，2016 年超过美国。具体见图 2 – 7。

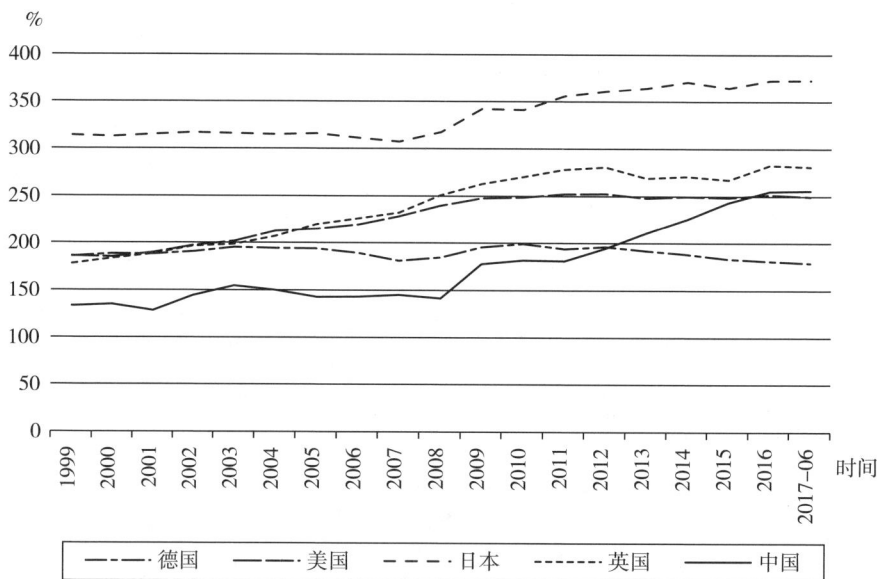

资料来源：根据 BIS 统计数据整理绘制。

图 2 – 7　我国和发达国家非金融部门杠杆率

① 娄飞鹏. 非金融部门杠杆率现状与去杠杆建议 ［J］. 西南金融，2017 (7)：23 – 29.

二是我国非金融企业杠杆率快速增长，并且从 2009 年起已超过对比的发达国家处于最高水平。2008 年底至 2017 年 6 月底，我国非金融企业杠杆率的增幅为 69.68%，同期德国、美国、日本、英国的增幅分别为 -5.61%、1.1%、-4.85%、-20.04%。在发达国家非金融企业去杠杆期间，我国非金融企业杠杆率快速提高加之原本基数较高，导致我国非金融企业杠杆率从 2009 年起超过对比的发达国家，并在此之后与对比的发达国家的差距快速扩大。2017 年 6 月底，我国非金融企业杠杆率分别是德国、美国、日本、英国的 3.04 倍、2.23 倍、1.6 倍、2 倍。具体见图 2-8。

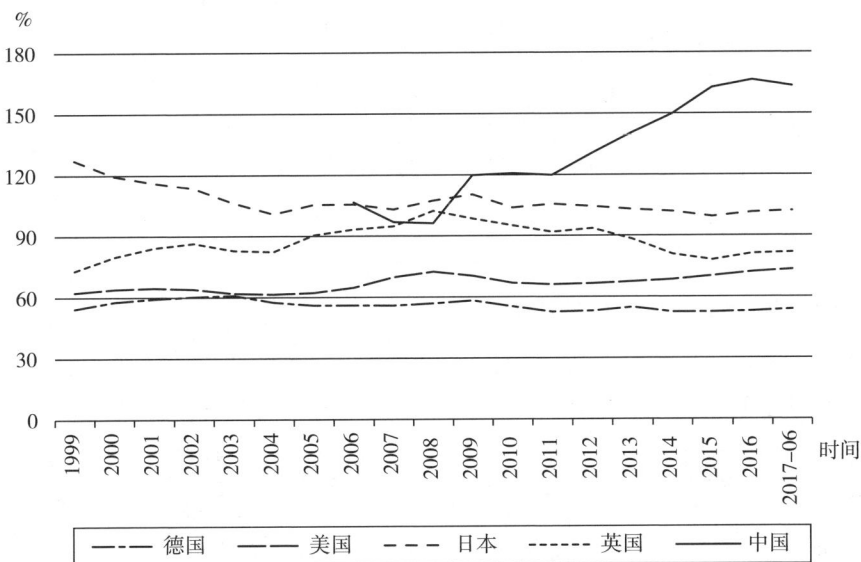

资料来源：根据 BIS 统计数据整理绘制。

图 2-8　我国和发达国家非金融企业杠杆率

三是我国政府部门杠杆率经历了平稳较快增长，但一直低于对比的发达国家。1999 年底至 2017 年 6 月底，我国政府部门杠杆率的增幅为 109.63%，同期德国、美国、日本、英国的增幅分别为 19.31%、77.86%、86.3%、158.66%。2008 年底至 2017 年 6 月底，我国政府部门杠杆率的增幅为 68.63%，同期德国、美国、日本、英国的增幅分别为 6.32%、36.68%、41.48%、105.13%。虽然我国政府部门杠杆率增幅仅低于英国，但是基数较低导致与对比的发达国家相比一直较低。2017 年 6

月底，我国政府部门杠杆率相当于德国、美国、日本、英国的 63.21%、46.63%、21.41%、40.8%。具体见图 2-9。

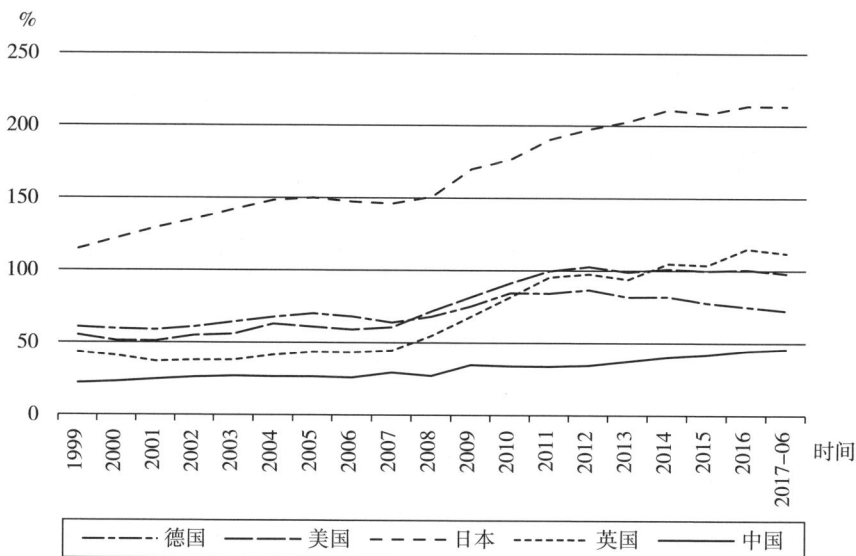

资料来源：根据 BIS 统计数据整理绘制。

图 2-9　我国和发达国家政府部门杠杆率

四是我国家庭部门杠杆率虽然一直低于对比的发达国家，但在 2008 年以来对比的发达国家都在去杠杆的情况下，我国却经历了快速增长。2008 年底至 2017 年 6 月底，我国家庭部门杠杆率的增幅为 161.45%，同期德国、美国、日本、英国的增幅分别为 -10.76%、-18.12%、-3.53%、-7.14%。美国、英国在 2008 年国际金融危机之前受房价持续上涨的影响家庭部门杠杆率在提高，不同于德国、日本家庭部门在去杠杆。2008 年国际金融危机之后，德国、美国、日本、英国 4 个发达国家家庭部门都在去杠杆，而我国家庭部门杠杆率却在快速提高。尽管如此，由于基数较低，我国家庭部门杠杆率与对比的发达国家的差距在缩小，但仍然显著低于对比的发达国家。2017 年 6 月底，我国家庭部门杠杆率分别相当于德国、美国、日本、英国的 88.14%、59.85%、81.53%、53.67%。具体见图 2-10。

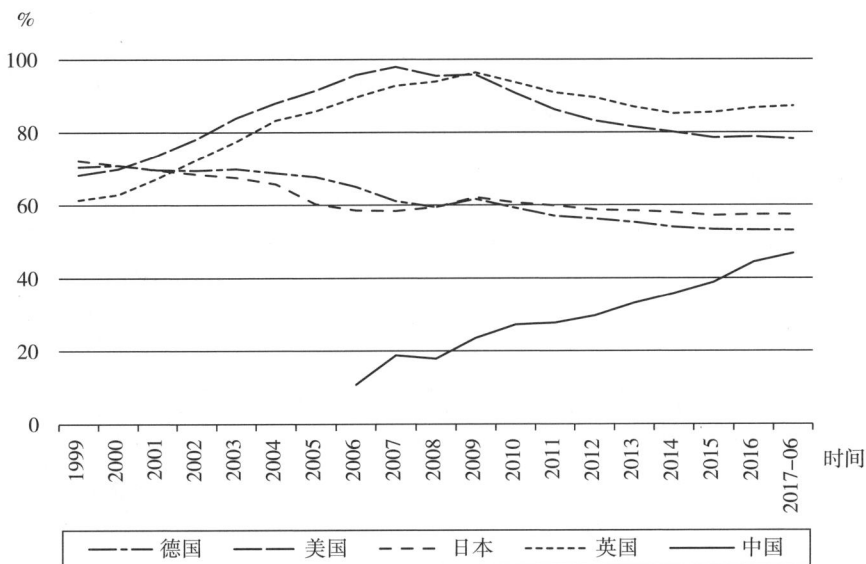

资料来源：根据 BIS 统计数据整理绘制。

图 2 - 10　我国和发达国家家庭部门杠杆率

五是我国非本国银行为私人非金融部门提供的融资占比快速提高，目前高于德国、日本，一直低于美国、英国。以私人非金融部门信贷与 GDP 的比值和私人非金融部门银行信贷与 GDP 的比值的差值变动情况看，1999 年底至 2017 年 6 月底，我国这一差值的增幅为 5180%，同期德国、美国、日本、英国的增幅分别为 22.94%、18.03%、- 43.04%、39.68%。2008 年底至 2017 年 6 月底，我国这一差值的增幅为 336.36%，同期德国、美国、日本、英国的增幅分别为 6.64%、- 10.04%、-24.31%、- 19.65%。我国这一差值在快速增长，而同期日本一直在下降，德国在波动小幅上升，美国、英国在 2008 年之前在上升，2008 年以来在下降。我国的这一差值先后在 2012 年、2016 年超过德国、日本，一直低于美国、英国。2017 年 6 月底分别相当于美国、英国的 53.07%、67.26%。具体见图 2 - 11。这说明，非本国银行在我国私人非金融部门加杠杆过程中提供的信贷资金占比增幅远高于对比的发达国家，虽然其绝对比例仍然低于美国、英国，但开始高于德国、日本。

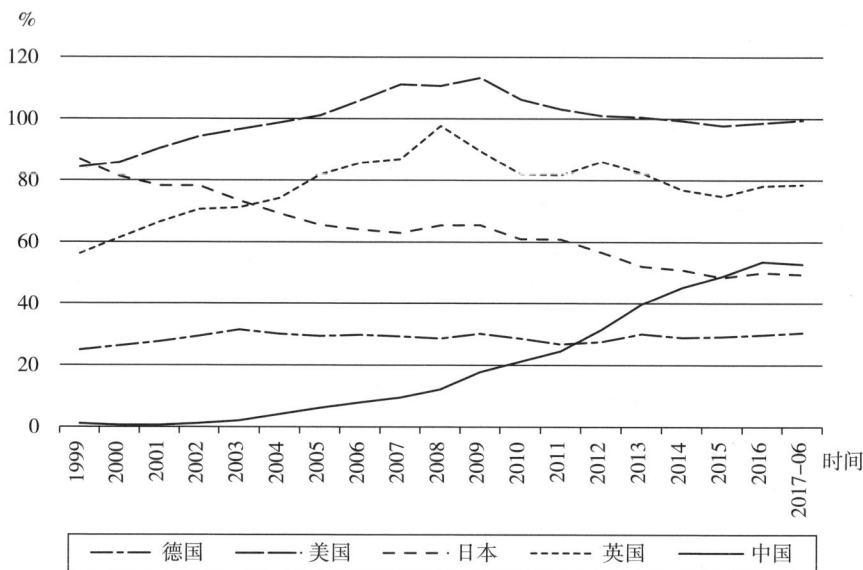

资料来源：根据 BIS 统计数据整理绘制。

图 2 – 11 我国和发达国家私人非金融部门信贷、私人非金融部门银行信贷与 GDP 之比的差值

（三）我国非金融部门杠杆率与新兴经济体国家的比较

一是我国非金融部门杠杆率增长速度最快，并且在对比的国家中绝对值最高。1999 年底至 2017 年 6 月底，我国非金融部门杠杆率的增幅为 92.26%，同期巴西、俄罗斯、墨西哥、印度的增幅分别为 33.55%、–35.97%、58.59%、21.81%，我国非金融部门杠杆率增速远高于对比的新兴经济体国家。2008 年底至 2017 年 6 月底，我国非金融部门杠杆率的增幅为 81.1%，同期巴西、俄罗斯、墨西哥、印度的增幅分别为 20.55%、34.35%、43.51%、–3.5%，我国非金融部门杠杆率增速仍然远高于对比的新兴经济体国家，且与对比的新兴经济体国家杠杆率绝对水平的差距较大。这种发展趋势直接导致我国非金融部门杠杆率绝对水平远高于对比的新兴经济体国家，2017 年 6 月底，我国非金融部门杠杆率分别是巴西、俄罗斯、墨西哥、印度的 1.78 倍、3.07 倍、3.26 倍、2.06 倍。具体见图 2 – 12。

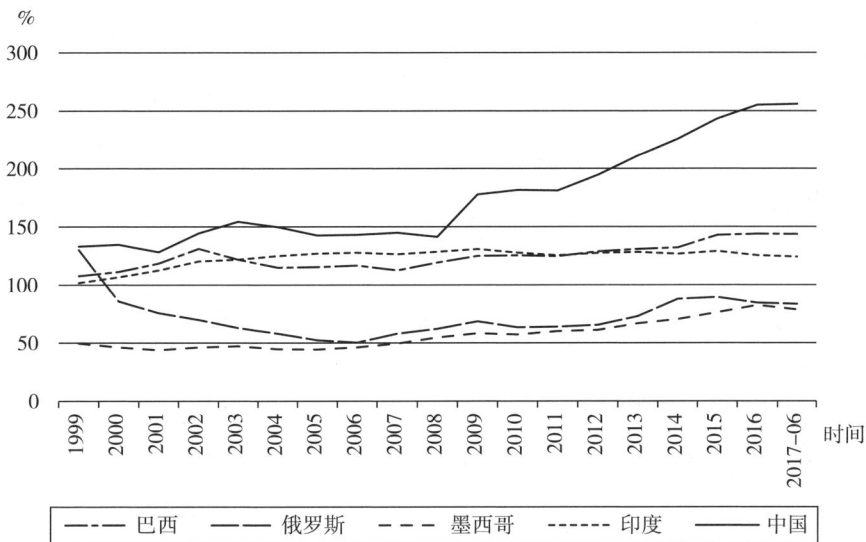

资料来源：根据 BIS 统计数据整理绘制。

图 2 - 12　我国和新兴经济体国家非金融部门杠杆率

二是我国非金融企业杠杆率增长速度最快，与对比的新兴经济体国家的差距在快速扩大。2008 年底至 2017 年 6 月底，我国非金融企业杠杆率的增幅为 69.68%，同期巴西、俄罗斯、墨西哥、印度的增幅分别为 2.46%、20.56%、50.29%、-1.74%，我国的增速远高于对比的新兴经济体国家。由于我国非金融企业杠杆率原本基数较高，导致与对比的新兴经济体国家的差距也在快速扩大。2017 年 6 月底，我国非金融企业的杠杆率分别是巴西、俄罗斯、墨西哥、印度的 3.93 倍、3.17 倍、6.36 倍、3.61 倍。具体见图 2 - 13。

三是我国政府部门杠杆率经历了平稳较快增长，在对比的国家中处于中间位置。1999 年底至 2017 年 6 月底，我国政府部门杠杆率的增幅为 109.63%，同期巴西、俄罗斯、墨西哥、印度的增幅分别为 40.63%、-85%、69.16%、-5.03%。2008 年底至 2017 年 6 月底，我国政府部门杠杆率的增幅为 68.63%，同期巴西、俄罗斯、墨西哥、印度的增幅分别为 30.57%、106.49%、49.59%、-5.56%。俄罗斯的政府部门在 2008 年之前处于快速去杠杆阶段，并且杠杆率绝对水平在 2008 年只有 7.7%，

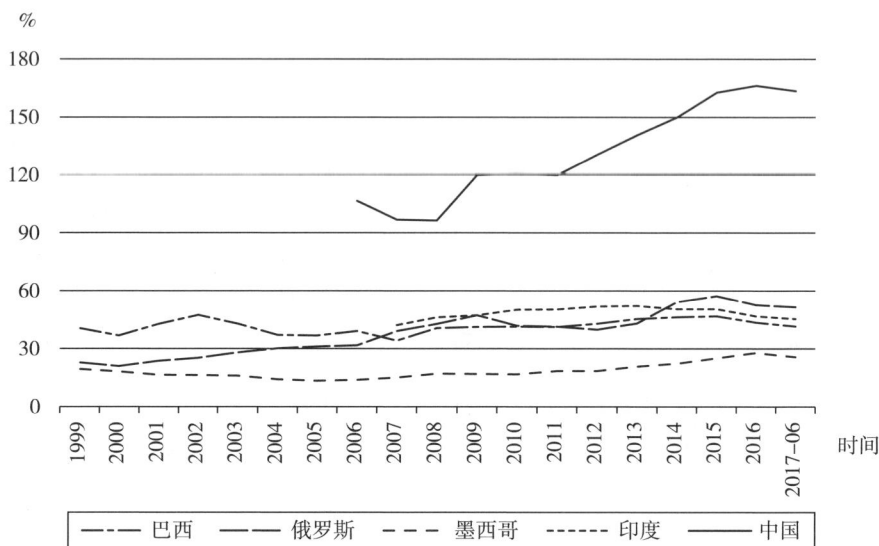

资料来源：根据 BIS 统计数据整理绘制。

图 2 - 13　我国和新兴经济体国家非金融企业杠杆率

2008 年之后处于快速加杠杆阶段，但由于绝对水平较低，目前政府部门杠杆率绝对水平并不高。在对比的新兴经济体国家中，我国政府部门杠杆率低于巴西、印度，分别相当于其政府部门杠杆率的 56.91%、67.21%，从 2004 年开始高于俄罗斯，并且一直高于墨西哥，分别是其政府部门杠杆率的 2.87 倍、1.26 倍。具体见图 2 - 14。

　　四是我国家庭部门杠杆率从 2007 年起一直高于对比的新兴经济体国家，并且增长速度较快，从而与对比的新兴经济体国家的差距在拉大。2008 年底至 2017 年 6 月底，我国家庭部门杠杆率的增幅为 161.45%，同期巴西、俄罗斯、墨西哥、印度的增幅分别为 25.43%、37.39%、23.13%、1.92%。从 2007 年开始，我国家庭部门杠杆率超过对比的新兴经济体国家，加之我国家庭部门杠杆率快速提高，与对比的新兴经济体国家的差距在迅速扩大。2017 年 6 月底，我国家庭部门杠杆率分别相当于巴西、俄罗斯、墨西哥、印度的 2.16 倍、2.96 倍、2.84 倍、4.42 倍。具体见图 2 - 15。

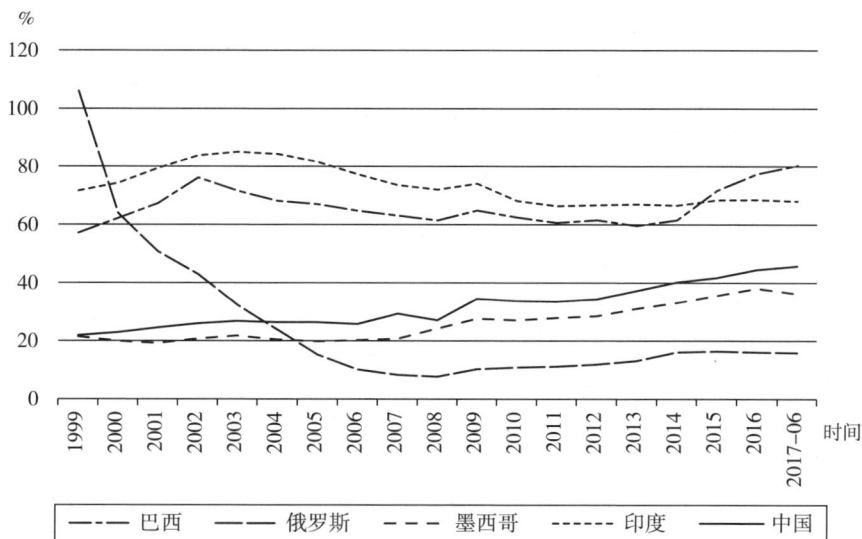

资料来源：根据 BIS 统计数据整理绘制。

图 2－14　我国和新兴经济体国家政府部门杠杆率

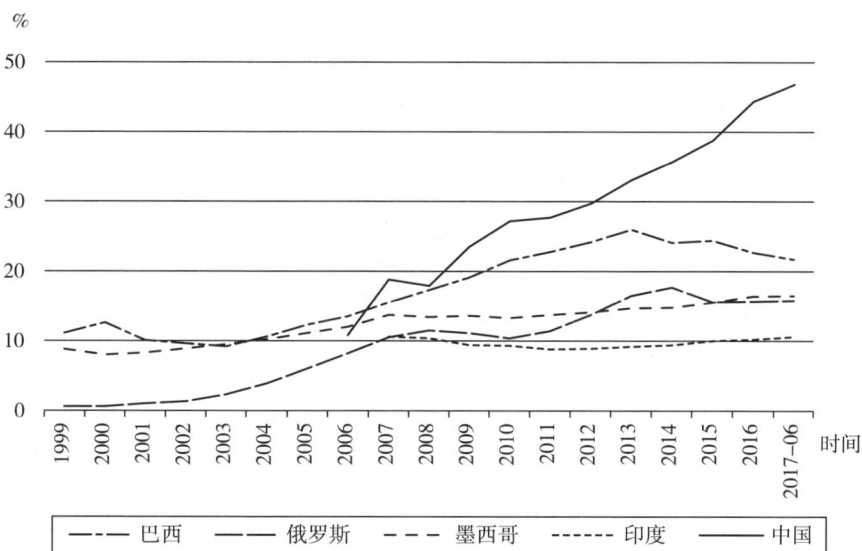

资料来源：根据 BIS 统计数据整理绘制。

图 2－15　我国和新兴经济体国家家庭部门杠杆率

　　五是我国非本国银行为私人非金融部门提供的融资占比快速提高，从 2009 年开始高于对比的新兴经济体国家。以私人非金融部门信贷与 GDP 的比值和私人非金融部门银行信贷与 GDP 的比值的差值变动情况看，1999 年底至 2017 年 6 月底，我国这一差值的增幅为 5180%，同期巴西、俄罗斯、墨西哥、印度的增幅分别为 - 79.9%、42.48%、72.18%、38.1%。2008 年底至 2017 年 6 月底，我国这一差值的增幅为 336.36%，同期巴西、俄罗斯、墨西哥、印度的增幅分别为 - 67.5%、1.26%、43.13%、- 30.95%。我国这一差值在快速增长，而同期巴西一直在快速下降，印度 2003 年以来一直处于最低水平并且 2008 年以来也在快速下降，俄罗斯在 2008 年以来平稳增长，墨西哥有相对较快的增长。2017 年 6 月底，我国的这一差值分别相当于巴西、俄罗斯、墨西哥、印度的 13.54 倍、3.28 倍、2.31 倍、18.21 倍。具体见图 2 - 16。这说明，非本国银行在我国私人非金融部门加杠杆过程中提供的信贷资金占比增幅远高于对比的新兴经济体国家，其绝对比例也大幅度高于巴西、俄罗斯、墨西哥、印度。

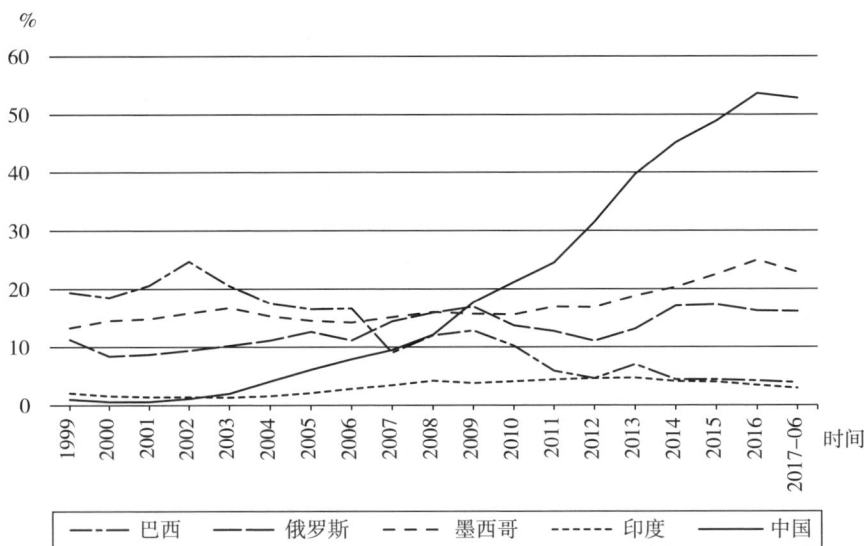

资料来源：根据 BIS 统计数据整理绘制。

图 2 - 16　我国和新兴经济体国家私人非金融部门信贷、私人非金融部门银行信贷与 GDP 之比的差值

四、客观看待非金融部门的杠杆率

对于国内非金融部门杠杆率快速提高以及非金融企业杠杆率绝对水平较高的情况需要客观理性看待。一方面，从国际经验来看，一个经济体超常规较快发展或做出特定调整的阶段，债务水平会比较高；另一方面，我国是以间接融资为主的经济体，也会导致债务水平较高。[①] 这些因素决定了我国杠杆率水平会比较高。2008 年国际金融危机之后，发达经济体基本处于去杠杆的过程，[②] 我国杠杆率却快速提高，非金融部门加杠杆是在经济增速和利率下行的环境下实现的，杠杆率较高呈现较强的结构性特点，非金融企业杠杆率较高和政府部门杠杆率较低之间有着密切的关系，家庭部门杠杆率较低但快速增长，并且需要考虑家庭部门收入规模及增长问题。

（一）我国非金融部门快速加杠杆的国内国际背景

我国非金融部门加杠杆是在宏观经济增速下行和利率下降，主要发达经济体去杠杆的大背景下实现的。从国内看，2008 年以来我国 GDP 实际同比增长率下降明显，从 2008 年的 9.7% 波动下降至 2016 年的 6.8%，降幅达 29.9%。2017 年 GDP 同比增长率为 6.9%，虽然较 2016 年有所反弹，但幅度较为有限。在 GDP 增长率总体趋势下降的情况下，2010 年 GDP 实际同比增长率达到 10.6%。这与 2008 年第四季度推出的四万亿元经济刺激计划有关，2009 年全社会固定资产投资完成额实际同比增长 33.19%，2010 年也有 19.53%，大规模的固定资产投资对经济增长的拉动作用在 2010 年得以显现。与此同时，国内一年期贷款基准利率也在波动下降，从 2008 年 9 月 16 日的 7.2% 波动下降至 2015 年 10 月 24 日的 4.35%，降幅达到 39.58%。具体见图 2－17。鉴于杠杆率的分子分母关

---

① 贾康. 如何看待中国债务水平 ［N］. 经济日报，2017－09－29.
② 管清友. 去杠杆的本土化思考 ［J］. 新理财，2017（6）：52－54.

系，如果不考虑其他融资方式，大致可以认为 2008 年以来我国非金融部门杠杆率快速提高，其主要原因不是贷款利率高，更多的是负债规模快速扩大以及经济增长趋缓。也就是说，相对于杠杆率衡量的分子变化，分母相对变小或者变大的速度较慢导致杠杆率快速提高。

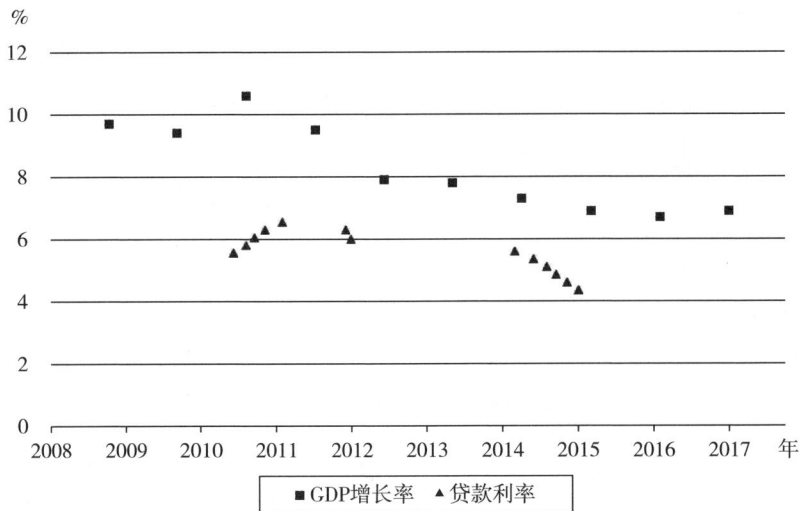

资料来源：根据中国人民银行、国家统计局、Wind 统计数据整理绘制。

图 2 – 17　GDP 实际增长率和一年期贷款基准利率

从国际看，2008 年国际金融危机之后，美国、欧元区、英国等发达经济体纷纷进入去杠杆阶段，非金融部门杠杆率总体保持小幅增长、趋于稳定或者略有下降，我国非金融部门杠杆率变化趋势与新兴经济体国家相近，但与发达经济体非金融部门杠杆率走势出现分化。

（二）我国非金融部门杠杆率结构性特点突出

一是非金融企业杠杆率较高，政府部门和家庭部门杠杆率较低。这一特点在本章讨论非金融部门杠杆率纵向变化时已经做了分析，此处不再赘述。

二是在非金融企业内部杠杆率高低分化明显。第一，国有企业杠杆率较高而民营企业杠杆率较低。根据中国社会科学院的测算，国有企业债务在非金融企业债务中的占比约为 65%，[①] 产能过剩行业问题更突出。这一

---

① 李扬. 综合施策去杠杆 ［J］. 中国经济报告, 2016（10）：83 – 85.

点也可以从不同所有制类型工业企业的资产负债率方面得到印证。如表
2-3 所示，工业企业资产负债率中，国有企业、集体企业显著高于股份
制企业、外商及港澳台商投资企业、私营企业，尤其以国有企业为最高。
利用人民币普通股（A 股）上市公司的财务数据分析表明，1999 年以来，
中央和地方国有企业与民营企业的杠杆率出现显著分化，前者一直比后者
高出约 25 个百分点，民营企业的税息折旧及摊销前利润（EBITDA）利息
保障倍数中位数在 2007~2010 年一直高于国有企业，并且在 2014 年之后
与国有企业的差距在扩大。[1] 第二，国有企业内部杠杆率分化也很明显。
东中西部地区国有企业杠杆率变化趋势不同，东部地区国有企业的资产负
债率在波动下降，而中部、西部地区国有企业的资产负债率在波动上升，
大中型国有企业资产负债率显著高于小微型国有企业。[2] 根据国资委的统
计数据，2015 年底，东中西部地区国有企业资产负债率依次为 60.2%、
64%、64.8%，大型、中型、小型、微型国有企业资产负债率依次为
62.8%、66.2%、59.9%、54.9%。第三，非金融企业杠杆率与企业规
模、效率、所处行业等也有关。具体表现在：非上市的大中型企业杠杆率
仍在上升，中小企业杠杆率下降较快；[3] 高效率企业杠杆率较低，低效率
企业杠杆率较高；[4] 高科技企业杠杆率下降，终端制造类企业杠杆率稳
定，资源型企业杠杆率快速上升；[5] 周期性企业，房地产行业的企业杠杆
率较高[6]。

第二章 非金融部门的杠杆率

---

① 司瑞灏. 试论商业银行投行在实体经济"去杠杆"中的作用 [J]. 农村金融研究，2017
（11）：43 - 47.

② 杨楠，谭小芬. 我国企业去杠杆的途径与建议 [J]. 中国国情国力，2016 （11）：65 - 67.

③ 潘晶. 我国非金融企业杠杆率高企原因及去杠杆路径 [J]. 武汉金融，2016 （12）：58 - 60.

④ 张晓晶，常欣，刘磊，李育. 中国去杠杆进程 [J]. 中国经济报告，2017 （10）：90 - 91.

⑤ 陆岷峰，葛和平. 中国企业高杠杆成因及去杠杆方式研究 [J]. 金融监管研究，2016 （12）：
63 - 73.

⑥ 彭文生. 房价下降才能促进宏观杠杆率的可持续下降 [EB/OL]. http：//finance. si-
na. com. cn/china/gncj/2017 - 12 - 26/doc - ifypxrpp4283308. shtml，2017 - 12 - 26.

表 2 – 3　　　　　　　　　不同所有制类型工业企业资产负债率

单位:%

时间	工业企业	国有控股企业	集体企业	股份制企业	外商及港澳台商投资企业	私营企业
2015	56.2	61.4	58.9	57.1	54.2	51.2
2016	55.8	61.4	61.1	56.6	54.1	50.7
2017 – 09	55.7	61.0	60.5	56.6	54.1	51.4

资料来源:根据国家统计局、Wind 统计数据整理。

三是在政府部门内部,地方政府杠杆率较高而中央政府杠杆率较低。根据审计署对全国地方政府债务的审计数据,2013 年 6 月底,地方政府负有偿还责任的债务 10.89 万亿元,负有担保责任的债务 2.67 万亿元,可能承担一定救助责任的债务 4.34 万亿元,同期中央政府对应的债务规模依次为 9.81 万亿元、0.26 万亿元、2.31 万亿元。① 与中央政府相比,地方政府的或有债务规模更高。2016 年底,地方政府债务占政府债务总额的比例为 65.5%。②

四是家庭部门杠杆率结构性特点也很突出。从城乡分布看,农村地区的家庭部门杠杆率低,城市地区的家庭部门杠杆率高。从城市内部看,一线城市家庭部门杠杆率高,二线城市次高,三四线城市低。③ 从地区分布看,不同地区家庭部门杠杆率差异较大。上海财经大学高等研究院的调研显示,2017 年 9 月,家庭部门杠杆率最低的山西省仅为 20%,最高的福建省则高达 105%,④ 两个省份家庭部门杠杆率数据相差悬殊。从家庭生命周期分布看,城市家庭部门杠杆率较高主要是贷款买房的中青年家庭,⑤ 这些家庭处于生命周期的形成期或成长期,收入相对较低。

---

① 中华人民共和国审计署 . 全国政府性债务审计结果 [EB/OL]. http://www.audit.gov.cn/n5/n25/c63642/content.html,2013 – 12 – 30.

② 张斌等 . 这份报告详细为你评估当下的中国经济风险 [EB/OL]. http://finance.sina.com.cn/wm/2017 – 04 – 26/doc – ifyetxec6599795.shtml,2017 – 04 – 26.

③ 伍戈 . 去杠杆与结构性改革结合才能“脱虚向实”[N]. 21 世纪经济报道,2017 – 12 – 20.

④ 降蕴彰 . 家庭债务“灰犀牛”隐现 [J]. 财经,2017 (29):56 – 61.

⑤ 周哲 . 年轻家庭负债缘何猛增 [J]. 财经,2017 (29):62 – 67.

（三）非金融企业杠杆率较高和政府部门杠杆率较低之间关系密切

非金融企业中国有企业杠杆率更高，政府部门中地方政府杠杆率更高，这背后是地方政府融资平台公司类国有企业作为地方政府的融资主体，承担了地方政府的融资职能，债务表面上是国有企业债务，实际上则是地方政府债务。在具体形成原因上，主要是财政体制问题。1994 年实施的分税制改革，强化了中央政府财权，弱化了地方政府财权，但地方政府的事权却有所加大，需要承担更多的经济建设责任。1995 年开始实施的《预算法》规定："地方各级预算按照量入为出、收支平衡的原则编制，不列赤字。除法律和国务院另有规定外，地方政府不得发行地方政府债券。"然而，我国的经济发展阶段决定了经济快速发展需要较大规模的基础设施建设投入，政府的筹资压力较大。加之对官员的考核机制不科学，受"GDP 锦标赛"影响，地方政府官员为了刻意追求 GDP 增长，也有较大的举债动力。在这种情况下，以城投公司为代表的各类地方政府融资平台公司大量涌现，并充当地方政府的融资主体承担了大量的地方政府融资职能。

政策导向变化较快导致地方政府融资平台公司长期承担地方政府融资职能的问题未能有效解决。2008 年国际金融危机发生后，为实现经济增长目标，对地方政府融资平台公司的管理政策放松，地方政府融资平台公司在 2008～2009 年快速增长，融资规模快速扩大。2009 年，全国新增地方政府融资平台公司 2000 多家，而 1992～2008 年全国新成立的地方政府融资平台公司只有 6000 多家。① 对此，2010 年 6 月 10 日，国务院出台的《关于加强地方政府融资平台公司管理有关问题的通知》（国发〔2010〕19 号）提出："银行业金融机构等要严格规范信贷管理，切实加强风险识别和风险管理。要落实借款人准入条件，按商业化原则履行审批程序，审慎评估借款人财务能力和还款来源。凡没有稳定现金流作为还款来源的，不得发放贷款。向融资平台公司新发贷款要直接对应项目，并严格执行国家有关项目资本金的规定。严格执行贷款集中度要求，加强贷款风险控

① 金微. 融资平台启动全面转型顶层设计或出台［N］. 华夏时报，2017－07－10.

制，坚持授信审批的原则、程序与标准。"2010 年 12 月 16 日，银监会下发《关于加强融资平台贷款风险管理的指导意见》（银监发〔2010〕110号），要求审慎发放地方政府融资平台公司贷款，2011 年对地方政府融资平台公司贷款实施名单制管理。①

然而，面对 2015 年 2 月开始的经济下行压力下，2015 年 5 月 11 日，《国务院办公厅转发财政部　人民银行　银监会关于妥善解决地方政府融资平台公司在建项目后续融资问题意见的通知》（国办发〔2015〕40 号）指出："对于在 2014 年 12 月 31 日前已签订具有法律效力的借款合同并已放款，但合同尚未到期的融资平台公司在建项目贷款，银行业金融机构要在全面把控风险、落实信贷条件的前提下，继续按照合同约定发放贷款，不得盲目抽贷、压贷、停贷。"通过地方政府融资平台公司扩大地方政府债务的情况在调控中仍然不断扩大。在 2014 年修订的《预算法》实施之前，虽然有地方政府发行债券融资的试点，但国有企业尤其是城投公司等地方政府融资平台公司承担了较多的政府融资职能。债务虽然表现为以地方政府融资平台公司为代表的国有企业债务，国有企业杠杆率较高，政府部门杠杆率较低，但实际是国有企业代替地方政府融资以丰富基础设施建设资金。

客观而言，以地方政府融资平台公司为代表的国有企业因承担地方政府债务而导致的杠杆率高估程度在逐步下降。这主要是由于地方政府存量债务置换为地方政府债券后，其负债主体不再是非金融企业而是地方政府，也不再作为企业债务统计。自 2015 年 3 月 12 日财政部发文确认开启以发行地方政府债券置换存量债务，即地方政府债务置换以来，截至 2017 年底已有约 10 万亿元的地方政府存量债务置换为地方政府债券。②

（四）家庭部门杠杆率快速增长以及与收入相比杠杆率高的特点突出

家庭部门杠杆率虽然较低但增长较快，并且与收入相比其杠杆率高的特点突出。一是家庭部门杠杆率提升较快。我国家庭部门杠杆率从 2007

---

① 宋军. 地方融资平台债务管控制度回顾与评述 ［J］. 金融理论与实践，2017（1）：107 - 110.

② 孙韶华. 今年地方债尚余 1.88 万亿元待置换 ［N］. 经济参考报，2018 - 01 - 04.

年底的 18.8% 增加至 2016 年底的 44.4%，9 年时间增长了 136.17%。
2013 年初至 2016 年底，我国家庭部门杠杆率的增长速度已经超过 2008 年
国际金融危机之前美国的家庭债务累积速度。① 不仅 2008 年国际金融危机
以来我国家庭部门杠杆率与其他国家相比增长较快的特点明显，与其他国
家历史上相比，我国家庭部门杠杆率增长快的特点也很突出。美国家庭部
门杠杆率从 1952 年初的 23.8% 增加至 1963 年的 45.1%，增长虽然不到 1
倍却用了近 12 年的时间。日本家庭部门杠杆率从 1964 年底的 21% 增加至
1978 年底的 43%，增长 1 倍用了 14 年的时间。二是与收入相比，家庭部
门杠杆率也较高。从信贷与 GDP 的比例看，我国家庭部门杠杆率较低，
但与收入相比家庭部门杠杆率较高的问题也值得关注。2016 年底，包含
公积金贷款在内的家庭房贷余额与家庭可支配收入之比达到 68.3%。② 这
仅仅是家庭部门银行贷款，如果考虑到家庭部门负债来源多元化的问题，
其在买房过程中也有民间借贷、亲戚朋友借贷，以及通过互联网借贷平台
借款等，则家庭部门杠杆率实际上会更高，国内有超过三分之一的家庭的
债务与收入的比值大于 4。③ 与政府和机构相比，家庭部门财务信息透明
度更差，收入可调节的程度较低，已有的负债主要依靠其收入来偿还。这
也决定了与收入相比，家庭部门杠杆率较高的问题也值得充分关注。

①　降蕴彰. 家庭债务 "灰犀牛" 隐现 [J]. 财经，2017 (29)：56 - 61.

②　降蕴彰. 家庭债务 "灰犀牛" 隐现 [J]. 财经，2017 (29)：56 - 61.

③　降蕴彰. 家庭债务 "灰犀牛" 隐现 [J]. 财经，2017 (29)：56 - 61.

第三章
金融部门的杠杆

金融部门的杠杆可分为产品和机构两个层面。金融产品层面的杠杆主要包括融资杠杆和结构化杠杆。融资杠杆如债券质押融资，尤其是银行间债券市场 1 天期、7 天期等短期的质押式回购规模较高并且快速增长，金融机构以此加杠杆的特点突出。结构化杠杆是通过优先和劣后的分层设计增厚收益。金融机构层面的杠杆主要表现为资产总规模快速增长，在金融子行业中，银行业为其他金融子行业加杠杆提供资金来源，但证券业、保险业、信托业资产规模增长速度快于银行业，说明其加杠杆速度更快。在金融部门资产规模快速增加的背后，推动其加杠杆的是资产配置结构的变化，不同类型的资产及资产结构对金融机构加杠杆的推动作用不同。因而，金融机构加杠杆的过程，也受到金融机构大类资产配置结构的影响，也正是基于这种考虑，对金融机构大类资产配置结构变化也进行了分析。①

一、金融产品层面的杠杆

金融产品层面的杠杆可分为融资杠杆和结构化杠杆。前者是在用资金购买金融产品后，再以金融产品质押对外融资，并利用融入的资金购买金融产品，从而实现以少量资金撬动大量资金的金融加杠杆。后者是在结构化的金融产品中，通过优先与劣后的分层设计，以少量的劣后资金撬动大量的优先资金实现金融加杠杆，其融资行为发生在同一产品之中。② 在信

① 本章分析金融部门的杠杆时，没有专门大篇幅地进行国际比较。这是由于金融部门杠杆率要谨慎对待。一般来说，作为商业中心或者是金融港的经济体，金融部门的杠杆率就非常高，小型开放经济体尤其如此。新加坡的金融部门杠杆率为 246%，主要是由于大量的外资银行和其他金融机构在那里设立区域性总部。英国、爱尔兰、荷兰都是金融港，其金融部门杠杆率分别高达 183%、291%、362%。金融部门杠杆率受到不同因素的影响，其高杠杆未必反映出高风险。从这个角度看，金融部门杠杆率国际比较的政策含义较弱。这也是一般均对非金融部门杠杆率进行国际比较，而将金融部门排除在外的原因。详见 Zhang Xiaojing, Chang Xin. Deleveraging: Data, Risks and Countermeasures [J]. China Economist, 2017, 12 (1): 2 - 37.

② 孙海波，刘诚燃 . 2017 年银行监管趋势：核心负债、理财、加杠杆、委外 [EB/OL]. http://www.gold678.com/dy/A/481476, 2017 - 02 - 28.

托理财项目、资产管理计划等金融产品中，结构化杠杆运用得较多。优先级部分风险偏好较低，有相对明确且固定的预期收益率，在劣后级承担亏损风险后再承担亏损风险。劣后级部分风险偏好较高，收益率更具有不确定性，在亏损时优先承担亏损风险，并且承担杠杆风险。在结构化杠杆中，一般是较少的劣后级资金撬动较多的优先级资金，通过对大量的优先级资金明确低风险低收益，劣后级承担更高的风险并有相应的风险溢价补偿，从而增加劣后级资金的预期收益。① 本部分主要分析融资杠杆，并且集中在债券质押融资领域。对于结构化杠杆，限于数据的可得性不再具体分析。

融资杠杆以债券质押融资最为典型。2011 年以来，银行间债券质押式回购当月成交额迅猛增长，2011 ~ 2017 年的月均成交额依次为 7.38 万亿元、10.68 万亿元、11.65 万亿元、16.41 万亿元、34.84 万亿元、47.36 万亿元、49.02 万亿元。具体见图 3 - 1。从成交额来看，2015 年以来增长最为迅猛，绝对额很高。②

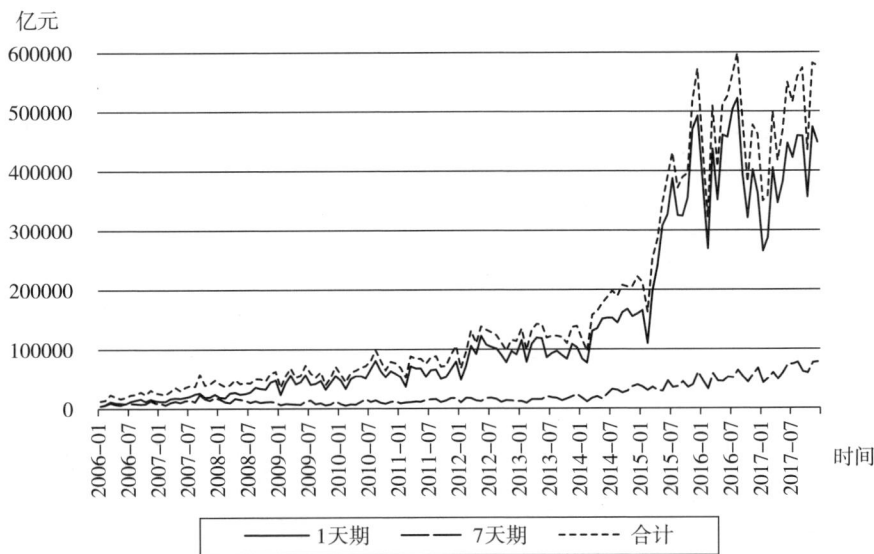

资料来源：根据中国人民银行、全国银行间同业拆借中心、Wind 统计数据整理绘制。

图 3 - 1 银行间债券质押式回购 1 天期、7 天期与合计当月成交额

① 娄飞鹏. 金融领域高杠杆的深层次成因与去杠杆建议 [J]. 西南金融, 2017（6）: 22 - 28.
② 娄飞鹏. 金融领域高杠杆的深层次成因与去杠杆建议 [J]. 西南金融, 2017（6）: 22 - 28.

在银行间债券质押式回购迅猛增长的同时，1 天期、7 天期质押式回购占比较高，并且这一比例远高于美国等发达国家。这背后的原因是，金融同业杠杆资金大规模流入债券市场，引起债券市场收益率下降，金融机构通过质押式回购这种"以券养券"的方式来谋求更高的收益。为此，金融机构一般采取 1 天期、7 天期质押式回购进行负债端的资金滚动，以维系资产端的长期投资。[①] 从 2016 年以来的情况看，当年 8 月人民银行采用锁短放长的方式收紧流动性之前，1 天期质押式回购月成交额占总成交额的比例基本在 85% 以上，甚至接近 90%，而在 2016 年 8 月货币政策开始收紧之后其占比明显下降，甚至降至 2017 年 1 月的 75.61%，之后虽有所回升但总体低于 2016 年的占比。同期，7 天期质押式回购成交额占总成交额的比例基本稳定在 10% 上下，2017 年占比略微提高。具体见表 3 - 1。短期债券质押式回购成交额较大、快速增长、占比较高，其背后的原因主要是通过期限错配，在债券牛市中以短搏长加杠杆投资债券获得更多的收益。也就是说，金融机构融入短期资金主要是为了加杠杆。

表 3 - 1　　　　　　　银行间债券质押式回购当月成交额及占比

单位：万亿元、%

时间	合计月成交额	1 天期		7 天期	
		成交额	占比	成交额	占比
2016 - 01	44.29	38.49	86.89	4.62	10.44
2016 - 02	32.18	26.84	83.40	3.24	10.07
2016 - 03	50.89	43.66	85.79	5.85	11.49
2016 - 04	40.67	35.13	86.39	4.60	11.30
2016 - 05	51.16	46.00	89.91	4.52	8.84
2016 - 06	52.61	45.66	86.79	5.26	9.99
2016 - 07	56.26	50.37	89.54	5.16	9.17
2016 - 08	59.77	52.26	87.43	6.43	10.75
2016 - 09	48.47	39.18	80.83	5.29	10.91
2016 - 10	38.08	32.12	84.35	4.41	11.58

① 李奇霖. 如何看待金融去杠杆 [J]. 银行家，2017 (8)：92 - 94.

续表

时间	合计月成交额	1 天期		7 天期	
		成交额	占比	成交额	占比
2016 – 11	47.70	40.19	84.25	5.70	11.94
2016 – 12	46.17	36.21	78.42	6.80	14.74
2017 – 01	34.98	26.45	75.61	4.28	12.25
2017 – 02	35.80	28.71	80.20	5.01	13.98
2017 – 03	49.99	40.54	81.09	5.99	11.99
2017 – 04	41.69	34.63	83.06	4.89	11.74
2017 – 05	46.79	38.18	81.59	6.00	12.82
2017 – 06	54.92	44.64	81.30	7.37	13.42
2017 – 07	51.56	42.19	81.82	7.45	14.46
2017 – 08	55.82	45.89	82.20	7.75	13.89
2017 – 09	57.33	45.81	79.91	6.17	10.76
2017 – 10	43.53	35.55	81.67	5.95	13.67
2017 – 11	58.15	47.35	81.42	7.71	13.27
2017 – 12	57.70	44.80	77.64	7.78	13.49

资料来源：根据中国人民银行、Wind 统计数据整理。

待购回债券余额也可以说明债券的质押融资情况。待购回债券余额近几年呈高位运行态势，余额从 2014 年 1 月的 18486.22 亿元增加至 2017 年 12 月的 62003.26 亿元，增长 235.4%。其中，质押式回购待购回债券余额从 17267.42 亿元增加至 56511.15 亿元，增长 227.27%；买断式回购待购回债券余额从 1218.81 亿元增加至 5492.11 亿元，增长 350.61%。三者的增幅均远高于同期银行间债券市场余额 57.45% 的增幅。[①] 具体见图 3 – 2。

如果按照资产规模除以自有资金的杠杆率计算方法，在具体测算时可以用债券托管量代表资产规模，用债券托管量减去待购回债券余额代表自有资金，也可以计算发现债券市场杠杆率较高的特点。从实际数值看，2008 ~ 2010 年绝对水平较低并且经历了明显的下降，2010 年中开始一直到 2015 年底经历了快速增长并且绝对水平较高，波动幅度较大，2016 年

---

① 娄飞鹏. 金融领域高杠杆的深层次成因与去杠杆建议 [J]. 西南金融，2017 (6)：22 – 28.

开始绝对值又有所回落并且波动幅度降低。从这一比值的趋势看，其增长速度从 2013 年以来趋于平缓。具体见图 3－3。

亿元

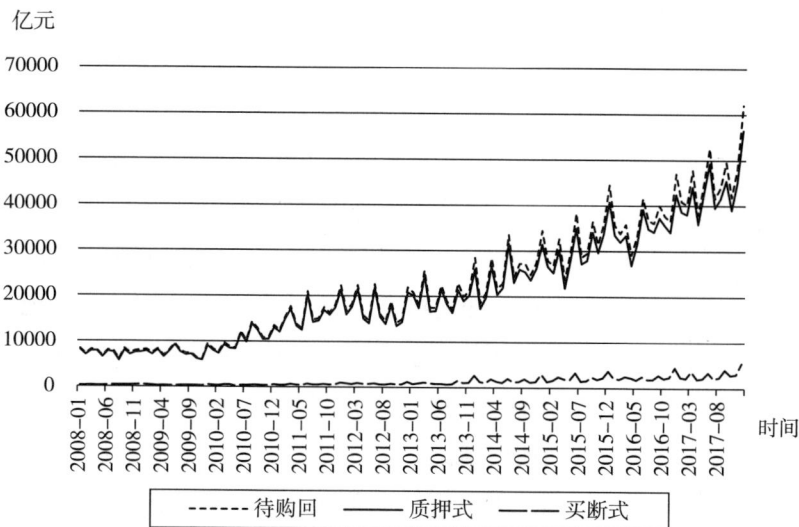

资料来源：根据中国债券信息网、Wind 统计数据整理绘制。

图 3－2　待购回债券余额

倍

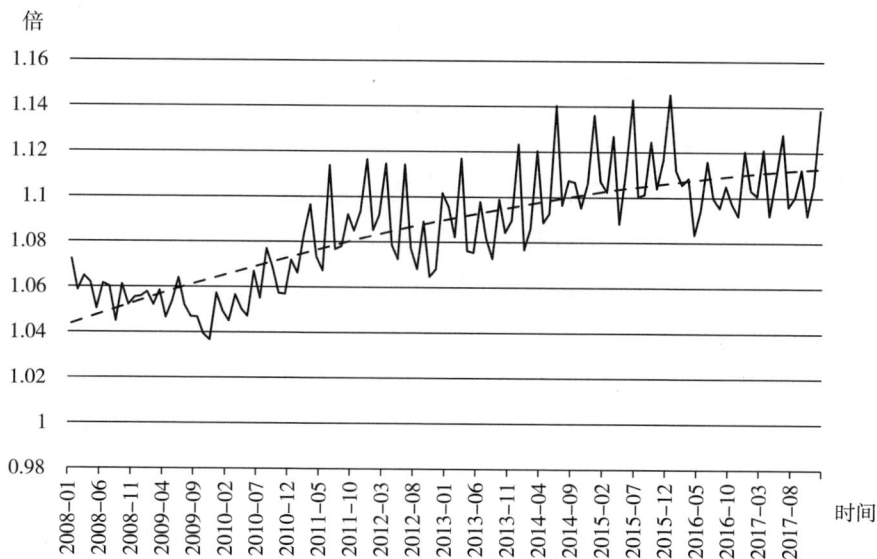

资料来源：根据中国债券信息网、Wind 统计数据整理绘制。

图 3－3　基于债券托管量和待购回债券余额计算的杠杆率

二、金融机构层面的杠杆

对金融机构层面的杠杆，一方面要考虑资产规模最大的金融子行业银行业的资产规模变化，另一方面要考虑在金融系统内部银行业是各类金融机构加杠杆最主要的资金供给方，也可以以银行业对金融机构的债权及其变化来粗略衡量金融机构加杠杆的情况，并对其他金融子行业的规模变化情况进行分析。① 在类似研究中，也有以资产规模除以所有者权益测算各类金融机构杠杆的。② 根据该方法测算的结果是，信托业的杠杆率从 2010 年底的 23.03 倍上升至 2017 年 9 月底的 48.85 倍，保险业的杠杆率从 2014 年底的 7.66 倍上升至 2017 年 9 月底的 8.92 倍。本书不采用以资产规模除以所有者权益测算各类金融机构杠杆的方法，而是利用金融机构资产规模的变化来衡量其加杠杆情况，具体理由在第一章第二节已经做了说明，此处不再赘述。

总体来看，金融业总资产经历了快速增长，杠杆率快速提高，银行业金融机构加杠杆的速度相对较慢，证券业、保险业、信托业加杠杆的速度更快。2008～2016 年，我国 GDP 年均同比增长 8.42%，同期银行业总资产年均同比增长 17.52%，大型商业银行、股份制商业银行、城市商业银行总资产年均同比增长分别为 11.33%、21.07%、26.1%，保险业、证券业、基金业总资产年均同比增长依次为 21.11%、20.19%、16.25%，2011～2016 年信托业总资产年均同比增长 36.69%。总体来看，金融业总资产年均同比增长远超 GDP 增长率，非银行金融机构增长更快，银行业内部中小型商业银行增长更快，资产规模快速增加提高了金融业的杠

① 娄飞鹏. 金融领域高杠杆的深层次成因与去杠杆建议 [J]. 西南金融，2017 (6)：22 - 28.
② 李伏安. 银行业去杠杆的主攻方向 [EB/OL]. http://www.cf40.org.cn/plus/view.php? aid = 11763，2017 - 03 - 30.

杆率。①

不仅与经济增长速度相比可以发现我国金融业杠杆率提高较快，从国际比较的角度也可以发现我国金融部门杠杆率较高。以银行业为例，2008～2017年，我国银行业总资产从64.15万亿元增加至249.72万亿元，增长2.89倍；而同期美国商业银行总资产从12.24万亿美元增加至16.85万亿美元，增长0.38倍。这也说明我国银行业杠杆率提升较快，杠杆率较高。2016年底，我国银行业总资产为33.2万亿美元，是名义GDP的3.09倍，同期欧元区、美国银行业总资产依次为31万亿美元、16.07万亿美元，分别是其名义GDP的2.61倍、0.86倍。②我国银行业无论是总规模还是与GDP的比例都超过了欧元区、美国，杠杆率高的特点突出。

（一）银行业资产总规模及变化

银行业总资产经历了快速增长，从2005年底的37.46万亿元增加至2017年底的249.72万亿元。从银行业总资产的增长率看，2006～2016年，银行业总资产年均增长率达到18.01%，2009年增长率甚至高达26.24%，远超过同期GDP的增长率。具体见表3-2。2017年，银行业总资产增长率为8.4%，比之前2007～2016年十年平均的增长率低9.61个百分点，主要原因是在金融部门去杠杆的大背景下，人民银行实施稳健中性的货币政策和宏观审慎评估（MPA），银监会出台的各项针对银行金融同业业务的严监管措施导致银行业资产规模扩张放缓，尤其是对金融同业资产规模扩张放缓。

表3-2　　　　　　银行业金融机构总资产及对金融同业的债权

单位：万亿元、%

年	总资产		金融机构		银行同业		非银行金融机构	
	绝对额	增长率	绝对额	占比	绝对额	占比	绝对额	占比
2005	37.46	—	4.59	12.24	3.52	9.40	1.07	2.85
2006	44.13	17.82	5.36	12.14	4.17	9.44	1.19	2.70

① 娄飞鹏.金融与非金融去杠杆［J］.金融理论探索，2017（5）：20-26.
② 李迅雷.金融严管下周期还能延续？［EB/OL］. http://money.163.com/17/0503/19/CJHM-VQ6T002580S6.html，2017-05-03.

续表

年	总资产		金融机构		银行同业		非银行金融机构	
	绝对额	增长率	绝对额	占比	绝对额	占比	绝对额	占比
2007	54.12	22.64	6.91	12.76	5.63	10.41	1.28	2.36
2008	64.15	18.53	8.82	13.75	7.57	11.81	1.25	1.94
2009	80.98	26.24	11.49	14.19	9.79	12.09	1.70	2.10
2010	96.16	18.74	15.42	16.03	13.45	13.98	1.97	2.05
2011	113.79	18.33	21.38	18.79	17.95	15.77	3.43	3.02
2012	133.69	17.49	28.75	21.51	23.70	17.73	5.05	3.78
2013	152.48	14.05	33.30	21.84	26.04	17.08	7.26	4.76
2014	172.20	12.94	39.19	22.76	28.04	16.28	11.16	6.48
2015	199.16	15.65	49.08	24.64	31.42	15.78	17.66	8.87
2016	230.38	15.68	58.12	25.23	31.59	13.71	26.53	11.52
2017	249.72	8.40	57.67	23.09	29.60	11.85	28.06	11.24

注：本表的银行业金融机构是指中国人民银行统计报表中的其他存款性公司，非银行金融机构是指中国人民银行统计报表中的其他金融机构。

资料来源：根据中国人民银行、Wind 统计数据整理。

在银行业资产规模快速扩张的同时，银行业对银行同业和非银行金融机构的债权规模快速增加。银行业对金融机构的债权规模从 2005 年底的 4.59 万亿元增加至 2017 年底的 57.67 万亿元，占银行业总资产的比例从 12.24% 上升至 23.09%。其中，对银行同业的债权规模从 3.52 万亿元增加至 29.6 万亿元，占银行业总资产的比例从 9.4% 上升至 11.85%；对非银行金融机构的债权规模从 1.07 万亿元增加至 28.06 万亿元，占银行业总资产的比例从 2.85% 上升至 11.24%。相比之下，2017 年底银行对金融同业的债权占总资产的比例比 2016 年底有所下降。具体见表 3－2。在银行业总资产快速增加的同时，对金融机构债权的占比快速提高，说明银行业对金融机构债权的增长速度更快。在金融行业内，非银行业在资金来源上对银行业有较大的依赖。在银行业加杠杆的同时，其对金融机构债权的规模和占比增加，意味着也推动了非银行金融机构的加杠杆。与此同时，资产管理业务近年来快速发展，其中大量采用通道模式，也推动了非银行金融机构的加杠杆。[①]

在银行业内部，不同规模的商业银行对非银行金融机构的债权占其总资产的比例不同，就中资银行而言，小型银行最高，中型银行居中，大型银行较低。但不论银行规模如何，对非银行金融机构债权在其总资产中的占比都经历了较快的增长。2010 年底至 2017 年 3 月底，中资大型银行对非银行金融机构的债权在其总资产中的占比从 2.13% 增长至 5.46%，中资中型银行从 2.09% 增长至 18.64%，中资小型银行从 1.81% 增长至 20.05%。具体见表 3 - 3。与中资大型银行相比，中资中型、小型银行对非银行金融机构的债权在总资产中的占比更高，提高速度更快，主要原因在于中资中型、小型银行的风险偏好相对更高，对金融同业业务有相对较强的依赖。

表 3 - 3　　　不同规模中资银行对非银行金融机构的债权额及占比

单位：万亿元、%

时间	中资大型银行		中资中型银行		中资小型银行	
	绝对额	占比	绝对额	占比	绝对额	占比
2010	1.21	2.13	0.39	2.09	0.20	1.81
2011	2.06	3.18	0.67	2.89	0.51	3.39
2012	2.47	3.37	1.29	4.44	0.99	5.07
2013	2.23	2.74	2.67	8.07	1.99	7.96
2014	3.70	4.17	4.05	10.39	2.86	9.49
2015	4.75	4.80	7.13	15.37	5.02	12.98
2016	5.75	5.21	10.21	18.57	9.77	19.83
2017 - 03	6.18	5.46	10.34	18.64	10.42	20.05

资料来源：根据中国人民银行、Wind 统计数据整理。

利用银监会的统计数据进行分析也可以证明这一点。2004 年以来，从资产规模增长速度看，如果不考虑其他金融机构，在不同规模的商业银行中，城市商业银行增长最快，股份制商业银行次之，农村金融机构

① 娄飞鹏. 金融领域高杠杆的深层次成因与去杠杆建议 [J]. 西南金融，2017 (6)：22 - 28.

再次之，国有商业银行增长速度最慢。尤其是 2013 年以来这种增速差别更加明显。其结果是城市商业银行、股份制商业银行在银行业总资产中的占比提高，而大型商业银行在银行业总资产中的占比降低。具体见表 3 - 4。

表 3 - 4　　　　　　　不同类型商业银行资产规模增速及占比

单位:%

时间	大型商业银行		股份制商业银行		城市商业银行		农村金融机构		其他金融机构	
	同比	占比	同比	占比	同比	占比	同比	占比	同比	占比
2003	—	54.93	—	13.80	—	5.29	—	—	—	25.98
2004	11.44	53.58	23.07	14.87	16.65	5.40	—	—	15.01	26.15
2005	16.10	52.46	23.74	15.51	19.41	5.44	—	—	20.55	26.59
2006	14.66	51.28	22.87	16.25	27.35	5.90	—	—	17.19	26.56
2007	24.26	53.25	1.51	13.78	28.79	6.35	—	—	19.92	26.62
2008	13.67	51.03	21.57	14.13	23.69	6.62	—	—	25.78	28.23
2009	25.92	50.89	33.72	14.96	37.46	7.21	—	—	20.47	26.93
2010	14.45	48.68	26.11	15.77	38.25	8.33	—	—	20.96	27.23
2011	13.37	46.64	23.29	16.43	27.15	8.95	—	—	21.56	27.97
2012	11.38	44.14	27.93	17.86	23.66	9.41	—	—	20.35	28.60
2013	8.16	42.33	14.08	18.06	22.93	10.25	—	—	15.77	29.36
2014	7.41	40.02	16.26	18.49	19.15	10.75	—	13.16	-32.00	17.58
2015	9.46	37.94	17.69	18.84	25.41	11.68	15.99	13.22	20.35	18.32
2016	10.53	35.99	17.23	18.96	24.50	12.48	16.52	13.22	23.11	19.36
2017 - 09	5.97	35.90	1.19	18.05	8.16	12.70	8.25	13.46	9.13	19.88

资料来源：根据中国银监会、Wind 统计数据整理。

另外，从银行表内外资产来看，表外资产相对表内资产扩张速度更快。以银行理财产品为例，2010～2016 年，银行理财产品余额年均增长率高达 50.62%。虽然银行理财产品中有 70%～80% 为非保本型理财，不在银行资产负债表内统计，但因为国内一直没有有效打破刚性兑付，其实质上仍然可以起到提高银行杠杆率的作用。这充分说明，银行表外资产扩张速度大幅度高于表内，表外杠杆率更高。

（二）证券业资产总规模及变化

证券业资产总规模也呈波动快速增长态势，从 2007 年底的 1.73 万亿元增加至 2017 年 6 月底的 5.81 万亿元。2008～2016 年，年均增长率为 21.11%。具体见图 3-4。与其他金融子行业相比，证券业总资产增长波动变化较大，如 2008 年受国际金融危机影响资产规模呈负增长，2014 年下半年至 2015 年上半年的股市牛市导致 2014 年、2015 年证券业资产规模快速增长，但 2016 年却因高基数等原因进入负增长阶段。

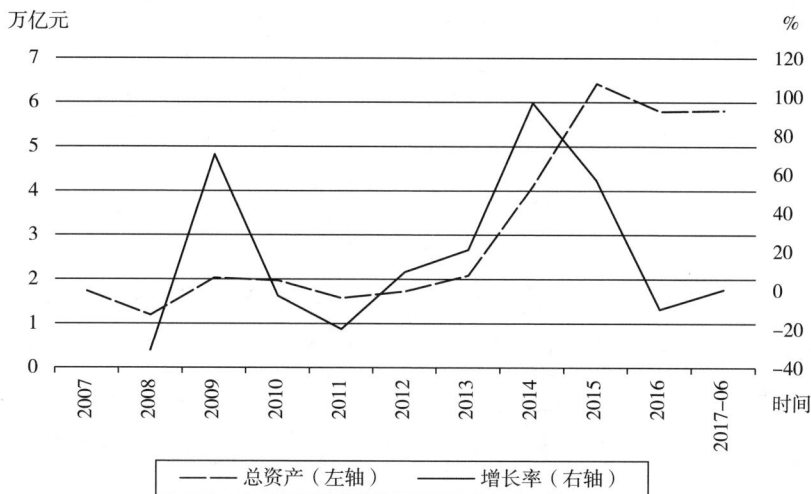

资料来源：根据中国证券业协会、Wind 统计数据整理绘制。

图 3-4　证券业资产总规模及增长率

（三）保险业资产总规模及变化

保险业资产总规模也经历了较快的增长，从 1999 年底的 0.26 万亿元增加至 2017 年 9 月底的 16.58 万亿元。从增长率看，1999～2007 年年均增长 35.32%，2008～2016 年年均增长 20.19%。具体见图 3-5。虽然 2008 年以来年均增速相对较低，但仍然保持了较高的增长速度。

万亿元

资料来源：根据中国保监会、Wind 统计数据整理绘制。

图 3 – 5　保险业资产总规模及增长率

（四）信托业资产总规模及变化

信托业资产总规模快速扩大但扩张速度有所降低，资产总额从 2010 年底的 3.04 万亿元增加至 2017 年 9 月底的 24.41 万亿元。从增长率看，2011 年以来增长率在波动快速降低，从 2011 年的 58.25% 下降至 2016 年的 16.62%，之后又有波动上升，2017 年前 9 个月增长 20.71%。具体见图 3 – 6。

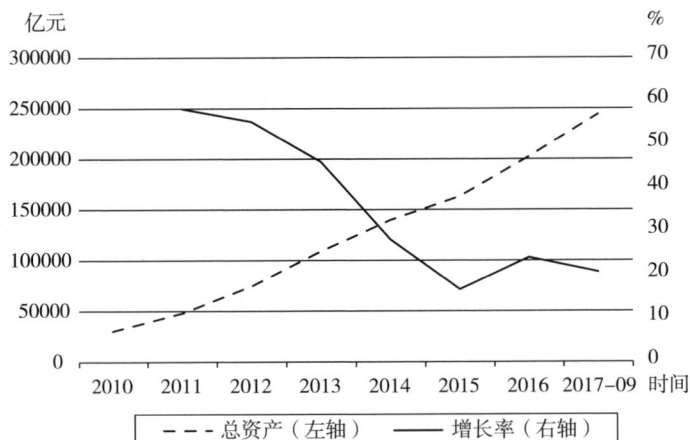

资料来源：根据中国信托业协会、Wind 统计数据整理绘制。

图 3 – 6　信托业资产总规模及增长率

（五）基金业资产总规模及变化

基金业总资产稳步快速增长，并且在近几年有加快的势头，从 2007 年底的 366.53 亿元增加至 2016 年底的 1346.32 亿元。2008～2016 年年均增长 16.25%。具体见图 3－7。从增长速度看，2008 年受国际金融危机影响基金业总资产呈现小幅负增长，2010～2012 年增长速度较低，但 2013～2015 年保持了较快增长，2016 年的增长速度有较大幅度下降。

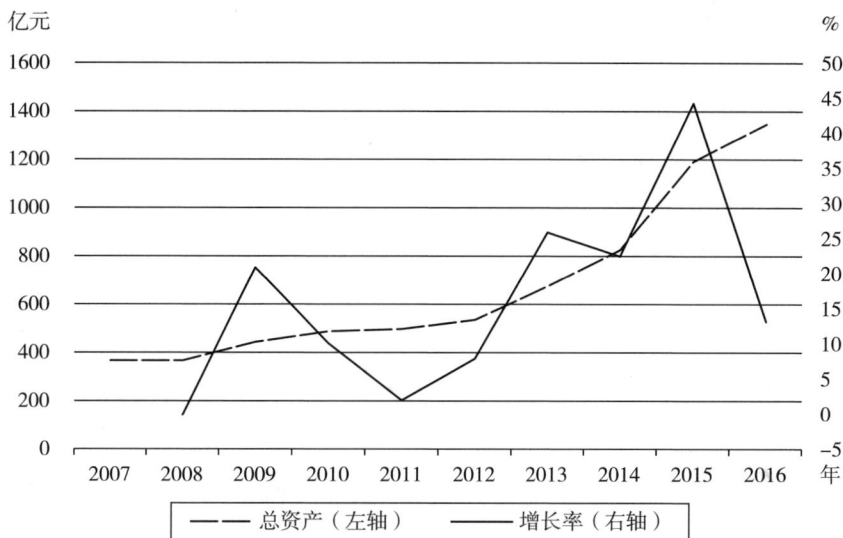

资料来源：根据 Wind 统计数据整理绘制。

图 3－7　基金业资产总规模及增长率

三、金融机构的资产配置

在金融部门资产规模快速增长的背后，推动其加杠杆的是资产配置结构的变化，不同类型的资产对金融机构加杠杆的推动作用不同。因而，金融机构加杠杆的过程，其实可以视为其资产及配置结构不断变化的过程。从这个角度看，分析金融部门加杠杆，有必要对其资产配置结构做一些分析，以更好地理解其背后的成因。整体来看，金融机构对有价证券及投资的资产配置占比在提高，这方面在银行业和保险业体现得尤为明显。

（一）金融机构总体的资产配置

金融机构的本外币资金运用以贷款、有价证券及投资为主，两者合计占到99%以上，黄金占款、在国际金融机构资产的占比合计不足1%。贷款占金融机构资金运用总额的比例在逐步降低，有价证券及投资在资金运用总额中的占比则呈上升趋势。[①] 贷款占比从2004年底的81.97%下降至2017年底的70.52%，其间在2009~2012年有所上升。2014年以来，贷款占金融机构资金运用总额的占比呈快速下降趋势，尤其是2015年以来降幅更大。有价证券及投资的占比从2004年底的17.58%上升至2017年底的29.41%，在2009~2012年占比有所降低，但2014年以来呈现快速上升趋势。具体见表3-5。

表3-5　　　　　　　　金融机构本外币资金运用结构占比

单位:%

年	贷款	有价证券及投资	黄金占款	在国际金融机构资产
2004	81.97	17.58	0.15	0.30
2005	81.79	17.74	0.13	0.34
2006	81.25	18.27	0.11	0.37
2007	78.54	21.06	0.10	0.30
2008	80.91	18.77	0.09	0.24
2009	81.72	17.81	0.13	0.34
2010	82.76	16.86	0.11	0.28
2011	83.37	16.29	0.10	0.25
2012	82.76	16.96	0.08	0.20
2013	81.50	18.26	0.07	0.17
2014	79.94	19.86	0.06	0.14
2015	74.53	25.36	0.00	0.11

---

① 娄飞鹏. 大类资产配置：理论、现状与趋势——基于人口老龄化的视角 [J]. 金融理论与实践，2017（6）：51-56.

续表

年	贷款	有价证券及投资	黄金占款	在国际金融机构资产
2016	69.96	29.82	0.00	0.22
2017	70.52	29.41	0.00	0.07

注：根据中国人民银行的统计分类，金融机构包括中国人民银行、银行业存款类金融机构、银行业非存款类金融机构。银行业存款类金融机构包括银行、信用社和财务公司。银行业非存款类金融机构包括信托投资公司、金融租赁公司、汽车金融公司和贷款公司等。下同。

资料来源：根据中国人民银行、Wind 统计数据整理。

在金融机构的有价证券及投资中，债券投资占比一直在 50% 以上，股权及其他投资的占比则相对较小。① 债券投资占金融机构有价证券及投资的比例在快速下降，而股权及其他投资的占比在快速上升。债券投资占比从 2011 年底的 87.36% 下降至 2017 年底的 57.85%，同期股权及其他投资的占比则从 12.64% 上升至 42.15%。具体见图 3-8。

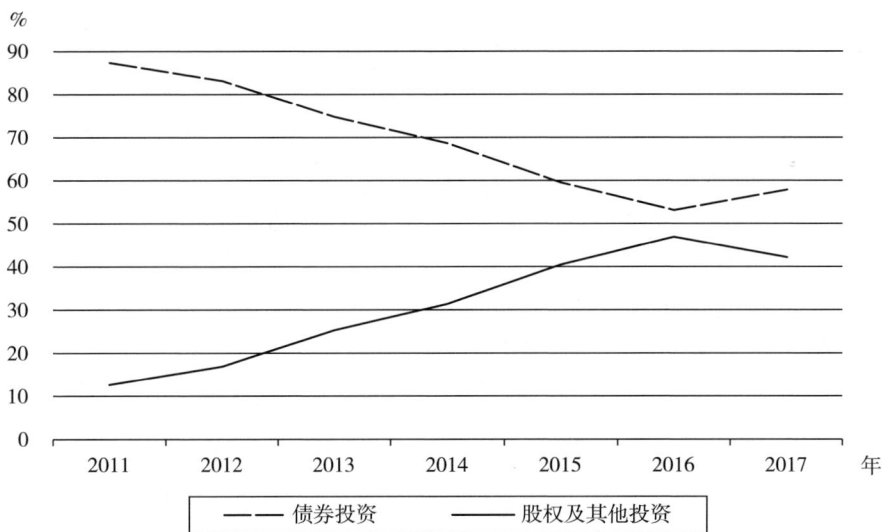

资料来源：根据中国人民银行、Wind 统计数据整理绘制。

图 3-8 金融机构有价证券及投资结构占比

① 娄飞鹏. 大类资产配置：理论、现状与趋势——基于人口老龄化的视角 [J]. 金融理论与实践，2017（6）：51-56.

（二）银行业的资产配置

1. 中资全国性大型银行的资产配置

从结构看，贷款、有价证券及投资、存放中央银行存款在中资全国性大型银行资金运用中的占比较高，三者合计占到90%以上。买入返售资产规模在2015年开始显现，2015年底占比一度超过银行业存款类金融机构往来。[①]

从发展趋势看，贷款占中资全国性大型银行资金运用的占比有所波动，2010～2014年大致呈上升趋势，之后呈下降趋势，但一直在55%以上。有价证券及投资占比在2010～2014年呈下降趋势，之后呈上升趋势，一直在21%～26%波动。存放中央银行存款的占比呈下降趋势，从2010年底的14.34%波动下降至2017年底的11.7%。银行业存款类金融机构往来的占比从2010年底的4.37%上升至2013年底的6.26%，[②]之后迅速下降至2017年底的2.72%。具体见表3-6。

表3-6　　　　　中资全国性大型银行资金运用结构占比

单位:%

年	各项贷款	有价证券及投资	买入返售资产	存放中央银行存款	银行业存款类金融机构往来（运用方）
2010	55.87	25.42	0.00	14.34	4.37
2011	55.49	23.14	0.00	16.25	5.12
2012	56.09	22.50	0.00	15.95	5.46
2013	57.38	21.75	0.00	14.60	6.26
2014	58.25	21.42	0.00	14.29	6.04
2015	56.74	24.16	3.71	11.63	3.75
2016	56.48	26.11	1.87	11.98	3.55
2017	57.79	25.61	2.19	11.70	2.72

资料来源：根据中国人民银行、Wind 统计数据整理。

---

① 娄飞鹏. 大类资产配置：理论、现状与趋势——基于人口老龄化的视角 [J]. 金融理论与实践，2017（6）：51-56.

② 娄飞鹏. 大类资产配置：理论、现状与趋势——基于人口老龄化的视角 [J]. 金融理论与实践，2017（6）：51-56.

在有价证券及投资结构方面，中资全国性大型银行有价证券及投资中债券投资占比在 80% ~ 90%，股权及其他投资占比较低。债券投资占中资全国性大型银行有价证券及投资的占比呈下降趋势，而股权及其他投资的占比呈上升趋势。债券投资的占比从 2011 年底的 93.22% 波动下降至 2017 年底的 85.47%；同期股权及其他投资的占比从 6.78% 波动上升至 14.53%。尤其是 2015 年以来，股权及其他投资的占比大幅度上升。具体见图 3 – 9。

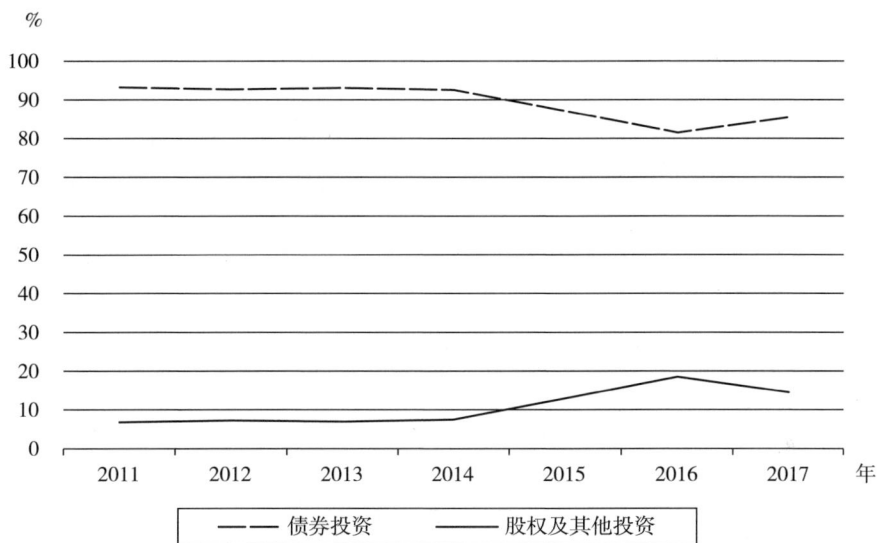

资料来源：根据中国人民银行、Wind 统计数据整理绘制。

图 3 – 9　中资全国性大型银行有价证券及投资结构占比

2. 中资全国性中小型银行的资产配置

虽然在中资全国性中小型银行资金运用中，贷款、有价证券及投资、存放中央银行存款合计的占比在 90% 左右，与中资全国性大型银行资金运用的占比相似。但具体结构与中资全国性大型银行有差异，中资全国性中小型银行的贷款、存放中央银行存款占比相对较低，而有价证券及投资、银行业存款类金融机构往来的占比较高。① 贷款占中资全国性中小型

---

① 娄飞鹏. 大类资产配置：理论、现状与趋势——基于人口老龄化的视角 [J]. 金融理论与实践，2017（6）：51 – 56.

银行资金运用的占比下降明显，从 2010 年底的 65.57% 下降至 2017 年底的 49.89%，存放中央银行存款的占比也从 13.69% 下降至 9.52%，而有价证券及投资的占比则从 15.59% 迅速上升至 32.07%，银行业存款类金融机构往来的占比波动较明显，从 2010 年底的 5.15% 上升至 2011 年底的 11.91%，此后下降至 2013 年底的 6.94%，从 2014 年开始又有所上升并在 2016 年底达到 8.28%，之后又下降至 2017 年底的 5.92%。具体见表 3-7。

表 3-7　　　　　　　　中资全国性中小型银行资金运用结构占比

单位：%

年	贷款	有价证券及投资	买入返售资产	存放中央银行存款	银行业存款类金融机构往来（运用方）
2010	65.57	15.59	0.00	13.69	5.15
2011	59.24	14.64	0.00	14.21	11.91
2012	56.78	17.44	0.00	14.47	11.32
2013	56.20	22.76	0.00	14.10	6.94
2014	53.34	25.91	0.00	13.43	7.32
2015	48.37	28.39	5.49	10.53	7.21
2016	47.08	32.08	2.72	9.84	8.28
2017	49.89	32.07	2.59	9.52	5.92

注：根据中国人民银行的统计标准：中资全国性大型银行是指资产总量大于等于 2 万亿元的银行（以 2008 年底各金融机构本外币资产总额为参考标准），包括工行、农行、中行、建行、交行、国开行和邮政储蓄银行；中资全国性中小型银行是指资产总量小于 2 万亿元（以 2008 年底各金融机构本外币资产总额为参考标准）且跨省经营的银行；其他为中资小型银行。下同。

资料来源：根据中国人民银行、Wind 统计数据整理。

有价证券及投资方面，在中资全国性中小型银行有价证券及投资中，债券投资占比较高的优势地位正在弱化，股权及其他投资的占比正在大幅度提高。债券投资占中资全国性中小型银行有价证券及投资的占比呈大幅度下降趋势，而股权及其他投资的占比呈快速上升趋势。债券投资的占比从 2011 年底的 94.56% 波动下降至 2017 年底的 49.9%，同期股权及其他投资的占比从 5.44% 波动上升至 50.1%。与中资全国性大型银行相比，中资全国性中小型银行有价证券及投资中，债券投资的占比较低，而股权及其他投资的占比较高。具体见图 3 - 10。

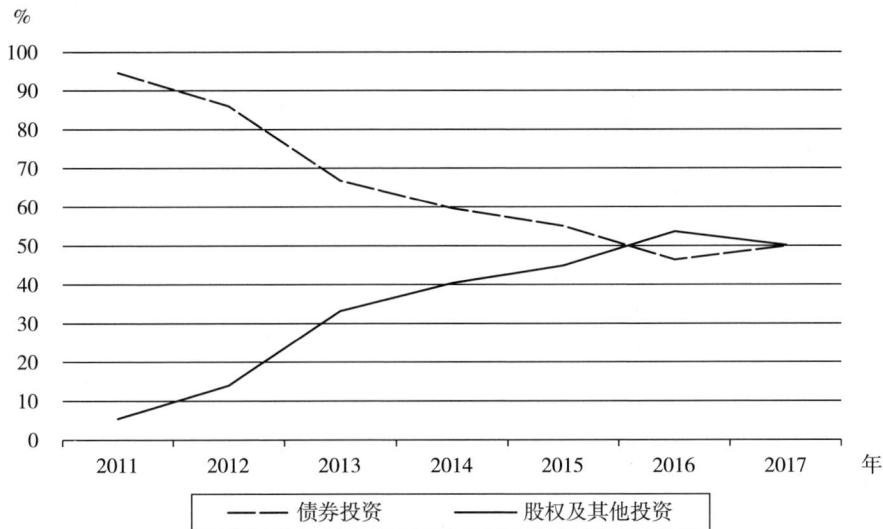

资料来源：根据中国人民银行、Wind 统计数据整理绘制。

图 3 - 10　中资全国性中小型银行有价证券及投资结构占比

（三）证券业的资产配置

证券公司自营业务投资中，债券、股票的占比较高，2013 年以来其他投资的占比也明显增加。股票在证券公司自营业务投资中的占比从 2007 年底的 70.28% 骤降至 2008 年底的 10.65%，此后增加至 2010 年底的 29.27%，并逐步波动下降至 2016 年底的 13.91%。同期债券投资的占比从 2007 年底的 19.42% 迅速上升至 2008 年底的 55.72%，此后波动上升至 2013 年底的 71.89%，并快速下降至 2015 年底的 48.15%，2016 年底又上升至 52.46%。基金投资占比一直处于波动中，在 2009 年、2010 年和 2015 年的占比较高，其余年份的占比较低。其他投资除了 2008 年波动较大外，其余年份大致呈增长趋势，2015 年增速较快。① 具体见表 3 - 8。

_____

① 娄飞鹏. 大类资产配置：理论、现状与趋势——基于人口老龄化的视角 ［J］. 金融理论与实践，2017（6）：51 - 56.

表 3 - 8 证券公司自营业务投资结构占比

单位:%

年	股票	基金	债券	其他
2007	70.28	5.21	19.42	5.09
2008	10.65	9.12	55.72	24.51
2009	26.74	17.97	52.91	2.37
2010	29.27	11.71	56.06	2.97
2011	17.87	8.12	71.01	3.00
2012	16.22	10.96	68.34	4.48
2013	12.68	6.36	71.89	9.07
2014	16.51	6.84	63.60	13.50
2015	13.01	17.80	48.15	21.01
2016	13.91	10.68	52.46	22.96

资料来源:根据中国证券业协会、Wind 统计数据整理。

（四）保险业的资产配置

保险公司资金运用结构由银行存款占比较高逐步转变为投资占比较高。1999～2003 年，除了 2000 年，保险公司的银行存款占比均高于投资占比，2004 年底至 2017 年 9 月底，投资的占比一直高于银行存款的占比。[①] 投资在保险公司资金运用余额中的占比呈波动上升态势，而银行存款的占比呈波动下降趋势。投资的占比从 1999 年底的 49.05% 波动上升至 2017 年 9 月底的 86.27%，银行存款的占比从 50.95% 波动下降至 13.73%。具体见表 3 - 9。

表 3 - 9 保险公司银行存款和投资余额及占比

单位:亿元、%

时间	银行存款		投资	
	余额	占比	余额	占比
1999	925.98	50.95	891.42	49.05

---

① 娄飞鹏. 大类资产配置:理论、现状与趋势——基于人口老龄化的视角 [J]. 金融理论与实践, 2017（6）: 51 - 56.

续表

时间	银行存款		投资	
	余额	占比	余额	占比
2000	1235.38	48.66	1303.22	51.34
2001	1930.59	52.99	1712.59	47.01
2002	3026.27	54.72	2504.06	45.28
2003	4549.67	54.30	3828.87	45.70
2004	5071.10	47.03	5711.94	52.97
2005	5165.55	36.74	8894.41	63.26
2006	5989.11	33.67	11796.29	66.33
2007	6503.44	24.35	20205.69	75.65
2008	8087.49	26.47	22465.22	73.53
2009	10519.68	28.11	26897.43	71.89
2010	13909.97	30.21	32136.65	69.79
2011	17737.17	31.97	37736.67	68.03
2012	23446.00	34.21	45096.58	65.79
2013	22640.98	29.45	54232.43	70.55
2014	25233.44	27.36	66997.41	72.64
2015	24349.67	21.78	87445.81	78.22
2016	24844.21	18.55	109066.46	81.45
2017－09	20113.47	13.73	126358.26	86.27

资料来源：根据中国保监会、Wind 统计数据整理。

在保险公司投资结构占比方面，债券投资的占比相对较高但下降明显，股票和证券投资基金的占比相对较低且较为稳定，其他投资的占比快速提高并且已经位居第一。[①] 债券的投资余额从 2005 年底的 6600 亿元增加至 2016 年底的 43050 亿元，同期股票和证券投资基金的投资余额从 1266 亿元增加至 17788 亿元，其他投资的余额从 1028 亿元增加至 48228 亿元。虽然投资绝对额都在增加，但占比却发生了较大的变化。债券投资

①　娄飞鹏. 大类资产配置：理论、现状与趋势——基于人口老龄化的视角［J］. 金融理论与实践，2017（6）：51－56.

的占比从 2005 年底的 74.21% 下降至 2016 年底的 39.47%，股票和证券投资基金的占比从 14.23% 波动上升至 16.31%，其他投资的占比从 11.56% 快速上升至 44.22%。具体见表 3 – 10。

表 3 – 10 　　　　　　　　　　**保险公司资金运用规模及占比**

单位：亿元、%

年	债券		股票和证券投资基金		其他	
	余额	占比	余额	占比	余额	占比
2005	6600	74.21	1266	14.23	1028	11.56
2008	17561	78.17	4071	18.12	833	3.71
2013	33375	61.54	7865	14.50	12992	23.96
2014	35600	52.35	10326	15.18	22078	32.47
2015	38446	43.97	16969	19.41	32030	36.63
2016	43050	39.47	17788	16.31	48228	44.22

资料来源：根据中国保监会、中国保险业协会、Wind 统计数据整理。

（五）信托业的资产配置

在信托公司资金信托运用方式中，贷款、交易性金融资产投资、可供出售及持有到期投资、长期股权投资的占比较高，四者合计占比在 80% 左右，租赁、买入返售、存放同业和其他信托运用方式的占比较低。就其趋势而言，贷款、长期股权投资、其他占资金信托运用规模的比例在降低，交易性金融资产投资、可供出售及持有到期投资、买入返售、存放同业的占比在提高。贷款的占比从 2010 年底的 54.37% 波动下降至 2017 年 9 月底的 38.54%，长期股权投资的占比从 15.72% 下降至 8.52%，其他的占比从 7.05% 波动下降至 4.95%，交易性金融资产投资的占比从 8.35% 波动上升至 14.05%，可供出售及持有到期投资的占比从 10.16% 上升至 26.38%，买入返售的占比从 1.32% 上升至 3.86%，存放同业的占比从 2.86% 波动上升至 3.67%。具体见表 3 – 11。

表 3 –11　　　　　　　　　　资金信托运用方式余额占比

单位:%

时间	贷款	交易性金融资产投资	可供出售及持有至到期投资	长期股权投资	租赁	买入返售	存放同业	其他
2010	54.37	8.35	10.16	15.72	0.16	1.32	2.86	7.05
2011	37.40	7.31	18.41	14.10	0.18	2.03	9.72	10.85
2012	42.94	9.44	17.54	9.91	0.20	2.09	7.76	10.13
2013	47.13	9.10	18.52	9.10	0.09	1.84	6.81	7.42
2014	40.42	12.71	21.56	8.47	0.05	2.91	7.82	6.05
2015	36.49	16.67	24.37	7.26	0.01	2.86	7.09	5.23
2016	35.36	15.35	26.93	7.82	0.00	3.60	5.77	5.17
2017 – 09	38.54	14.05	26.38	8.52	0.00	3.86	3.67	4.95

资料来源:根据中国信托业协会、Wind 统计数据整理。

在资金信托余额投向结构方面,基础产业、金融机构、工商企业、其他的投资占比较高,四者合计占比在 75% 左右,房地产、股票、基金、债券的投资占比较低。从发展趋势看,基础产业、房地产、股票的投资占比在降低,基金、债券、金融机构、工商企业的投资占比在提高,其他的投资占比波动较大。基础产业的投资占比从 2010 年底的34.39% 下降至 2017 年 9 月底的 15.55%,房地产的投资占比从 14.95%下降至 10.01%,股票的投资占比从 5.13% 下降至 4.29%,基金的投资占比从 0.46% 上升至 1.29%,债券的投资占比从 3.9% 上升至 8.75%,金融机构的投资占比从 5.22% 上升至 18.93%,工商企业的投资占比从18.56% 上升至 26.95%,其他的投资占比从 17.39% 下降至 14.23%。[①]具体见表 3 – 12。

---

① 娄飞鹏．大类资产配置:理论、现状与趋势——基于人口老龄化的视角 [J]．金融理论与实践,2017 (6):51 – 56.

表 3 - 12　　　　　　　　　资金信托余额投向结构占比

单位:%

时间	基础产业	房地产	股票	基金	债券	金融机构	工商企业	其他
2010	34.39	14.95	5.13	0.46	3.90	5.22	18.56	17.39
2011	21.88	14.83	3.70	0.48	4.88	12.71	20.41	21.11
2012	23.62	9.85	3.05	0.87	7.63	10.21	26.65	18.12
2013	25.25	10.03	2.94	0.74	6.67	12.00	28.14	14.23
2014	21.24	10.04	4.23	1.09	8.86	17.39	24.03	13.13
2015	17.89	8.76	7.56	2.24	10.55	17.93	22.51	12.56
2016	15.64	8.19	3.58	1.60	11.02	20.71	24.82	14.44
2017 - 09	15.55	10.01	4.29	1.29	8.75	18.93	26.95	14.23

资料来源：根据中国信托业协会、Wind 统计数据整理。

（六）基金业的资产配置

基金投资基本分布在股票、债券、现金、其他资产领域，基金投资占比较低，2006～2009 年有少量的权证投资而其他年份为零。股票、债券、现金、其他的投资占比呈交替变化的趋势，特别是股票和债券的交替变化趋势更明显。股票投资呈先波动上升之后逐步下降的趋势，占比从 2004 年底的 47.22% 波动上升至 2010 年底的 74.44%，之后下降至 2017 年底的 14.89%，债券投资呈先波动下降之后逐步上升的趋势，占比从 2004 年底的 41.73% 波动下降至 2009 年底的 11.24%，之后上升至 2017 年底的 37.6%，现金、其他的投资占比均呈现波动上升趋势，占比分别从 2004 年底的 5.25%、5.8% 波动上升至 2017 年底的 33.35%、14.06%。[①] 具体见表 3 - 13。

表 3 - 13　　　　　　　　　基金资金运用结构占比

单位:%

年	股票	债券	基金	权证	现金	其他资产
2004	47.22	41.73	0.00	0.00	5.25	5.80
2005	35.77	44.57	0.00	0.00	13.04	6.62

---

① 娄飞鹏. 大类资产配置：理论、现状与趋势——基于人口老龄化的视角 [J]. 金融理论与实践,2017 (6)：51 - 56.

续表

年	股票	债券	基金	权证	现金	其他资产
2006	65.31	22.19	0.00	0.46	9.18	2.87
2007	74.23	10.33	0.58	0.25	10.83	3.79
2008	46.76	35.76	0.37	0.01	12.91	4.18
2009	73.08	11.24	0.43	0.01	10.11	5.13
2010	74.44	13.07	0.42	0.00	7.87	4.20
2011	59.64	20.63	0.51	0.00	13.15	6.07
2012	49.91	24.81	0.43	0.00	18.40	6.45
2013	44.25	23.30	0.31	0.00	24.00	8.14
2014	33.13	26.40	0.17	0.00	31.34	8.97
2015	21.98	30.80	0.07	0.00	34.55	12.60
2016	18.49	37.14	0.07	0.00	28.28	16.01
2017	14.89	37.60	0.09	0.00	33.35	14.06

资料来源：根据 Wind 统计数据整理。

四、金融部门高杠杆的特点

一是与非金融部门相比，金融部门加杠杆速度更快。在加杠杆阶段，金融部门速度快于非金融部门，这主要是由于金融部门既可以为非金融部门增加信贷投放，通过增加信用供给的方式加杠杆，也可以在金融同业之间开展同业业务，形成金融同业链条加杠杆，甚至是资金在金融体系内部空转。① 尤其是后一种方式，金融机构为追求套利，相互之间业务往来的金额更大，也造成其加杠杆的速度更快，并且在近两年成为金融机构加杠杆的重要方式。这也导致我国金融部门的杠杆不仅是针对单个金融产品或

---

① 周君芝. 金融杠杆的动态演绎：周期轮回、结构变化 ［EB/OL］. https://wallstreetcn.com/articles/3007411，2017－05－03.

者机构，更多的是金融交易整个链条中的系统性杠杆。① 两种加杠杆方式共同发挥作用导致金融部门杠杆超过了合理的水平，货币信贷增速过快增长引起房地产等资产价格快速上涨，进而引发泡沫风险，资金在金融同业间空转拉长资金链条并且加重了金融体系中的流动性风险隐患。②

二是与银行业相比，非银行金融机构杠杆率更高；在银行业内部，表外资产相对表内资产杠杆率更高，中小型商业银行相对大型商业银行加杠杆更明显。③ 本章第二节已述，此处不再赘述。

三是与历史加杠杆相比，2012 年以来通过发展金融同业业务实现加杠杆的特点突出。2012 年之前，金融机构加杠杆主要是通过贷款业务实现，但非标业务快速发展以来，金融机构更多的是通过金融同业加杠杆，具体方式是：负债端通过同业负债主动扩大规模，资产端通过直接投资或者委外投资债券、非标等实现。加杠杆的同时，银行业金融机构理财规模快速提高，且大部分是非保本型理财，导致金融机构表外业务扩张明显。这意味着，金融部门加杠杆并不是围绕实体经济开展，而是出现了明显的脱实入虚，资金在金融机构内部自我循环，导致金融机构资产规模不断扩大，流动性较为充裕，但实体经济融资难问题并没有得到有效缓解。

---

① 催宇清. 金融高杠杆业务模式、潜在风险与去杠杆路径研究 [J]. 金融监管研究, 2017 (7)：52 – 65.

② 曾刚. 金融去杠杆还将持续多长时间？[J]. 21 世纪经济报道, 2017 – 07 – 03.

③ 娄飞鹏. 金融与非金融去杠杆 [J]. 金融理论探索, 2017 (5)：20 – 26.

第四章
加杠杆的资金来源变化

按照 BIS 的统计标准，非金融部门加杠杆的信贷资金来源不仅包括国内银行业，还包括国内其他金融机构以及非金融机构，甚至是国外主体提供的信贷资金。[①] 以私人非金融部门，也就是非金融企业和家庭部门的杠杆率数据为例，从 2008 年以来的情况看，我国非金融部门加杠杆的资金主要来自银行业，但非银行金融机构为非金融部门加杠杆提供的信贷资金占比正在快速提高。在银行业内部，中资大型银行为非金融部门加杠杆直接提供的信贷资金较多，中资中型、小型银行为非银行金融机构提供的信贷资金较多，再由后者为非金融部门加杠杆提供信贷资金。[②] 换言之，由于非银行金融机构不具备直接吸收存款的功能，其资金主要来源于银行业，在非金融部门加杠杆的过程中，非银行金融机构提供的资金占比提高，也说明了资金从金融部门到非金融部门链条延长，中间也存在较多的金融业内部资金空转。

一、资金来源变化

非金融部门加杠杆的资金来源中，国内银行贷款的占比正在降低，而非银行金融机构提供的信贷资金占比正在提高。受统计数据可得性的限制，此处以 BIS 的私人非金融部门杠杆率数据为例进行说明。BIS 发布了两个私人非金融部门的杠杆率数据指标：一是私人非金融部门信贷与 GDP 的比例，包括国内银行、其他金融机构和非金融机构，以及国外主体提供给私人非金融部门的信贷资金；二是私人非金融部门银行信贷与 GDP 的比例，只包括国内银行向私人非金融部门提供的信贷资金。[③] 从统计口径

---

① BIS. BIS Statistical Bulletin [EB/OL]. http：//www. bis. org/statistics/bulletin1703. pdf, 2017 - 03 - 06：247.

② 娄飞鹏. 从资金来源变化看去杠杆的逻辑 [J]. 金融与经济, 2017 (6)：25 - 30.

③ BIS. BIS Statistical Bulletin [EB/OL]. http：//www. bis. org/statistics/bulletin1703. pdf, 2017 - 03 - 06：247.

的差别可以看出，私人非金融部门信贷与 GDP 之比减去私人非金融部门银行信贷与 GDP 之比的差值，就是非本国银行为私人非金融部门提供的信贷与 GDP 的比例。

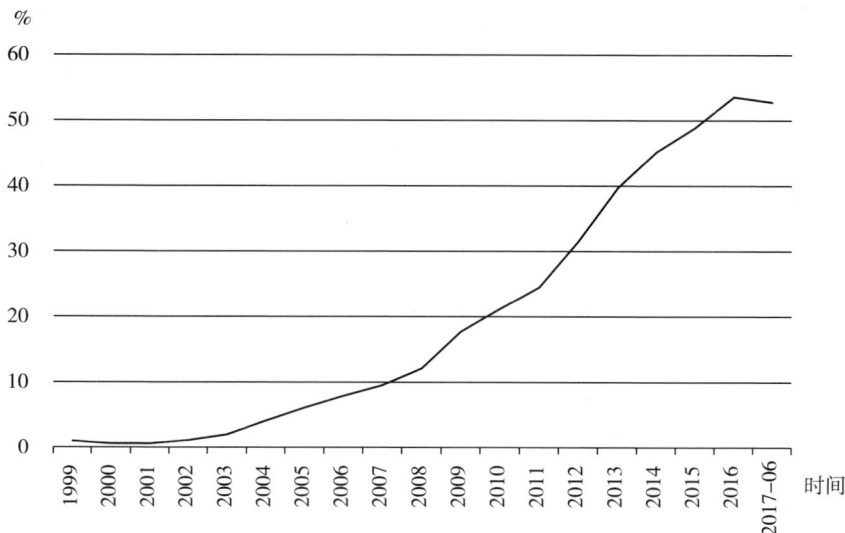

资料来源：根据 BIS 统计数据整理绘制。

图 4-1　私人非金融部门信贷、私人非金融部门银行信贷与 GDP 之比的差值

从图 4-1 可以发现，这一差值从 1999 年底的 1% 上升至 2017 年 6 月底的 52.8%，其中 2007 年以前一直低于 10%，虽然也有明显的增长，但是绝对值较低，2008 年以来增速明显提高并且绝对值较大。私人非金融部门信贷与 GDP 之比从 1999 年底的 111.3% 上升至 2017 年 6 月底的 210.2%，同期私人非金融部门银行信贷与 GDP 之比从 110.3% 上升至 157.4%，前者减去后者的差值在快速扩大。这意味着，在私人非金融部门加杠杆的过程中，非本国银行为私人非金融部门提供的信贷资金占比从 1999 年底的 0.9% 上升至 2017 年 6 月底的 25.12%，增长了 24 倍多。由此可见，非本国银行为私人非金融部门加杠杆提供的信贷资金增长速度相对本国银行更快，并且自 2008 年以来，也就是非金融部门杠杆率快速提高的时期，非本国银行相对本国银行为私人非金融部门加杠杆提供了更多的信贷资金。这是非金融部门加杠杆的资金来源的重要变化。①

二、更多的证据②

无论是从宏观经济运行还是从金融领域看，银行业都是信贷资金最主要的提供方，一方面为非金融部门直接提供信贷资金，另一方面为包括非银行金融机构在内的金融同业提供信贷资金，再由非银行金融机构为非金融部门提供信贷资金。就我国非金融部门加杠杆的资金来源看，国外银行为非金融部门加杠杆提供的贷款与 GDP 的比例较小，说明其不是主要推动因素。国内银行本外币贷款占新增社会融资规模的比例降低，且银行对非银行金融机构债权的绝对规模和占总资产的比例均增加，也从两个方面印证了在我国非金融部门加杠杆的资金来源中，银行虽然占据主导地位，但非银行金融机构利用从银行获得的资金为非金融部门加杠杆提供信贷资金的比例正在提高，非金融部门加杠杆的资金来源正在发生较大的变化。

（一）国外银行在非金融部门加杠杆中的资金供给占比较小

国外银行贷款与 GDP 的比例虽然在 2009 年以来有所上升，但占比一直较小，这直接决定了其在非金融部门加杠杆中能够发挥的作用较小。国外银行的贷款与 GDP 的比例从 2001 年底的 1.39% 波动下降至 2009 年底的 0.94%，之后又波动上升至 2015 年底的 4.87%，2001～2015 年平均占比为 1.83%，其中 2001～2009 年平均占比为 1.19%，2010～2015 年平均占比为 2.8%。具体见图 4-2。虽然在 2009 年以后有所提高，但从国际比较看，国外银行的贷款与 GDP 的比例在我国确实较低，2001～2015 年，美国、欧元区、日本、英国这一比例的均值分别为 19.45%、48.15%、7.15%、82.76%，均远高于我国。由此可见，虽然国外银行贷款与 GDP

---

① 娄飞鹏. 从资金来源变化看去杠杆的逻辑 [J]. 金融与经济，2017（6）：25-30.

② 本节主要参考：娄飞鹏. 从资金来源变化看去杠杆的逻辑 [J]. 金融与经济，2017（6）：25-30.

的比例自 2009 年以来有了快速提高，且与非金融部门杠杆率快速提高的时间段基本相吻合，但因为占比较小，所以其不是我国非金融部门杠杆率快速提高的主要推动因素。这意味着，非金融部门加杠杆的资金主要还是来源于国内银行等金融机构。

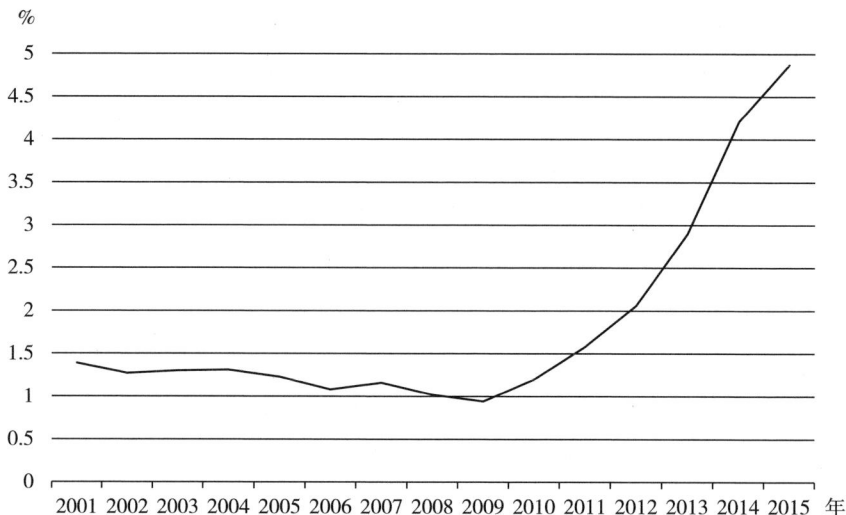

资料来源：根据世界银行统计数据整理绘制。

图 4 – 2　国外银行的贷款与 GDP 的比例

（二）银行贷款在新增社会融资规模中的占比在下降

银行本外币贷款在新增社会融资规模中的占比下降，而非金融部门的杠杆率在提高，也可以从一个侧面说明非金融部门加杠杆的资金来源中银行的直接作用在下降，非银行金融机构以及非金融机构的占比在提高。2008 年国际金融危机之后，我国也采用了宽松的货币政策稳定经济增长，货币发行量增加，社会融资规模也快速增加。我国新增社会融资规模在 2002～2007 年总额较小，年均新增社会融资规模 3.59 万亿元，增长相对平稳；2008～2017 年新增社会融资规模总额较大，年均新增社会融资规模 14.99 万亿元。与此同时，新增银行本外币贷款占新增社会融资规模的比例从 2002 年底的 95.49% 下降至 2017 年底的 71.2%，2002～2007 年的平均占比为 82.51%，2008～2017 年的平均占比为 65.25%。具体见图 4 – 3。

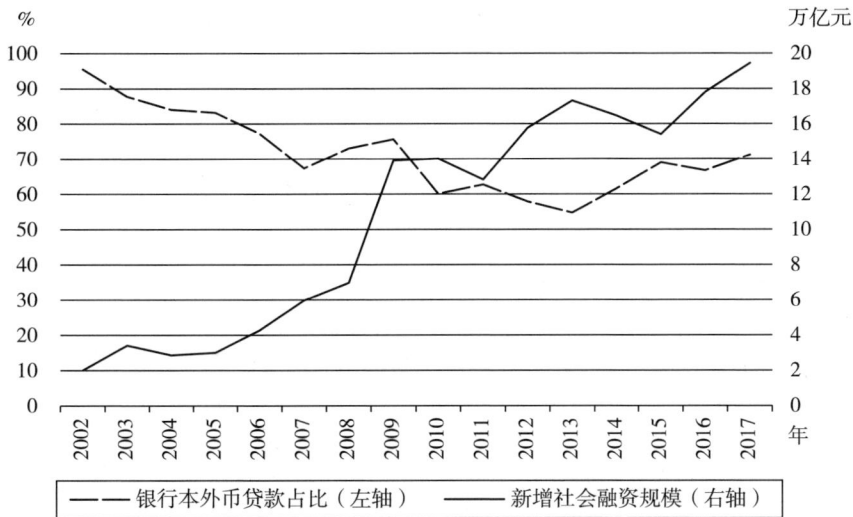

资料来源：根据中国人民银行、Wind 统计数据整理绘制。

图 4 – 3　新增社会融资规模及银行本外币贷款的占比

对照图 4 – 4 可以发现，在我国非金融部门杠杆率快速提高的时期，恰好是新增银行本外币贷款占新增社会融资规模比例较低的时期，股票市场融资占比虽然有所提高，从 2002～2007 年平均的 3.18% 上升至 2008～2017 年平均的 3.66%，但在新增社会融资规模中的占比一直比较低，说明在非金融部门加杠杆的过程中，相对于银行本外币贷款，非银行金融机构以及非金融机构提供了较多的信贷资金。如新增委托贷款占新增社会融资规模的平均比例从 2002～2007 年的 5.34% 上升至 2008～2017 年的 9.2%，新增信托贷款占新增社会融资规模的平均比例从 2006～2007 年的 2.39% 上升至 2008～2017 年的 5.06%，均有大幅度的增长，也说明了在非金融部门快速加杠杆的 2008～2016 年，非银行金融机构以及非金融机构为其提供了相对更多的信贷资金。

%

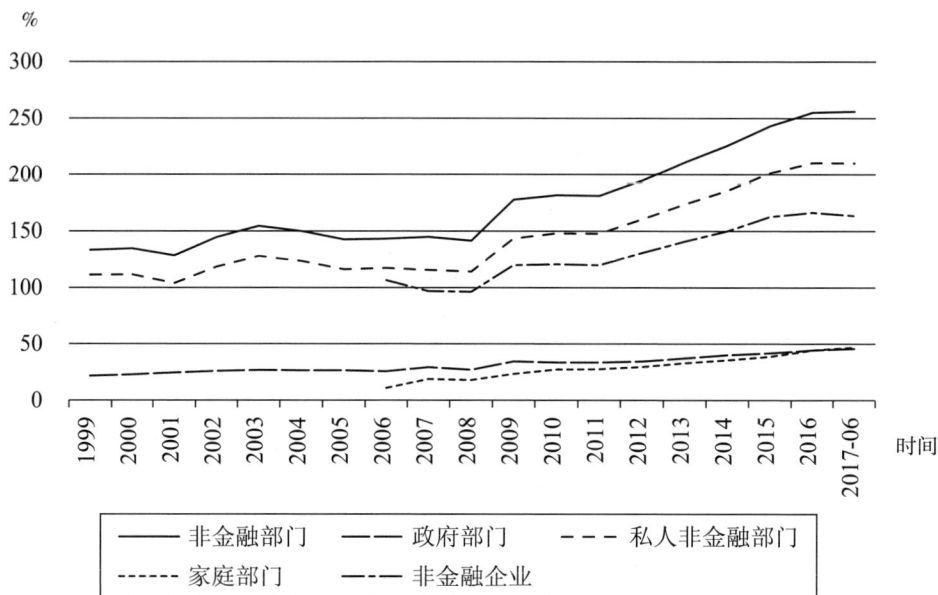

资料来源：根据 BIS 统计数据整理绘制。

图 4 - 4　非金融部门杠杆率

（三）银行对非银行金融机构的债权快速增加且规模较大

银行对非银行金融机构的债权快速增加，不仅规模较大而且占银行业总资产的比例提高，为非银行金融机构扩大信贷资金供给提供了充裕的资金。一方面，银行对非银行金融机构的债权绝对额快速增加。1999 年 12 月至 2007 年 12 月，银行业资产中对其他金融机构，也就是非银行金融机构的债权月均值为 1.02 万亿元，2008 年 1 月至 2017 年 12 月这一数值增加至 9.3 万亿元。另一方面，银行对非银行金融机构的债权占银行业总资产的比例快速提高。2005 年 3 月至 2007 年 12 月，银行对其他金融机构的债权占银行业总资产的比例月均值为 2.67%，2008 年 1 月至 2017 年 12 月这一数值提高至 5.19%。这说明，银行对非银行金融机构债权规模的增长速度快于银行业资产规模的增长速度。2011～2017 年，银行对非银行金融机构的债权分别较上年增加 1.46 万亿元、1.62 万亿元、2.21 万亿元、3.9 万亿元、6.5 万亿元、8.87 万亿元、1.53 万亿元，不仅增长绝对额较大，而且占银行业总资产的比例提高也很快。具体见图 4 - 5。由此可以推断，近年来银行为非银行金融机构提供了大量的资金，也就是为非银行金融机构融资支持非金融部门提供了充足的资金来源。

万亿元 %

资料来源：根据中国人民银行、Wind 统计数据整理绘制。

图 4 – 5　银行对非银行金融机构的债权总额及占总资产的比例

三、进一步的分析①

本节以中资银行业代表国内银行业，利用其统计数据分析不同规模的银行在非金融部门加杠杆中提供信贷资金的结构变化。中资银行业在非金融部门加杠杆中的资金供给路径根据银行资产规模有所不同，银行对非金融部门债权的规模和比例与银行的资产规模正相关，而银行先形成对非银行金融机构的债权，再由后者对非金融部门形成的债权的规模和比例，在2016 年出现了与银行的资产规模负相关的情况。也就是说，相比之下，

---

① 本节主要参考：娄飞鹏. 从资金来源变化看去杠杆的逻辑 [J]. 金融与经济，2017 (6)：25 – 30.

中资大型银行为非金融部门直接提供的贷款较多，而中资中型、小型银行则更多地为非银行金融机构提供资金，进而实现绕道为非金融部门加杠杆提供信贷资金。可见，虽然非金融部门加杠杆的资金主要来源于银行，但对不同资产规模的银行而言，其为非金融部门提供信贷资金的途径和方式并不一样。

（一）中资银行对非金融部门债权的规模和占比与银行资产规模正相关

中资大型银行在非金融部门加杠杆中提供的信贷资金占比较高，中资中型、小型银行在非金融部门加杠杆中提供的信贷资金占比较低。以非金融企业为例，从 2010 年 3 月底至 2017 年 3 月底，中资大型银行对非金融企业的债权占中资银行对非金融企业债权总和的比例从 63.91% 下降至 55.21%，虽然有所降低，但均值为 59.49%，其总规模仍然处于绝对优势地位；中资中型银行对非金融企业的债权占中资银行对非金融企业债权总和的比例一直在 24%～26% 窄幅波动，均值为 24.8%，处于居中水平；中资小型银行对非金融企业的债权占中资银行对非金融企业债权总和的比例从 11.72% 上升至 19.96%，虽然有明显上升，但均值只有 15.72%，仍然处于最低水平。具体见图 4-6。

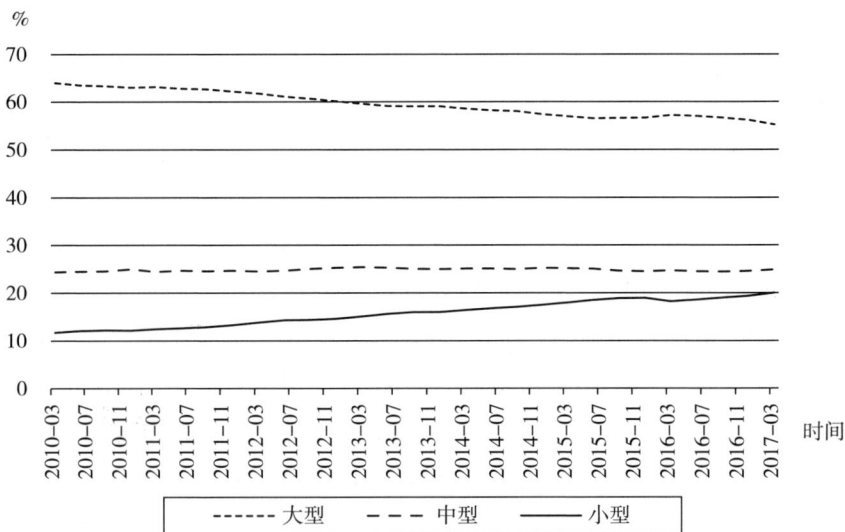

资料来源：根据中国人民银行、Wind 统计数据整理绘制。

图 4-6　中资大型、中型、小型银行对非金融企业的债权占比

　　中资银行对居民部门的债权占比及变化也呈现类似的特点。从 2010 年 3 月底至 2017 年 3 月底，中资大型银行对居民部门的债权占中资银行对居民部门债权总和的比例从 66.37% 下降至 55.94%，虽然有所降低但均值为 61.45%，其总规模仍然处于绝对优势地位；中资中型银行对居民部门的债权占中资银行对居民部门债权总和的比例从 21.04% 小幅上升至 24.25%，均值为 22.07%，处于居中水平；中资小型银行对居民部门的债权占中资银行对居民部门债权总和的比例从 12.59% 上升至 19.82%，虽然有明显上升但均值只有 16.48%，仍然处于最低水平。具体见图 4-7。

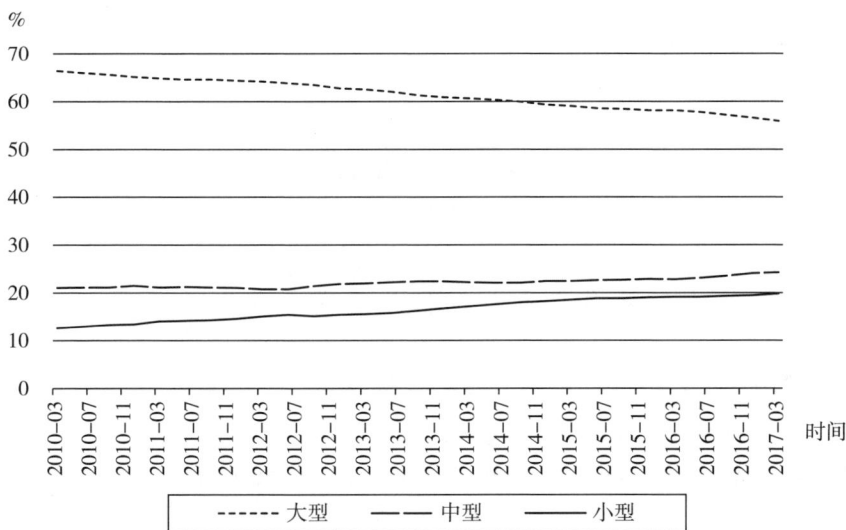

资料来源：根据中国人民银行、Wind 统计数据整理绘制。

图 4-7　中资大型、中型、小型银行对居民部门的债权占比

　　（二）中资银行对非银行金融机构的债权已表现出与资产规模负相关的特点

　　中资中型、小型银行对非银行金融机构的债权占总资产的比例快速提高，其各自对非银行金融机构的债权占总资产的比例的格局已经发生了较为彻底的变化。从 2010 年 3 月底至 2017 年 3 月底，中资大型、中型、小型银行对非银行金融机构的债权占其总资产的比例分别从 2.16%、1.56%、1.85% 上升至 5.46%、18.64%、20.05%，均值分别为 3.55%、

8.52%、8.66%。由于中资中型、小型银行对非银行金融机构的债权占其总资产的比例快速提高，特别是中资小型银行对非银行金融机构的债权占比在 2016 年迅猛提高，最终形成了中资银行对非银行金融机构的债权占总资产的比例与其资产规模呈现负相关的特点，中资小型银行比例最高，中资中型银行比例居中，而中资大型银行比例最低。具体见图 4 - 8。

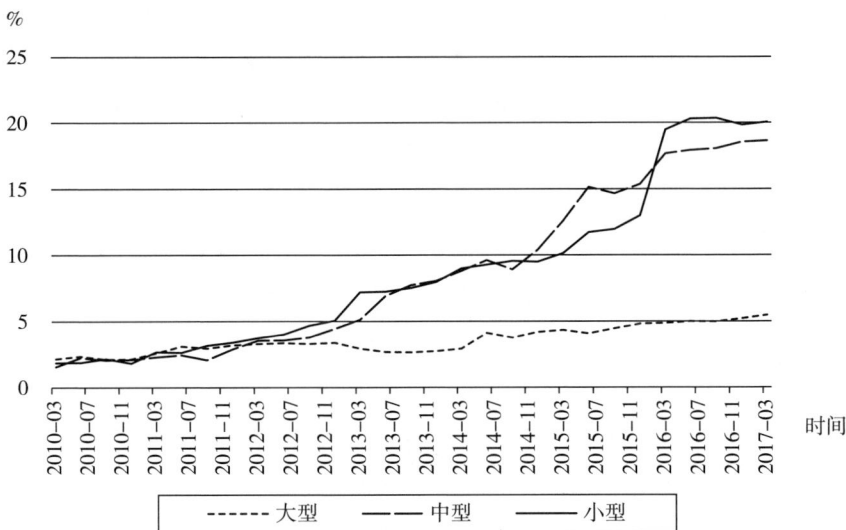

资料来源：根据中国人民银行、Wind 统计数据整理绘制。

图 4 - 8　中资大型、中型、小型银行对非银行金融机构的债权占其总资产的比例

　　伴随着中资中型、小型银行对非银行金融机构债权的快速增长，不同规模的银行对非银行金融机构的债权占中资银行对非银行金融机构债权总和的比例也在发生变化。从 2010 年 3 月底至 2017 年 3 月底，中资大型银行对非银行金融机构的债权占中资银行对非银行金融机构债权总和的比例从 73.29% 下降至 22.94%，均值为 44.21%；而同期中资中型、小型银行对非银行金融机构的债权占中资银行对非银行金融机构债权总和的比例分别从 16.42%、10.29% 上升至 38.39%、38.67%，均值分别为 31.55%、24.24%。具体见图 4 - 9。虽然从这 7 年多的均值看，中资大型银行对非银行金融机构的债权占中资银行对非银行金融机构债权总和的比例的均值仍然最大，但从图 4 - 9 也可以发现，在此期间先后经历了中资大型银行比例最高、中资中型银行比例居中、中资小型银行比例最低，中资中型银行比例最高、中资大型银行比例居中、中资小型银行比例最低，中资中型银行和中资小型银行比例较高且基本持平、中资大型银行比例最低三个阶段，其格局也发生了明显的变化。中资中型、小型银行对非银行金融机构的债权绝对额已经超过了中资大型银行，成为通过非银行金融机构进而为非金融部门加杠杆提供资金的主力军。

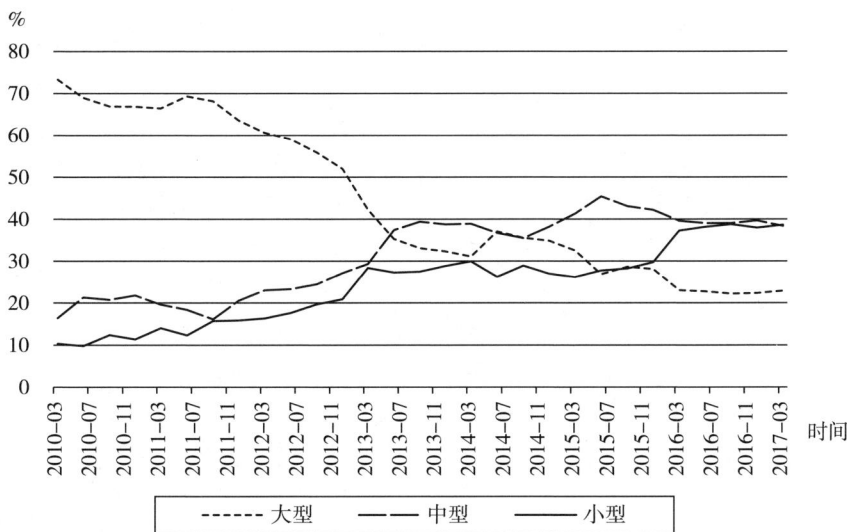

资料来源：根据中国人民银行、Wind统计数据整理绘制。

图 4–9 中资大型、中型、小型银行对非银行金融机构的债权占比

第五章
加杠杆的工具同业存单

在近年金融加杠杆的过程中，同业存单发挥了重要的作用。20 世纪 60 年代，美国银行业最早推出同业存单，我国也于 1986 年首次发行了同业存单，但因当时利率过高，且二级市场流通落后，加上无序发展问题突出，人民银行于 1997 年 4 月叫停了同业存单的发行。① 2013 年 12 月，人民银行再次允许商业银行发行同业存单以来，同业存单发行规模迅速扩大，成为商业银行主动增加负债的最主要金融工具，也因此有效助推了金融部门加杠杆。利用同业存单套利加杠杆的链条是：国有商业银行利用其存款资金，或者从人民银行融入的资金投资同业存单以赚取利差，股份制商业银行和其他商业银行发行同业存单融入资金，并通过配置同业存单、同业理财、委外投资等赚取利差，非银行金融机构作为受托机构进行非标等各种投资并从中赚取利差。②

一、同业存单的特点与发行规模

2013 年 12 月 7 日，人民银行《同业存单管理暂行办法》（中国人民银行公告〔2013〕第 20 号）（以下简称《办法》）规定："同业存单是指由银行业存款类金融机构法人在全国银行间市场上发行的记账式定期存款凭证，是一种货币市场工具。"《办法》同时也对同业存单的发行主体、投资和交易主体、期限利率等进行了规定。具体见表 5 - 1。

---

① 任泽平. 同业存单的罪与罚：套利链条与监管影响 [EB/OL]. https：//wallstreetcn. com/articles/3013723？ ivk = 1，2017 - 06 - 07.

② 娄飞鹏. 金融去杠杆视角的同业存单发展与监管分析 [J]. 金融发展研究，2017（7）：59 - 64.

表 5 - 1   《同业存单管理暂行办法》对同业存单相关要素的规定

项目	规定
发行主体	政策性银行、商业银行、农村合作金融机构以及人民银行认可的其他金融机构
投资交易主体	全国银行间同业拆借市场成员、基金管理公司及基金类产品
发行方式	采取电子化的方式，在全国银行间市场上公开发行或定向发行
期限利率	固定利率存单期限原则上不超过 1 年，为 1 个月、3 个月、6 个月、9 个月和 1 年，参考同期限上海银行间同业拆借利率（Shibor）定价。浮动利率存单以 Shibor 为浮动利率基准计息，期限原则上在 1 年以上，包括 1 年、2 年和 3 年 2017 年 8 月 31 日，人民银行发布公告，自 2017 年 9 月 1 日起，金融机构不得新发行期限超过 1 年（不含）的同业存单，此前已发行的 1 年期（不含）以上同业存单可继续存续至到期

资料来源：根据中国人民银行《同业存单管理暂行办法》、中国人民银行公告〔2017〕第 12 号整理。

（一）同业存单的特点和优势

同业存单在发行处理、金融监管、会计处理、市场流通等方面的特点突出，优势明显。[1]

1. 同业存单发行简便并且发行机构自主性强

《办法》规定："银行业存款类金融机构可以在当年发行备案额度内，自行确定每期同业存单的发行金额、期限，但单期发行金额不得低于5000 万元人民币。发行备案额度实行余额管理，发行人年度内任何时点的同业存单余额均不得超过当年备案额度。"实践中，同业存单发行流程大体分为：在每年首期同业存单发行前向人民银行备案当年的发行额度，通过之后向全国银行间同业拆借中心提交材料、登记当年发行备案额度，交易中心审核材料后，发行人在每年发行首期同业存单前通过中国货币网披露同业存单年度发行计划，披露满三个工作日后即可发行。发行同业存单需要"在银行间市场清算所股份有限公司登记、托管、结算"，金额、

---

[1]　娄飞鹏. 金融去杠杆视角的同业存单发展与监管分析 [J]. 金融发展研究，2017（7）：59 - 64.

期限等均可以由发行机构自行确定，无须评级，不需要承销商，① 因而金融机构发行同业存单的主动性更强。与此同时，同业存单发行期限一般较短，利率较低，可以降低发行方的资金成本。如 2015 ~ 2016 年，同业存单大量发行的时期，曾一度出现 6 个月期同业存单发行利率低于 3% 的情况。

2. 同业存单面临的金融监管宽松

一是同业存单不属于同业业务，不受同业负债规模比例的约束。同业存单作为货币市场工具，是银行业存款类金融机构在全国银行间市场上发行的记账式定期存款凭证。根据 2014 年 4 月人民银行、银监会、证监会、保监会、外汇局联合出台的《关于规范金融机构同业业务的通知》（银发〔2014〕127 号）（以下简称《通知》），银行同业业务"主要业务类型包括：同业拆借、同业存款、同业借款、同业代付、买入返售（卖出回购）等同业融资业务和同业投资业务"。此时同业存单已经推出，但并未被列入同业业务类型中，因而可以理解为同业存单不属于银行同业业务，不受《通知》规定"单家商业银行同业融入资金余额不得超过该银行负债总额的三分之一"的约束，也不受同业业务集中度比例、最大十家同业融入比例、银行间同业拆借最高拆入限额和最高拆出限额等监管指标的约束。② 2017 年开始正式实施的 MPA 考核也没有把同业存单纳入考核范围。实践中确实没有把同业存单视为同业业务进行监管，这为商业银行大规模发行同业存单提供了便利条件。

二是同业存单更易于满足金融监管指标要求。第一，投资同业存单更易于满足资本充足率要求。投资同业存单的资产，对经济资本占用低，3 个月以内期限同业存单风险加权资产的计算系数为 20%，3 个月以上期限同业存单风险加权资产的计算系数为 25%，低于信贷资产和企业信用债

① 张婷，李金顺，李敏. 我国同业存单市场总体概况及未来展望 [J]. 农村金融研究，2017 (4)：29 - 32.

② 郭磊. 同业存单撬动结构性杠杆：从何而来、向何处去？ [EB/OL]. https：//wall-streetcn. com/articles/297599，2017 - 03 - 29.

甚至高达 100% 的风险加权资产计算系数。① 第二，发行同业存单更易于满足净稳定资金比例（NSFR）要求。NSFR 是可用稳定资金与业务所需稳定资金的比值，《中国银监会关于中国银行业实施新监管标准的指导意见》（银监发〔2011〕44 号）要求 NSFR 不得低于 100%。发行同业存单等同于发行金融债，所得资金计入分子项的权重为 100%，而同业负债所得资金计入分子项的权重只有不超过 50% 甚至为零。第三，发行同业存单有利于降低流动性覆盖率（LCR），满足流动性覆盖率考核。

三是同业存单作为记账式定期存款凭证，也不属于同业存款，不需要缴纳存款准备金，美国等国家也是如此。② 从理论上看，零存款准备金意味着发行同业存单吸收资金的货币创造能力更大。

3. 同业存单的会计记账核算方便

《办法》规定"同业存单在会计上单独设立科目进行管理核算"。对于同业存单的发行方而言，在会计记账处理时，资产端计入"现金及存放央行款项"，负债端计入"应付债券"。③ 对于同业存单的投资方而言，资产端计入"金融资产投资"，具体科目包括"交易性金融资产、可供出售金融资产、持有到期投资"，各家金融机构根据其会计处理方式计入不同的科目，负债端计入"现金及存放央行款项"。④

4. 同业存单的流通性强

《办法》规定："公开发行的同业存单可以进行交易流通，并可以作为回购交易的标的物。定向发行的同业存单只能在该只同业存单初始投资人范围内流通转让。同业存单二级市场交易通过同业拆借中心的电子交易系统进行。"同业存单是银行业存款类金融机构发行，原本信用等级就比较高，易于受到市场的欢迎从而有较好的流动性。加之同业存单的二级市场交易在同业拆借中心的电子交易系统进行，并可以进行质押式回购交

---

① 郭磊. 同业存单撬动结构性杠杆：从何而来、向何处去？ ［EB/OL］. https：//wall-streetcn. com/articles/297599，2017－03－29.

② 李刚，王晴. 同业存单推动利率市场化的国际经验［J］. 银行家，2014（3）：76－79.

③ 根据具体情况，也有计入"交易性金融负债""同业存放款项"科目的。

④ 娄飞鹏. 金融去杠杆视角的同业存单发展与监管分析［J］. 金融发展研究，2017（7）：59－64.

易，从而进一步增强了其流通性。①

（二）同业存单的发行与托管规模

正是由于上述优势，同业存单在 2013 年再次推出后规模快速扩张。从发行规模看，同业存单月发行规模经历了快速上涨。2013 年 12 月人民银行准许银行业存款类金融机构发行同业存单后，当月发行规模为 340 亿元，2014 年月均发行规模为 815.96 亿元，2015 年月均发行规模骤涨至 4414.66 亿元，2016 年月均发行规模快速升至 10810.92 亿元，2017 年月均发行规模进一步升至 16882.7 亿元，其中 2017 年 3 月、6 月、9 月、12 月 4 个季末月单月发行规模超过 2 万亿元。具体见图 5－1。

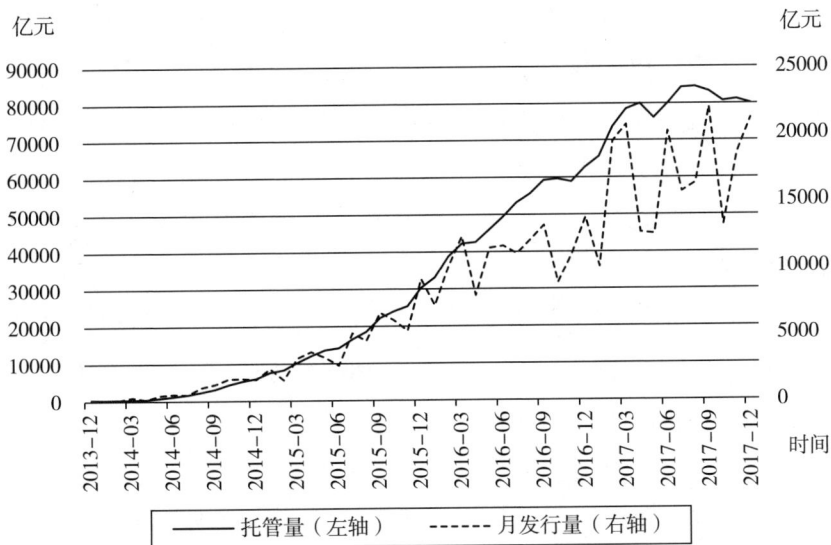

资料来源：根据上海清算所、Wind 统计数据整理绘制。

图 5－1　同业存单月发行量和上清所的托管量

从托管规模看，上海清算所托管的同业存单也经历了快速上涨。2013 年 12 月，同业存单托管规模为 340 亿元，2014 年 6 月突破 1000 亿元，2015 年 3 月突破 10000 亿元，2016 年 7 月突破 50000 亿元，2017 年 4 月

---

① 娄飞鹏. 金融去杠杆视角的同业存单发展与监管分析 [J]. 金融发展研究，2017（7）：59－64.

托管余额突破 80000 亿元，2017 年 5～6 月托管余额有所回落，但 7～12 月托管余额都在 80000 亿元以上。具体见图 5－1。总体来看，同业存单单月发行规模波动快速上涨，同业存单托管规模快速上涨。

二、同业存单的发行与投资主体结构①

2013 年 12 月同业存单再次开始发行以来，发行规模经历了快速增长。从同业存单的发行机构看，股份制商业银行、其他商业银行发行规模占比较高。从同业存单的投资主体看，国有商业银行、基金等非法人机构是同业存单主要的投资主体。同业存单发行和投资主体结构形成上述格局的主要决定因素是，各类金融机构的资金获取能力以及盈利模式有差异。国有商业银行资金充裕，更注重稳健经营，是同业存单的主要投资主体。股份制商业银行、其他商业银行吸收公众存款能力较弱，把发行同业存单作为增加主动负债的有效方式，但因其投资能力较弱，开展的委外投资较多，导致受托机构和基金等主体也成为同业存单的主要投资主体。

（一）同业存单的发行主体

从同业存单分类发行主体看，国有商业银行以外的商业银行发行占比较高。按照国有商业银行，股份制商业银行，其他商业银行包括城市商业银行、农村商业银行、农村合作银行、村镇银行、外资银行、农村信用社、民营银行的分类看，股份制商业银行和其他商业银行是同业存单发行的主力。从 2013～2017 年各年 12 月同业存单月发行规模结构占比看，除了 2013 年 12 月同业存单刚推出时授权开办机构集中在政策性银行、国有商业银行和股份制商业银行，导致国有商业银行同业存单发行占比较高外，其余月份其他商业银行发行的同业存单占比最高，均在 50% 以上，

---

① 本节主要参考：娄飞鹏. 金融去杠杆视角的同业存单发展与监管分析 [J]. 金融发展研究，2017（7）：59－64.

股份制商业银行发行同业存单的占比长期超过40%，国有商业银行发行同业存单的占比不足5%。具体见图5-2。

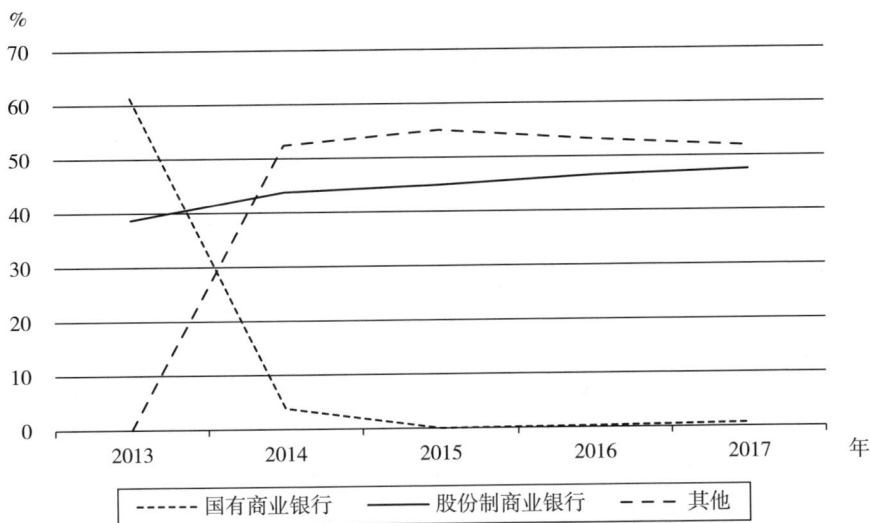

注：①2013年12月的同业存单发行数据占比计算中不包括国家开发银行的30亿元，主要原因是本图的其余月份中政策性银行的发行数据都为零；②其他包括城市商业银行、农村商业银行、农村合作银行、村镇银行、外资银行、农信社、民营银行等国有商业银行和股份制商业银行以外的银行业存款类金融机构。

资料来源：根据Wind统计数据整理绘制。

图5-2　各年12月各类机构同业存单的发行占比

（二）同业存单的投资主体

从同业存单的全部投资主体看，商业银行和非法人机构是主要的投资主体。商业银行作为同业存单的主要投资主体，其投资规模在同业存单投资总额中的占比在下降，从2014年10月的83.5%下降至2017年12月的33.81%，排名从第一名下降至第二名。同期，基金等非法人机构投资同业存单的占比从0.73%上升至47%，排名从第四名上升至第一名；非银行金融机构投资同业存单的占比从9.14%上升至10.28%，其在同业存单投资中的占比相对较为稳定；政策性银行投资同业存单的占比从6.49%上升至7.05%，在2016年3～12月占比一度超过10%；其他机构投资同业存单的占比从0.13%波动上升至1.86%。具体见图5-3。基金等非法人机构投资同业存单占比提高的主要原因是，在这一轮金融加杠杆的过程中，实体经济投资收益率相对较低，商业银行自身进行了较多的基金投资，并快速增加对非银行金融机构的债权规模，而非银行金融机构也进行了较大比例的基金投资，基金规模壮大后进一步配置同业存单所致。

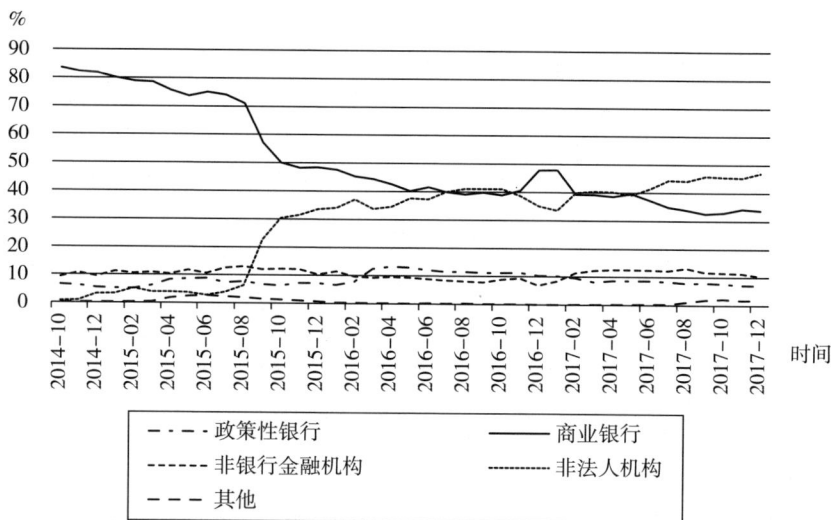

资料来源：根据上海清算所、Wind 统计数据整理绘制。

图 5 - 3　同业存单投资主体的投资占比

从商业银行投资主体看，国有商业银行、股份制商业银行投资同业存单的占比在下降，其他商业银行投资同业存单的占比在上升。商业银行内部可大体分为国有商业银行，股份制商业银行，其他商业银行包括城市商业银行、农村商业银行、农村合作银行、村镇银行、外资银行等。国有商业银行投资同业存单的规模占商业银行投资同业存单总规模的比例从2014 年 10 月的 48.94% 下降至 2017 年 12 月的 23.3%，排名从第一名下滑至第二名。同期，其他商业银行投资同业存单的规模占商业银行投资同业存单总规模的比例从 29.91% 上升至 67.19%，排名从第二名升至第一名，其投资同业存单的占比从 2016 年 8 月起开始快速提高，主要是农村商业银行投资同业存单的规模快速增加所致。股份制商业银行投资同业存单的规模占商业银行投资同业存单总规模的比例从 21.15% 下降至9.52%。具体见图 5 - 4。

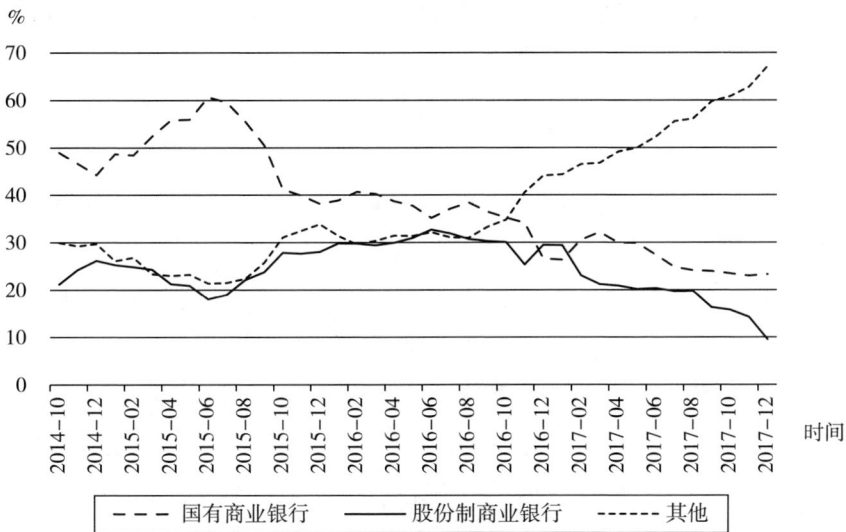

资料来源：根据上海清算所、Wind 统计数据整理绘制。

图 5 - 4　商业银行内部同业存单的投资占比

三、同业存单的套利链条拆解①

同业存单的套利链条参与主体主要包括国有商业银行，股份制商业银行和其他商业银行，以及其他非银行金融机构。按照资金流向看其具体流程是：国有商业银行利用其存款资金或者从人民银行融入的资金投资同业存单，赚取利差；股份制商业银行和其他商业银行发行同业存单融入资金，并通过配置同业存单、同业理财、委外投资等赚取利差；非银行金融机构作为受托机构进行非标等各种投资并从中赚取利差。

一是国有商业银行利用低成本资金配置同业存单，并从中获取利差。一方面，国有商业银行的机构网点覆盖面较广，在吸收公众存款方面有较

——————————

①　本节主要参考：娄飞鹏. 金融去杠杆视角的同业存单发展与监管分析［J］. 金融发展研究，2017（7）：59 - 64.

大的优势，从而吸收较多的公众存款。另一方面，2014 年以来人民银行基础货币供给方式从外汇占款逐步调整为逆回购、中期借贷便利（MLF）等公开市场操作之后，国有商业银行融入资金的优势进一步凸显。之前依靠外汇占款供给货币的模式下，各类商业银行都可以根据自身的结汇量与人民银行兑换人民币，不同类型商业银行之间的差异不大。而 MLF 的操作对象为"符合宏观审慎管理要求的商业银行、政策性银行"，集中在五大国有商业银行和政策性银行，并需要有优质债券作为抵押物，国有商业银行抵押物充足的优势便得以显现，从而可以方便地从人民银行的公开市场操作中融入资金，股份制商业银行和其他商业银行则没有这种优势。在资金来源中，2010～2017 年，中资全国性大型银行向人民银行借款的金额从 3.08 亿元增加至 42476.16 亿元，占资金来源的比例从零上升至4.13%；中资全国性中小型银行向人民银行借款的金额从 3746.78 亿元增加至 36589.87 亿元，占资金来源的比例从 2% 上升至 3.44%。中资全国性大型银行向人民银行借款的金额、占资金来源的比例已经超过中资全国性中小型银行。具体见表 5 - 2。再加上人民银行推出 MLF 的一个目的是，发挥 MLF 中期政策利率的作用，通过调节金融机构的融资成本，引导其向符合国家政策导向的实体经济提供低成本资金，降低实体经济的融资成本，因而招标利率定得比较低。这样一来，国有商业银行可以有效利用低成本获得的资金投资同业存单。

表 5 - 2 　　　　不同规模中资全国性银行资金来源中央行借款及占比

单位：亿元、%

年	中资全国性大型银行		中资全国性中小型银行	
	绝对额	占比	绝对额	占比
2010	3.08	0.00	3746.78	2.00
2011	25.50	0.00	2911.78	1.19
2012	406.13	0.07	3384.25	1.14
2013	1235.17	0.19	3793.73	1.09
2014	3994.23	0.55	7114.05	1.69
2015	3106.25	0.36	9522.21	1.20

续表

年	中资全国性大型银行		中资全国性中小型银行	
	绝对额	占比	绝对额	占比
2016	33362.72	3.48	28687.70	2.96
2017	42476.16	4.13	36589.87	3.44

资料来源：根据中国人民银行、Wind统计数据整理。

对国有商业银行而言，一方面，可以从同业存单投资中赚取较为稳定的利差，2016年利用MLF获取的资金投资同期限的同业存单可以获得10个基点至30个基点不等的利差收益；另一方面，同业存单业务的风险加权资产计算系数最高仅为25%，低于一般信贷类资产的平均水平。这意味着，投资同业存单的模式符合国有商业银行更加追求稳健的风险偏好，也可以发挥其优势并从中获利，从而其会积极主动地参与到同业存单的套利中来。在国有商业银行投资同业存单的过程中，其主要使用的是自营资金或者表外理财资金。利用自营资金购买同业存单虽然不影响其资产负债规模，但会影响其资产负债结构，具体是现金资产减少，而同业资产增多。利用表外理财资金购买同业存单虽然不影响资产负债结构，但会导致表外理财和非银行同业资产负债表扩张。① 商业银行将自营资金投资货币基金，货币基金投资同业存单，再通过同业存单投资同业理财，达到从表内转到表外的目的。

二是股份制商业银行和其他商业银行发行同业存单融入资金，并利用这些资金进行投资套利。在这方面，股份制商业银行和其他商业银行主要利用了信用利差、期限利差和不同产品之间的利差。股份制商业银行和其他商业银行在发行同业存单融入资金后，配置的渠道主要包括同业存单、同业理财、委外投资。配置同业存单主要是利用不同银行信用的差异，或者是利用不同期限同业存单利率的差异，以短期同业存单融入资金配置长期同业存单，从而赚取信用利差和期限利差收益。在同样期限的同业存单

① 郭磊. 同业存单撬动结构性杠杆：从何而来、向何处去？ ［EB/OL］. https://wallstreetcn.com/articles/297599，2017-03-29.

中，国有商业银行、股份制商业银行、城市商业银行、农村商业银行的发行利率大致呈由低到高的趋势；同类商业银行发行的同业存单中，利率也随着同业存单期限的延长而大致呈提高的趋势。具体见表 5 – 3。股份制商业银行和其他商业银行配置同业理财和委外投资则主要是利用不同产品间的利率差异，同业存单的负债成本较低，[①] 将同业存单低成本融入的资金配置利率较高的同业理财和委外投资，并从中赚取利差收益。对于这两种配置方式，也有以短期负债配置长期资产从而赚取期限利差的情况。从整个银行业的角度看，配置同业理财的资金也有一部分被发行同业理财的机构配置同业存单或者是委外投资，再加上用同业存单融入的资金配置同业存单，决定了这个过程中有较多的资金空转。

表 5 – 3　　　　　　　　　　同业存单发行利率

单位:%

机构类型	期限	2014	2015	2016	2017
合计	1 个月期	4. 34	3. 44	3. 00	4. 39
	3 个月期	4. 66	3. 78	3. 11	4. 63
	6 个月期	4. 76	3. 95	3. 15	4. 69
国有商业银行	3 个月期	4. 50	3. 66	2. 76	4. 43
	6 个月期	—	3. 56	2. 81	4. 48
股份制商业银行	1 个月期	4. 28	3. 13	2. 84	4. 15
	3 个月期	4. 61	3. 70	2. 96	4. 50
	6 个月期	—	3. 80	2. 99	4. 53
	9 个月期	—	4. 22	2. 98	4. 49
	1 年期	—	3. 95	3. 02	4. 55
城市商业银行	1 个月期	—	3. 49	3. 01	4. 41
	3 个月期	—	3. 85	3. 12	4. 65
	6 个月期	—	3. 99	3. 17	4. 71
	9 个月期	—	4. 15	3. 17	4. 74
	1 年期	—	4. 13	3. 24	4. 79

① 王新华，曾晓星 . 同业存单发行情况及大额存单发展趋势 [J]. 银行家，2014（9）：59 – 61.

续表

机构类型	期限	2014	2015	2016	2017
农村商业银行	1个月期	—	3.30	3.06	4.49
	3个月期	—	3.70	3.19	4.71
	6个月期	3.96	—	3.24	4.77
	9个月期	—	—	3.33	4.78
	1年期	—	4.00	3.31	4.81

资料来源：根据 Wind 统计数据整理。

股份制商业银行和其他商业银行积极发行同业存单并参与到同业存单利益链条中的原因在于，同业存单作为一个主动负债金融工具，更契合股份制商业银行和其他商业银行的特点。股份制商业银行和其他商业银行受到机构布局范围较小，缺少优质的抵押物等因素限制，在人民银行基础货币供给方式调整后，从人民银行直接获得流动性支持的难度加大，资金相对紧张，从而主动负债愿望更强烈，同业存单作为一个主动负债工具刚好满足了其需求。在利用同业存单融入资金后，因为其投资能力，特别是其他商业银行的投资能力较弱，便采用简单配置同业存单、同业理财的方式，或者是委外投资，在此过程中可以赚取利差收益。2016 年，同业理财年化收益率比股份制商业银行发行的一年期同业存单利率高出 90 多个基点，利差收益较大，因而股份制商业银行和其他商业银行也乐意参与同业存单的套利。从整个银行业看，积极参与同业存单套利链条背后深层次的原因是，在国内商业银行收入构成中，对利差收入依赖度较高，而利差收入与规模呈正相关关系，从而存在较强的规模偏好，片面追求做大规模。①

三是受托机构进行债券、非标等投资赚取利差收益。股份制商业银行和其他商业银行在以发行同业存单的方式获得资金后，部分会委托证券公司、基金公司、信托公司、资产管理公司等机构进行投资。2015 年以来委外投资规模开始大幅度提高。受托机构一方面利用同业存单久期短、可

① 娄飞鹏. 金融领域高杠杆的深层次成因与去杠杆建议 [J]. 西南金融，2017（6）：22–28.

质押回购、风险低的优势，配置同业存单作为防御品种。① 另一方面采用优先劣后的结构化设计，委托方获得固定收益承担较低风险，受托方则承担高风险获取高收益。采用结构化设计的原因主要包括：第一，风险偏好。商业银行的风险偏好低，承担低风险获取低收益，非银行金融机构的风险偏好高，承担高风险获取高收益。第二，监管套利。商业银行和非银行金融机构的业务范围和监管规定不同，证券公司、基金公司、信托公司、资产管理公司等非银行金融机构的业务范围更广，面临的监管也相对更加宽松，从而形成商业银行委托非银行金融机构进行投资的局面。双方的合作之所以能够顺利实现，也是因为各自可以从中获取利差收益。股份制商业银行和其他商业银行的收益可以得到放大，而受托机构通过加杠杆的方式在债券委外投资中也可以获得约 150 个基点的利差收益。②

---

① 李奇霖，钟林楠. 同业存单"量缩价飙"下的负债荒现实 [EB/OL]. https：//wall-streetcn. com/articles/309720，2017 – 06 – 09.

② 顾海燕. 债券委外赎回的现状、原因与影响 [EB/OL]. http：//www. sohu. com/a/147654503_467322，2017 – 06 – 10.

第六章
资金循环流转视角的加杠杆

我国的杠杆率快速提高在金融部门和非金融部门都有明显表现。金融部门杠杆率提高，表现为银行业和非银行业金融机构杠杆率快速提高，非银行业金融机构杠杆率提高速度更快，银行业内部中小银行杠杆率提高速度更快。[1] 非金融部门杠杆率提高，则表现为政府部门和私人部门杠杆率提高，非金融企业杠杆率不仅快速提高而且绝对水平在国际范围内都较高。[2] 从杠杆率是一种货币现象的角度看，在不考虑资金跨境流动的情况下，资金在金融部门和非金融部门循环流转，决定了两个部门的高杠杆率存在相互强化的关系，进而造成在金融部门和非金融部门高杠杆率同时出现是必然的。

一、银行业资产负债结构

从资金循环流转的视角看，银行业在其中发挥着关键的作用。中央银行发行的货币通过银行业流向非银行金融机构、非金融机构和个人，而非银行金融机构、非金融机构和个人的多余资金又会存入银行。在这个过程中，由于部分存款准备金制度，银行以发放贷款并吸收存款的方式进行信用创造，从而提高整个经济体系中的信用货币总量。银行负债的资金来源和资产的资金投放在其资产负债表上有全面的反映，分析银行业资产负债结构及其变化，可以相对较为全面地了解金融部门和非金融部门加杠杆的逻辑。

（一）银行业的资产构成

从银行业的资产构成看，其主要包括债权和储备资产。债权资产主要包括对政府、金融同业、非金融机构、居民的债权，在总资产中的占比从2005年底的72.51%上升至2017年底的83.43%。在这其中，占比较高的

---

① 娄飞鹏. 协调推进金融和实体经济去杠杆 [N]. 学习时报，2017－06－30.
② 娄飞鹏. 非金融部门杠杆率现状与去杠杆建议 [J]. 西南金融，2017（7）：23－29.

是对非金融机构债权、对其他居民部门债权、对其他存款性公司债权和对其他金融机构债权，2017年底合计占比为74.69%。就其变化趋势看，对其他金融机构债权、对其他居民部门债权的占比从2005年以来经历了显著的提高，而对非金融机构债权的占比则有明显的下降。储备资产主要是在人民银行的存款准备金和银行自身的库存现金，在总资产中的占比近几年稳定在10%左右。另外，还有国外资产、其他资产，两项合计占比不足10%。具体见表6-1。

表6-1　　　　　　　　　　银行业资产负债表构成

单位：%

资产科目	2005	2008	2016	2017	负债科目	2005	2008	2016	2017
国外资产	4.81	3.48	2.17	2.14	对非金融机构及住户负债	75.33	69.72	61.67	61.35
储备资产	10.65	14.64	10.70	10.26	对中央银行负债	2.08	0.72	3.81	4.22
对政府债权	5.29	4.71	7.47	8.74	对其他存款性公司负债	3.31	5.08	6.29	5.05
对中央银行债权	6.66	6.65	0.02	0.00	对其他金融性公司负债	3.35	4.99	6.83	6.74
对其他存款性公司债权	9.40	11.81	13.71	11.85	国外负债	1.33	0.80	0.55	0.82
对其他金融机构债权	2.85	1.94	11.52	11.24	债券发行	5.44	6.60	8.73	9.05
对非金融机构债权	49.15	41.85	36.31	35.60	实收资本	2.82	3.39	2.04	2.08
对其他居民部门债权	5.82	8.91	14.30	16.00	其他负债	6.34	8.70	10.09	10.70
其他资产	5.38	6.02	3.80	4.17					

注：根据中国人民银行统计数据中的金融机构分类，其他存款性公司包括银行、农村信用社、财务公司等银行业金融机构，其他金融机构主要包括保险公司、证券公司、信托公司、基金公司等非银行金融机构，非金融机构主要是非金融企业法人机构。

资料来源：根据中国人民银行、Wind统计数据整理。

总体来看，银行业的主要资产项，即对政府部门、非金融企业、居民个人、银行和非银行同业的债权。考虑到银行同业和非银行同业均为金融同业，最终银行业的资产主要是对政府部门、非金融企业、居民个人和银行同业的债权，构成了这些部门加杠杆的主要资金来源。

（二）银行业的负债构成

从银行业的负债构成看，主要是存款。存款来源主要包括非金融企业和个人、银行同业、非银行同业存款，其中非金融机构及住户存款的占比虽然从 2005 年底的 75.33% 下降至 2017 年底的 61.35%，但占比仍然是最高的。银行同业的负债占比在 2005~2016 年有明显提高，进入 2017 年后开始下降。非银行同业的负债从 2005 年底的 3.35% 上升至 2017 年底的 6.74%。具体见表 6-1。在银行业的负债中，还有两项变化比较明显，即对中央银行的负债占比在 2008 年尤其是 2013 年以来显著提高。对中央银行负债占比快速提高的主要原因在于，人民银行结合内外部环境变化，从 2014 年开始将基础货币发行方式从外汇占款调整为公开市场操作，即逆回购、MLF 等。在依靠外汇占款发行基础货币的情况下，银行业通过结汇方式从人民银行获得基础货币，记账时不形成商业银行对人民银行的负债，通过公开市场操作的途径从人民银行获得基础货币则是银行业从人民银行借款，因而记账时体现为商业银行对人民银行的负债。债券发行占比提高的主要原因在于，正如第五章第一节所述，自 2013 年 12 月重启同业存单发行以来，同业存单大规模发行，而在记账时计入商业银行的应付债券科目。

就银行业主要负债项目，即非金融机构及住户负债看，2005~2017 年，非金融企业和个人存款在非金融机构及住户负债中的占比在 95% 左右。同期纳入 M_2 的个人存款在总负债中的占比从 37.66% 下降至 26%，下降 11.66 个百分点。2008 年个人存款在总负债中的占比小幅波动上升，主要是由于 2007 年股灾之后居民个人投资渠道缺乏大量增加存款。纳入 M_2 的非金融企业存款在总负债中的占比从 2005 年底的 34.27% 下降至 2017 年底的 31.77%，小幅下降 2.5 个百分点。2009~2010 年，非金融企业存款在总负债中的占比小幅上升主要是为了应对 2008 年国际金融危机，国家推出四万亿元经济刺激计划，政府大量给企业拨付资金，银行大量给企业发放贷款，贷款创造存款，从而造成非金融企业在银行的存款增加。具体见图 6 – 1。

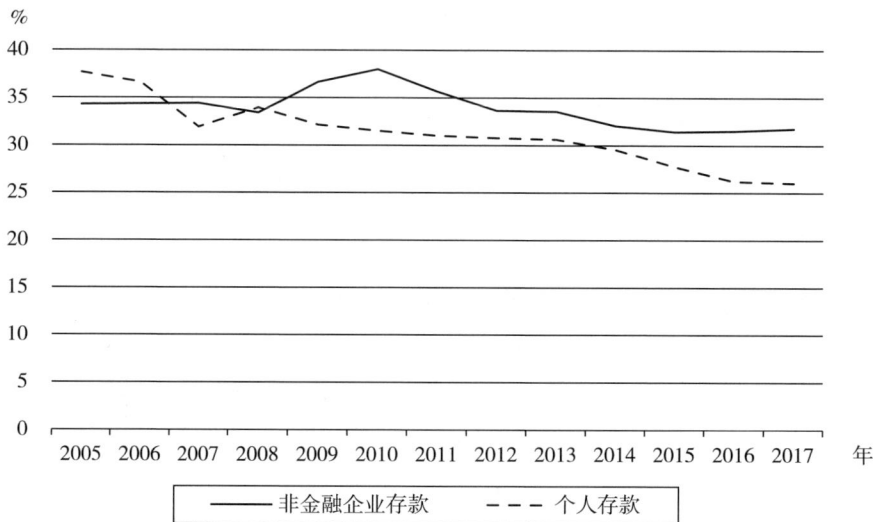

资料来源：根据中国人民银行、Wind 统计数据整理绘制。

图 6 – 1　非金融企业和个人存款占比

严格来说，银行业对非金融机构及住户的负债包括非金融业存款、政府存款、个人存款三类，但本书的分析中没有把政府存款单独作为银行业资金来源的一类主体。其原因在于：一方面，政府存款不完全归入银行业存款。在我国金融机构信贷收支表中，财政存款主要包括中央财政存款、地方财政存款、财政预算外存款和国库定期存款，按照 1998 年的国库集中支付制度改革办法，中央财政存款、地方财政存款款项全部上缴人民银行且不计入 M_2；财政预算外存款、国库定期存款划归商业银行一般存款且计入 M_2。[①] 然而，国库定期存款在不同类型商业银行境内存款和单位存款的占比都很低。具体见表 6 – 2。另一方面，金融机构的政府存款包括财政存款和机关团体存款，粗略地按照金融机构财政存款扣减人民银行政

---

① 明明．"滚隔夜"被点名，"居民加杠杆""双支柱""全球政策分化"等关键词值得关注 [EB/OL]．http://www.sohu.com/a/205391446_481436，2017 – 11 – 20.

府存款后，其差值也就是银行业的政府存款在其对非金融机构及住户负债的占比也很低。具体见表6－2中银行业一列的数据。对于政府存款中的机关团体存款，有相当大的部分是自营性的，能够创造利润，虽然其主体不一定是企业单位，但从经营方面和企业单位并无实质性区别，[①] 因而将其归入企业存款。

表6－2　政府存款占比与国库定期存款在不同类型中资银行存款中的占比

单位：%

时间	银行业	四家大型银行		中资全国性大型银行		中资全国性中小型银行	
		境内存款	单位存款	境内存款	单位存款	境内存款	单位存款
2015－03	0.40	0.17	0.39	0.22	0.53	0.41	0.76
2015－06	0.69	0.29	0.66	0.40	0.95	0.88	1.65
2015－09	0.79	0.38	0.87	0.52	1.21	1.10	2.09
2015－12	0.58	0.37	0.84	0.42	0.98	0.67	1.27
2016－03	0.67	0.51	1.15	0.55	1.28	0.81	1.54
2016－06	0.89	0.66	1.47	0.73	1.65	1.01	1.90
2016－09	0.94	0.56	1.21	0.65	1.46	1.19	2.22
2016－12	0.72	0.50	1.09	0.51	1.13	0.76	1.41
2017－03	0.67	0.54	1.17	0.55	1.24	0.79	1.50
2017－06	0.77	0.73	1.57	0.69	1.55	0.81	1.53
2017－09	0.81	0.80	1.69	0.77	1.71	0.86	1.62
2017－12	0.82	0.73	1.53	0.66	1.47	0.86	1.61

注：银行业政府存款占比计算方式是：（存款类金融机构政府财政存款－货币当局政府存款）/其他存款性公司对非金融机构及住户负债×100；不同类型中资银行政府存款占比计算方式是：国库定期存款/境内存款×100，国库定期存款/单位存款×100。

资料来源：根据中国人民银行、Wind统计数据整理。

　　总之，如果从主体分类来看，可以将银行业负债的主要来源分为居民个人、非金融企业、中央银行、银行和非银行金融同业，这些主体为银行业负债提供的资金也构成了金融部门和非金融部门加杠杆的主要资金来源。

---

① 杨志锦，王海平，李伊琳. 解构18.38万亿元机关团体存款余额［N］. 21世纪经济报道，2014－11－06.

二、杠杆率提高的相互强化关系①

从资金循环流转的角度看，资金在金融部门和非金融部门循环流转，导致杠杆率提高，这也决定了两类部门加杠杆之间联系密切，在加杠杆的过程中存在正向的强化机制。近些年，我国货币超发明显，基础货币增加、货币乘数提高、M_2 快速扩大等都可以说明这一点。大规模增发的货币在非金融部门和金融部门循环流转，提高了杠杆率。金融部门和非金融部门的杠杆是一个问题的两个方面，② 非金融部门加杠杆往往需要借助金融部门的高杠杆实现，金融部门的高杠杆又助推了非金融部门的杠杆率提高。在央行发行基础货币并进入金融部门后，非金融部门从金融部门获得信贷资金，提高其杠杆率的同时，部分会以存款的形式回流到银行业金融机构，增加了银行业金融机构的负债，银行业金融机构通过货币创造不断扩大资产规模，推动金融部门加杠杆，也进一步推动了非金融部门加杠杆。就实际情况看，近年来不仅是银行业，非银行金融机构为非金融部门加杠杆也提供了更多的资金。

（一）逻辑的分析

一是从银行业看，其加杠杆的资金来源，即主要负债来源包括三类：人民银行、非金融企业和居民个人等非金融部门，以及银行和非银行金融同业。而其资产主要表现为对政府部门、非金融企业和居民个人等非金融部门，以及金融同业的债权。部分准备金制度让银行业具有较强的货币创造功能，其一方面从非金融部门和金融同业获取资金扩大负债，另一方面又通过资金运用增加对非金融部门和金融同业的债权，即扩大资产规模，

---

① 本节主要参考：娄飞鹏. 资金循环流转视角的去杠杆思路 [J]. 浙江金融，2017（7）：22 - 30.

② 姜建清. 只有货币投放走上"存量为主"之路，金融业才能真正开始去杠杆 [EB/OL]. ht- tp：//finance. sina. cn/wm/2017 - 05 - 08/doc - ifyeycte9160284. shtml，2017 - 05 - 08.

从而实现加杠杆。在人民银行基础货币供给从外汇占款转向公开市场操作后，基础货币供给作为货币政策的一个组成部分，其主动权掌握在人民银行手中，银行业主动增加对人民银行的负债进而实现加杠杆的能力较弱。[①] 从实际情况看，银行业通过金融同业渠道加杠杆往往速度更快。在银行业加杠杆的过程中，不仅是银行业自身杠杆率提高，也因为其为非金融部门和金融同业提供了资金支持，推动了非银行金融机构和非金融部门杠杆率提高。

二是从金融业看，银行业作为可以吸收存款的金融机构，其资金不仅运用到非金融部门，也会为非存款类金融机构，或者说是非银行金融机构提供资金支持。这主要是由于非银行金融机构的风险偏好高于银行业，资金运用或者投资能力相对更强，所受的监管严格程度也较弱，资金运用领域更多，可以为银行业资金运用提供通道，吸引银行业的委外投资。非银行金融机构往往采用期限错配，即短期负债匹配长期资产等方式加杠杆，以增厚收益，但其资金也会部分投向非金融部门增加非金融部门的杠杆率。同时，也正是非银行金融机构为银行业资金运用提供了通道，银行业在此过程中可以获得相对稳定的收益，也推动银行业积极扩大资产规模，提高杠杆率。

三是从非金融部门看，政府、个人和企业等非金融主体一方面是金融市场上的资金供给方，特别是政府和个人在金融市场上资金供给的特点更明显，另一方面其也是金融市场的资金需求方，企业在金融市场上资金需求的特点更明显。政府、个人、企业作为非金融主体，并不擅长从事资金的跨地区、跨时期配置，就需要借助金融机构来实现资金盈余和短缺的调剂。资金盈余方在把资金提供给金融机构并由其配置的过程中，增加了金融机构的杠杆率，而资金短缺方在从金融机构进行债务融资的过程中也随之增加了杠杆率。这其中也存在资金短缺方在进行债务融资后，再次将部分资金回存到银行，银行业以此进行货币创造，从而也会推动金融部门和

---

① 苏建森. 金融降杠杆探析［EB/OL］. http：//www. sohu. com/a/137742940_460367, 2017 – 05 – 02.

非金融部门杠杆率提高。

（二）数据的验证

M_2、社会融资规模的快速增长也可以说明杠杆率在快速提高。在金融机构与实体经济的资金循环流转中，如果不考虑金融部门和非金融部门各自内部的资金循环流转，大体可将二者的关系界定为互为债权—债务关系，金融部门的债务对应非金融部门的债权，非金融部门的债权对应金融部门的债务。就金融统计数据而言，M_2 从金融机构的负债方统计，并且只包括存款类金融机构的人民币存款，不含外币存款，从总量上反映整个社会的货币存量，大致可视为金融机构的债务和非金融部门的债权。[①] 社会融资规模的统计全面涵盖金融机构资产方与金融市场发行方，大致可视为金融部门的债权和非金融部门的债务。[②] 从这个角度也可以大致衡量金融部门和非金融部门加杠杆的总规模。2008～2016 年，M_2、社会融资规模都经历了快速增长，年均增长率分别为 16.24%、19.38%，远高于同期 GDP 的年平均增速，也反映出我国金融部门和非金融部门加杠杆的问题突出。受金融严监管去杠杆影响，2017 年 M_2 增速大幅度下降，社会融资规模增速也有所下降。具体见表 6-3。

表 6-3 　　　　　　　　　　　M_2 和社会融资规模

单位：万亿元、%

年	M_2		社会融资规模存量	
	绝对额	增长率	存量绝对额	增长率
2008	47.52	17.79	37.98	18.19
2009	61.02	28.42	51.18	34.78
2010	72.59	18.95	64.99	26.97
2011	85.16	17.32	76.75	18.10
2012	97.41	14.39	91.42	19.12
2013	110.65	13.59	107.46	17.54

---

① 娄飞鹏. M_2 与社会融资规模比较及货币政策中介目标选择 [J]. 甘肃金融，2017（7）：48-52.

② 盛松成. 一个全面反映金融与经济关系的总量指标 [J]. 中国金融，2013（22）：34-37.

年	M₂		社会融资规模存量	
	绝对额	增长率	存量绝对额	增长率
2014	122.84	11.01	122.86	14.33
2015	139.23	13.34	138.14	12.44
2016	155.01	11.33	155.99	12.92
2017	167.68	8.17	174.64	11.96

资料来源：根据中国人民银行、Wind 统计数据整理。

正是高杠杆率之间的关联性，或者说是其相互强化机制，增加了去杠杆的难度，也导致快速去杠杆不仅难以实现而且会引发较大的风险。从金融领域看，银行业杠杆率较低，而证券业、基金业、信托业、资产管理等非银行业杠杆率较高，银行业内部大型商业银行杠杆率较低，而中小型商业银行杠杆率较高。在这种情况下，快速去杠杆势必导致非银行金融机构以及中小型商业银行面临更大的压力，从而影响其正常发展。但由于非银行金融机构加杠杆资金主要来源于银行业，中小型商业银行加杠杆资金部分通过同业存单吸收大型商业银行的同业存款，因而风险最终由银行业承担。①

从非金融领域看，以实体经济债券投资者结构为例，债券的投资主体以金融机构和基金等非法人机构为主。金融机构和基金等非法人机构风险偏好不一样，从而主要投资的债券种类也不一样，大型商业银行的风险偏好较低，主要投资利率债和地方政府债等信用评级较高的债券，而中小型商业银行、非银行金融机构以及非法人机构风险偏好较高，主要投资企业信用债。如果此时快速去杠杆，因为中小型商业银行和非银行金融机构杠杆率较高，易于导致其更多的赎回债券投资和委外投资以满足去杠杆的要求。而委外投资多是非银行金融机构和非法人机构作为受托主体，其投向也是以企业信用债为主，并且在投资的过程中加杠杆更多。这种格局决定了，在快速去杠杆的过程中，非金融企业面临的风险更大，而且影响的不

---

① 娄飞鹏．金融与非金融去杠杆 [J]．金融理论探索，2017（5）：20 - 26.

仅是其间接融资，包括债券融资在内的直接融资也会相应受到影响。^① 实际情况已经印证了这一点。在去杠杆压力加大的情况下，2017 年全年企业信用债券发行金额为 3730.95 亿元，较 2016 年全年的发行金额 5925.7 亿元大幅下降 37.04%。

三、加杠杆的流程与资金流动^②

从根本上看，加杠杆的资金来自人民银行发行的基础货币，以及商业银行利用货币创造功能扩大信用货币规模，这也是金融部门和非金融部门杠杆率提高的最终资金来源。就实际情况看，资金在金融部门和非金融部门循环流转的过程中增加了杠杆率。不考虑开放经济的情况下，资金循环流转和加杠杆的具体流程是：银行以负债的方式从央行和非金融部门获得资金，一部分通过贷款的方式直接投向非金融部门，另一部分借助银行同业和非银行金融机构，即金融同业的通道投向非金融部门，在此过程中循环往复增加了金融部门和非金融部门的杠杆率。而非银行金融机构和非金融部门在从银行获得资金后，也会有一部分资金重新存入银行，从而为银行业进行货币创造加杠杆，以及资金循环流转推动杠杆率提高提供资金来源。

银行业的负债资金来源中，央行、非金融机构及住户、银行同业、非银行金融机构是主要的资金供给方，尤其是非金融机构及住户是主要的资金供给方。2014 年以来，随着外汇占款规模下降，央行基础货币供给方式由外汇占款调整为公开市场操作，即逆回购、MLF 等，银行业对央行的负债规模和占比也有了明显提高。银行业加杠杆的资金来源中，人民银行的作用在逐步提高。同时，伴随着银行业总规模的扩大，即杠杆率的提

---

① 娄飞鹏. 金融与非金融去杠杆 [J]. 金融理论探索，2017（5）：20 – 26.

② 本节主要参考：娄飞鹏. 资金循环流转视角的去杠杆思路 [J]. 浙江金融，2017（7）：22 – 30.

高，各类资金来源主体对银行业提供的资金总规模在快速增大。具体见表6-4。银行业发行债券的负债占比仅有6%～10%，且不好区分债券购买主体，国外负债、其他负债占比较低，此处不再具体分析，表6-4中也不再展示其数据。

表6-4　　　　　　　　　　银行业主要负债来源

单位：万亿元、%

年	非金融机构及住户		央行		银行业		非银行金融机构	
	绝对值	占比	绝对值	占比	绝对值	占比	绝对值	占比
2005	28.21	75.33	0.78	2.08	1.24	3.31	1.25	3.35
2006	32.54	73.73	0.62	1.41	1.51	3.43	1.88	4.25
2007	37.29	68.90	0.72	1.32	2.11	3.91	3.71	6.85
2008	44.73	69.72	0.46	0.72	3.26	5.08	3.20	4.99
2009	57.11	70.52	0.56	0.69	4.40	5.44	4.22	5.21
2010	68.49	71.22	0.56	0.59	5.57	5.80	4.43	4.60
2011	78.00	68.55	0.68	0.59	8.51	7.48	5.22	4.59
2012	89.14	66.68	1.39	1.04	10.86	8.13	6.30	4.71
2013	101.28	66.42	1.17	0.76	11.04	7.24	7.48	4.91
2014	110.22	64.01	2.66	1.55	11.11	6.45	11.24	6.53
2015	124.97	62.75	3.36	1.69	13.13	6.59	15.59	7.83
2016	142.07	61.67	8.79	3.81	14.48	6.29	15.73	6.83
2017	153.20	61.35	10.55	4.22	12.61	5.05	16.84	6.74

资料来源：根据中国人民银行、Wind统计数据整理。

非银行金融机构和非金融部门加杠杆的资金主要来源于银行。银行业为非金融部门加杠杆提供资金的途径主要有两个，一个是银行直接为非金融部门提供融资支持，另一个是银行通过为非银行金融机构提供资金支持，从而绕道为非金融部门提供融资支持。在后一个途径中，绕道的途径包括银行直接为非银行金融机构提供资金，以及大型商业银行先为中小型商业银行提供资金，再通过后者把资金提供给非银行金融机构，但不论如何，提供资金的银行业不仅推动了非金融部门杠杆率提高，而且在为非金融部门提供融资的过程中也导致银行同业和非银行金融机构的杠杆率提高。同时，由于银行同业和非银行金融机构在发挥通道作用时也要谋取利润，因而往往导致非金融部门的负债成本更高，对杠杆率提升的作用也更加明显。从表6－5可知，银行业、政府部门、非金融机构和居民部门提供的信贷资金规模在2008～2016年有了快速提高，政府部门、居民部门贷款占银行业总资产的比例在提高说明其提高的速度相对更快，非金融机构贷款占银行业总资产的比例虽然在下降，但其总规模一直较大。

表6－5　　　　　　　　　　银行业主要资产的总量及占比

单位：万亿元、%

年	政府		非金融机构		居民		银行业		非银行金融机构	
	绝对值	占比	绝对值	占比	绝对值	占比	绝对值	占比	绝对值	占比
2005	1.98	5.29	18.41	49.15	2.18	5.82	3.52	9.40	1.07	2.85
2006	2.27	5.14	21.57	48.89	2.37	5.38	4.17	9.44	1.19	2.70
2007	2.90	5.36	23.49	43.41	5.07	9.38	5.63	10.41	1.28	2.36
2008	3.02	4.71	26.85	41.85	5.71	8.91	7.57	11.81	1.25	1.94
2009	3.81	4.70	34.99	43.21	8.37	10.33	9.79	12.09	1.70	2.10
2010	4.35	4.52	40.95	42.59	11.21	11.66	13.45	13.98	1.97	2.05
2011	4.97	4.37	46.54	40.90	13.52	11.88	17.95	15.77	3.43	3.02
2012	5.61	4.20	53.41	39.95	16.02	11.98	23.70	17.73	5.05	3.78
2013	6.23	4.09	59.96	39.32	19.69	12.91	26.04	17.08	7.26	4.76
2014	7.10	4.12	67.33	39.10	22.92	13.31	28.04	16.28	11.16	6.48
2015	11.02	5.53	78.38	39.35	26.73	13.42	31.42	15.78	17.66	8.87
2016	17.21	7.47	83.65	36.31	32.95	14.30	31.59	13.71	26.53	11.52
2017	21.82	8.74	88.90	35.60	39.97	16.00	29.60	11.85	28.06	11.24

资料来源：根据中国人民银行、Wind统计数据整理。

在近两年加杠杆的过程中，一方面是银行业通过与证券公司、信托公司、资产管理公司等两方或者多方合作，绕道为产能过剩、房地产领域提供融资支持，推动非银行金融机构以及产能过剩和房地产领域杠杆率提高；另一方面是银行利用发行同业存单获取的资金购买同业理财，委托非银行金融机构投资，非银行金融机构再配置同业存单循环加杠杆，而且这种加杠杆方式的规模较大。2013年12月，人民银行再次允许银行业发行同业存单后，同业存单迅速成为银行业尤其是中小型商业银行主动增加负债的最主要方式。大型商业银行和非法人机构大规模配置同业存单。2017年12月，从同业存单发行占比看，国有商业银行、股份制商业银行、城市商业银行等其他银行机构分别为 0.68%、47.48%、51.84%。2017年底，从同业存单持有占比看，基金等非法人机构为 47%，国有商业银行、政策性银行和邮政储蓄银行合计为 14.92%，股份制商业银行为 3.22%，城市商业银行、农村商业银行、农村合作银行、外资银行、村镇银行合计为 22.72%。

出现上述情况的原因可以从机构和金融工具两方面分析。从机构方面看，大型商业银行的机构布局广泛，吸储能力强，经营风格相对更加稳健，资金相对充裕，并且人民银行的常备借贷便利（SLF）、MLF 等流动性调节工具优先投放大型商业银行决定了其可以从人民银行有效融资，中小型商业银行则吸储能力弱，经营中的风险容忍度更高，资金短缺，从而有从大型商业银行拆借资金的需求。从金融工具方面看，同业存单发行手续简便，不需要缴纳准备金，在会计科目处理时计入应付债券风险权重较低，流动性更好等，从而成为中小型商业银行主动增加负债的最佳工具之一。最终的结果是，中小型商业银行大规模发行同业存单，在银行间市场吸收资金，而受到投资能力的限制，其资金运用主要是购买债券、同业理财或者委托非银行金融机构投资，非银行金融机构投资过程中，为了保障中小型商业银行的收益并谋求更多的收益，往往采用期限错配、结构化产品设计加杠杆以增厚收益，最终导致债券市场杠杆率较高。

需要特别说明的是，虽然大型商业银行购买同业存单时，用自营资金会影响其资产结构但不影响其资产规模，用表外理财资金则不会影响其资产结构和资产规模。① 但中小型商业银行和非银行金融机构则在"同业存单—同业理财—委外投资"的金融链条中增加了资产规模，实现了加杠杆。其结果是表 6-6 中的非银行金融机构资产规模总体增加更快，银行

第六章 资金循环流转视角的加杠杆

---

① 郭磊. 同业存单撬动结构性杠杆：从何而来、向何处去？［EB/OL］. http：//business. so-hu. com/20170329/n485419021. shtml, 2017－03－29.

业中，中小型商业银行资产规模增加更快，主要表现为股份制商业银行、城市商业银行这些同业存单发行主力军在银行业金融机构总资产中的占比在提高，这说明其杠杆率更高。这一点也可以见表3-4。

表6-6   **金融业总资产及增长率**

单位：万亿元、亿元、%

年	银行业		保险业		证券业		信托业		基金业	
	总资产	增长率	总资产	增长率	总资产	增长率	总资产	增长率	总资产	增长率
2001	—	—	0.46	36.08	—	—	—	—	—	—
2002	—	—	0.65	41.44	—	—	—	—	—	—
2003	—	—	0.91	40.48	—	—	—	—	—	—
2004	—	—	1.19	29.93	—	—	—	—	—	—
2005	37.46	—	1.52	28.45	—	—	—	—	—	—
2006	44.13	17.82	1.97	29.59	—	—	—	—	—	—
2007	54.12	22.64	2.90	46.99	—	—	—	—	366.53	—
2008	64.15	18.53	3.34	15.22	1.19	—	—	—	365.96	-0.16
2009	80.98	26.24	4.06	21.59	2.03	70.20	—	—	442.28	20.85
2010	96.16	18.74	5.05	24.23	1.97	-3.00	3.04	—	486.72	10.05
2011	113.79	18.33	6.01	19.13	1.57	-20.02	4.81	58.25	496.10	1.93
2012	133.69	17.49	7.35	22.29	1.72	9.36	7.47	55.27	535.09	7.86
2013	152.48	14.05	8.29	12.70	2.08	20.93	10.91	46.00	673.55	25.88
2014	172.20	12.94	10.16	22.57	4.09	96.63	13.98	28.17	824.76	22.45
2015	199.16	15.65	12.36	21.66	6.42	56.91	16.30	16.62	1189.79	44.26
2016	230.38	15.68	15.12	22.31	5.79	-9.78	20.22	24.01	1346.32	13.16

注：因基金业数据较小，其总资产单位为亿元，其余为万亿元。

资料来源：根据Wind统计数据整理。

第七章
杠杆率快速提高的形成机制

从经济发展的角度看,加杠杆是经济发展到一定阶段,特别是现代经济发展的结果。① 经济金融领域的杠杆和物理学中的杠杆一样也是放大器,其作用既可以放大收益也可以放大损失,② 经济主体往往按照杠杆可以放大收益的思路来加杠杆。金融部门与非金融部门都存在高杠杆率问题,其形成机制存在密切联系,但也不完全一样。我国金融部门和非金融部门高杠杆具有结构性的特点,其形成机制既有总量方面的原因,也有结构方面的原因。总量方面如经济增速降低导致资产周转率下降从而引起债务与 GDP 之比上升,结构方面如经济结构调整导致高负债部门在经济领域中的占比提高。③ 总体来看,宏观流动性充裕,经济发展的周期性,债务融资为主的融资结构,资金脱实向虚,基础货币供给方式的调整,金融同业业务的快速发展等都推动了国内杠杆率的提高。

一、宏观流动性充裕

国内外宏观经济调控政策等共同作用导致国内宏观流动性充裕,为金融部门和非金融部门加杠杆提供了足够的货币供给。特别是国内为了应对 2008 年国际金融危机,推出四万亿元经济刺激计划,并连续下调贷款利率,刺激了非金融部门尤其是非金融企业加杠杆。

一是我国经济增速下降,M_2 快速增加,导致宏观流动性充裕。从国内 GDP 增长率和 M_2 增长率对比看,我国经济增长速度从 2011 年开始逐步趋缓,GDP 年均增长率从 2001~2007 年的 10.83% 下降至 2008~2016 年的 8.42%,下降 2.41 个百分点,同期 M_2 年均增长率从 16.66% 下降至 15.89%,下降 0.77 个百分点。在 M_2 增速本来就高于 GDP 增速的情况

① 娄飞鹏. 金融与非金融去杠杆 [J]. 金融理论探索,2017 (5):20–26.

② Livia Iliea, Roxana Olaru. Leveraging and Deleveraging:Pluses and Minuses [J]. Procedia Economics and Finance,2013,6 (1):634–644.

③ 高善文. 加杠杆与去杠杆 [J]. 清华金融评论,2014 (7):60–62.

下，GDP 增速下降较快而 M$_2$ 增速下降较缓，导致货币超发问题突出，流动性相对更加充裕。从国际对比的角度分析 M$_2$ 年增长率和 GDP 年增长率的差值发现，以 2008 年为分界线，我国与美国、欧元区、日本、英国等国家和地区的情况发生明显逆转。2001~2007 年，我国的这一差值并没有明显高于其他国家或地区，甚至在 2004~2007 年还低于英国的水平，而从 2008 年开始，除了 2011 年低于美国、日本外，其余年份均显著高于美国、欧元区、日本、英国。具体见图 7-1。总体来看，面对宏观经济增速降低，以 M$_2$ 为代表的货币供应量没有及时压缩，甚至在 2009 年为了刺激宏观经济增长 M$_2$ 年增长率达到 27.68% 的峰值，导致国内流动性充裕，助推了金融部门和非金融部门加杠杆。[①]

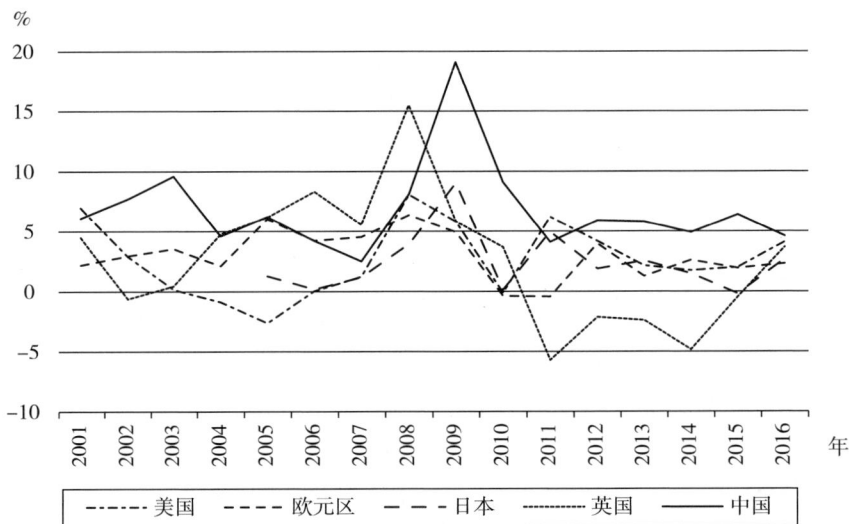

资料来源：根据 Wind 统计数据整理绘制。

图 7-1 M$_2$、GDP 年度增长率的差值

二是全球流动性宽松，我国发展环境较好，吸引大量外资流入提供了充裕的流动性。为应对 2008 年国际金融危机，世界主要经济体普遍采用宽松的货币政策，全球范围内流动性相对充裕。我国因为存在明显的人口

---

① 娄飞鹏. 非金融部门杠杆率现状与去杠杆建议 [J]. 西南金融，2017 (7)：23-29.

红利优势，并且经济发展条件较为优越，吸引了大量的国际资本流入，为国内金融部门和非金融部门加杠杆提供了稳定的资金来源。[①] 根据世界银行的统计数据，2001～2016 年，按照现价美元计价的我国外商直接投资（FDI）净流入占全世界的年均比例为 9.35%，从发展趋势看，这一比例在 2008 年之后有了快速提高，年均值从 2001～2007 年的 6.1% 上升至 2008～2016 年的 11.09%。具体见图 7－2。根据国家统计局的统计数据，从我国实际利用 FDI 的增长速度看，2001～2016 年年均增长 7.61%，2010 年起绝对额一直超过 1000 亿美元。大规模的 FDI 也推动了国内流动性增加，通过资金循环流转推动金融部门和非金融部门加杠杆。[②]

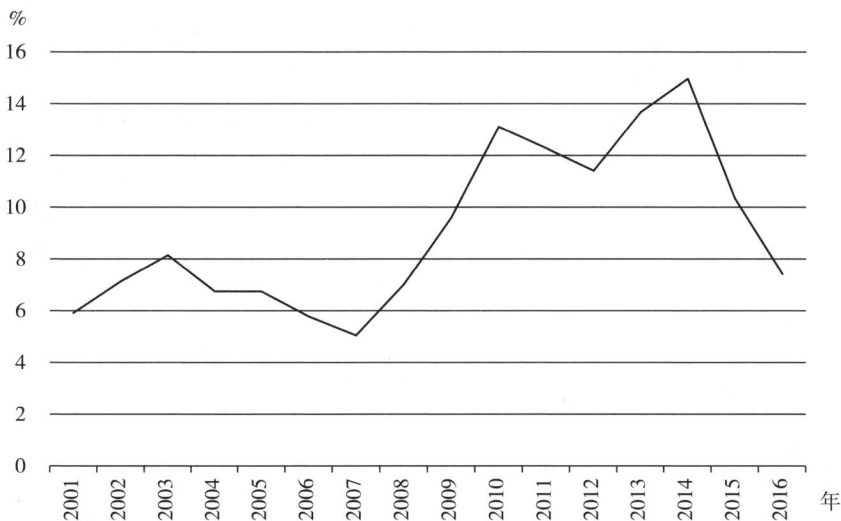

资料来源：根据世界银行统计数据整理绘制。

图 7－2　我国 FDI 净流入占全世界的比例

　　三是经济刺激计划，下调贷款利率，提高了融资主体银行贷款的积极性。2008 年国际金融危机之后，我国推出四万亿元经济刺激计划，以大规模开展基础设施建设为主，需要巨额的资金投入，但国家财政预算内资

---

　　① 中国金融论坛课题组. 杠杆率结构、水平和金融稳定：理论与经验 [R]. 中国人民银行工作论文，2017.

　　② 娄飞鹏. 非金融部门杠杆率现状与去杠杆建议 [J]. 西南金融，2017 (7)：23－29.

金总额有限，导致对金融机构贷款的需求旺盛。此时，国内又实行了宽松的货币政策，连续下调人民币存贷款基准利率。仅2008年就5次下调存贷款利率，一年期贷款基准利率从7.47%下降至5.31%，2010年、2011年进入短暂的升息通道，但从2012年起再次进入降息通道，一年期贷款基准利率从2011年7月的6.56%下降至2015年10月的4.35%。① 贷款利率下调降低了融资成本，进一步提高了各类主体贷款的积极性，银行业金融机构为支持国家政策并扩大收益也加大信贷投放。2008～2016年，国内新增人民币贷款年均增长率达到18.08%，比同期GDP平均增长率8.42%高出9.66个百分点。根据BIS的数据，非金融企业杠杆率从2008年底的96.3%上升至2016年底的166.2%，增长69.9个百分点。而在这其中，国有企业杠杆率提高更快。基础设施建设项目主要由地方政府融资平台公司等国有企业实际承担，结果导致地方政府融资平台公司数量快速增加，仅2009年就增加2000家，② 融资规模也快速提高。同时，地方政府也大规模扩大负债，杠杆率快速提高。根据财政部和审计署的数据，2016年地方政府债务与GDP的比例，即杠杆率为30%，中央政府杠杆率为16%。

二、经济发展的周期性

经济发展的周期性也会影响杠杆率高低。杠杆率作为一个比率指标，分子变大或者分母变小都可以导致其提升。对杠杆率的计算公式进行拆解，其可以分为两部分，即总债务/GDP = （总债务/总资产）/ （GDP/总资产）。拆解后的分子代表资产负债率，分母代表资产收益率。这意味着，杠杆率的变化不仅取决于资产负债率，还取决于资产收益率。③ 经济

---

① 娄飞鹏. 非金融部门杠杆率现状与去杠杆建议 [J]. 西南金融，2017（7）：23 - 29.

② 金微. 融资平台启动全面转型 顶层设计或出台 [N]. 2017 - 07 - 10.

③ 徐忠. 降杠杆并非利率越低越好 [EB/OL]. http：//news. hexun. com/2017 - 10 - 31/191454747. html，2017 - 10 - 31.

发展的周期性变化可以有效影响资产负债率和资产收益率，从而影响杠杆率。在经济处于周期性上升阶段，经济增长速度提高，资产负债率往往较低而资产收益率较高，杠杆率较低；而在经济处于周期性下降阶段，经济增长速度下降，资产负债率往往较高而资产收益率较低，杠杆率较高。也就是说，杠杆率往往呈现逆周期性的特点。

我国非金融企业杠杆率攀升就有周期性因素。① 我国经济发展进入新常态，周期性因素、结构性因素与经济增速趋缓相互叠加，也在一定程度上造成非金融部门，特别是非金融企业杠杆率提高。从非金融企业的情况看，其杠杆化程度与经济周期负相关。在经济增速较高时，非金融企业产品销路好，资金周转快，盈利能力强，不仅容易扩大资产规模，而且对银行贷款的需求较少，杠杆率容易下降；而在经济增速下降时，非金融企业产品销售下降，资金周转慢，盈利能力降低，不仅不易扩大规模，而且为了维持经营需要更多的银行贷款，从而杠杆率较高。② 我国非金融部门效益持续下滑，导致非金融部门杠杆率提升。③ 高杠杆率企业主要集中在传统领域，尤其是不适应经济发展需要的僵尸企业淘汰较慢，其平均资产负债率是71.6%，远高于非僵尸企业51.4%的平均资产负债率，④ 僵尸企业总量和占比提高也会提高非金融企业总体的杠杆率。

国有企业高杠杆问题突出，也与经济发展的周期性密切相关。2008年国际金融危机之后，国内推出四万亿元经济刺激计划，以实施大规模投资的方式刺激经济增长从而对冲经济增速下行。地方政府融资平台公司等国有企业在筹集配套资金的过程中大量负债，煤炭、有色金属、钢铁等行业也受经济刺激计划影响，获得大量融资，形成大量负债。然而，地方政府融资平台公司并不是完全独立自主的市场化经济主体，其为地方政府筹集配套建设资金后，主要从事公益性等非盈利或者盈利水平较低的经营活

---

① 张晓晶，常欣，刘磊，李育. 中国去杠杆进程 [J]. 中国经济报告，2017（10）：90-91.
② 潘晶. 我国非金融企业杠杆率高企原因及去杠杆路径 [J]. 武汉金融，2016（12）：58-60.
③ 中国金融论坛课题组. 杠杆率结构、水平和金融稳定：理论与经验 [R]. 中国人民银行工作论文，2017.
④ 黄益平. 这是一个分子与分母的故事：黄益平详解中国杠杆率为什么这么高 [EB/OL]. https://wallstreetcn.com/articles/3037908，2017-10-29.

动，煤炭、有色金属、钢铁等行业大量融资扩大产能造成产能过剩，这些最终都导致国有企业的经营效率进一步恶化，回报率进一步下降，从而使其杠杆率更高。[①]

经济发展的周期性还容易导致金融部门杠杆率提高。国内宏观经济结构性问题突出，经济结构正在发生深刻的变化，传统动力减弱且新兴动力不断孕育。在这方面，经济中的"三新"，即新产业、新模式、新业态正在逐步成为经济发展的新动力，但"三新"主体更需要包括金融等各方面的支持。从金融方面看，金融机构受自身创新能力较弱，严格的金融监管等因素影响，并未有效实现根据宏观经济变化及时推出足够的、真正具有实质性创新的金融服务，其结果是继续支持传统产业。然而，传统产业盈利能力较低，发展前景不被看好且由此导致的风险较大，在经济总量中的占比也有逐步缩小的趋势，有效金融需求较少，不利于金融机构扩大业务规模。与此同时，金融机构支持"三新"缺少有针对性的产品和手段，也不能有效打开市场。最终的结果是，金融部门支持实体经济面临更多的困难，并且收益难以有效保障，为了获得较高的收益，金融机构的资金选择在金融领域空转甚至是加杠杆投资，从而提高了金融部门的杠杆率。[②]

三、债务融资为主的融资结构

我国的融资结构以债务融资为主，间接融资在其中的占比较高，推动非金融部门杠杆率提高。从融资的供给方看，银行业规模较大，为非金融部门发展提供融资支持的能力较强。从融资的需求方看，国内宏观经济增长高度依赖投资，投资的高速增长背后是大量的融资需求。在融资供求两旺的情况下，债务融资为主的融资结构提高了非金融主体尤其是非金融企

[①] 杨小静，张英杰. 去杠杆、市场环境与国企债务化解 [J]. 改革，2017 (4)：137 – 149.
[②] 娄飞鹏. 金融领域高杠杆的深层次成因与去杠杆建议 [J]. 西南金融，2017 (6)：22 – 28.

业的资产负债率，最终导致非金融企业杠杆率较高。而非金融部门之所以能够通过债务融资的方式从银行获得足够的资金支持，形成较高的杠杆率，背后是由于国内的高储蓄率为银行业扩大放贷提供了充足的资金支持。①

从国内金融行业资产规模的格局看，银行业处于绝对优势地位，有足够的实力为非金融主体提供信贷资金支持。2016 年底，我国银行业总资产是保险业、证券业、信托业、基金业、期货业、融资租赁业总资产之和的 5.62 倍，绝对的规模优势为银行业以间接融资支持非金融主体提供了良好的基础。② 这背后的原因在于，我国社会保障制度不健全以及居民有较强的储蓄偏好，储蓄率较高。以总储蓄与 GDP 的百分比看，2001 ~ 2016 年，我国这一百分比的年均值为 47.9%，同期全球这一百分比的年均值为 24.88%，前者比后者高出 23.02 个百分点。具体见图 7 - 3。高比例的储蓄为银行业发展提供了充裕的资金来源，推动银行业的发展壮大。

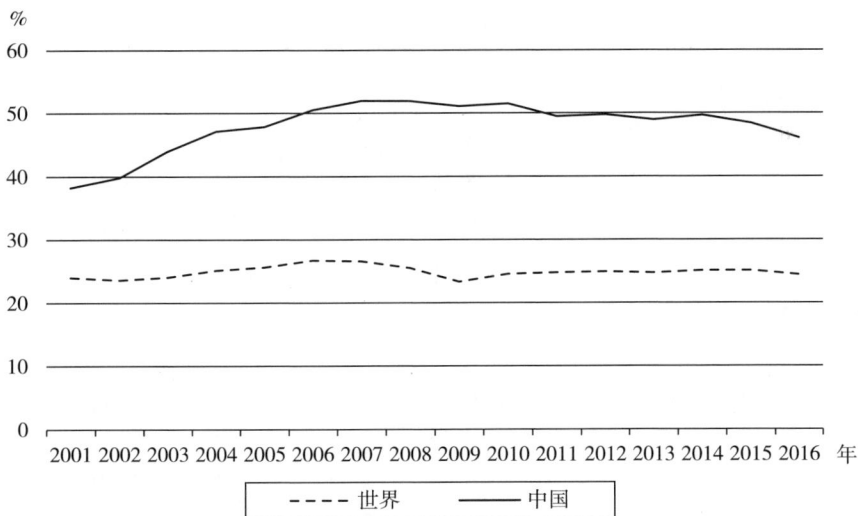

图 7 - 3　总储蓄与 GDP 的比例

资料来源：根据世界银行统计数据整理绘制。

① 姚洋. 美丽的烦恼——如何用好中国的巨额储蓄？［EB/OL］. http：//www.yicai.com/news/5289129.html，2017 - 05 - 22.

② 娄飞鹏. 如何积极稳妥去杠杆［N］. 大众日报，2017 - 04 - 26.

就新增社会融资规模的结构看，银行贷款等债务融资占比一直处于较高水平。我国的新增社会融资规模中，虽然银行本外币贷款占新增社会融资规模的比例从 2002 年底的 95.49% 下降至 2017 年底的 71.2%，下降明显，但债务融资占比长期在 90% 以上。2008～2017 年，本外币贷款占新增社会融资规模的平均比例仍然高达 65.25%，远高于其他融资方式。[①]我国资本市场不发达，企业上市准入门槛较高，增加了企业通过资本市场融资的难度。尽管近年来股票融资占比有所提高，但 2008～2017 年，非金融企业国内股票融资占社会融资规模的平均比例也只有 3.66%。2016年，以非金融企业国内股票融资为代表的权益融资在社会融资规模中的占比也只有 6.97%，之前更低。[②] 具体见表 7－1。

表 7－1　　　　　　　　　新增社会融资规模及结构

单位：万亿元、%

年	总量	人民币贷款	外币贷款	委托贷款	信托贷款	未贴现银行承兑汇票	债券融资	股票融资
2002	2.01	91.86	3.63	0.87	0.00	－3.46	0.00	3.12
2003	3.41	81.06	6.70	1.76	0.00	5.89	1.46	1.64
2004	2.86	79.20	4.82	10.89	0.00	－1.01	1.63	2.35
2005	3.00	78.46	4.72	6.53	0.00	0.08	6.70	1.13
2006	4.27	73.83	3.42	6.31	1.93	3.51	5.41	3.60
2007	5.97	60.88	6.48	5.65	2.85	11.23	3.83	7.26
2008	6.98	70.26	2.79	6.11	4.50	1.52	7.91	4.76
2009	13.91	68.97	6.66	4.87	3.14	3.31	8.89	2.41
2010	14.02	56.67	3.46	6.24	2.76	16.65	7.89	4.13
2011	12.83	58.24	4.45	10.10	1.59	8.01	10.65	3.41
2012	15.76	52.04	5.81	8.14	8.15	6.66	14.31	1.59
2013	17.32	51.35	3.38	14.71	10.63	4.48	10.46	1.28
2014	16.46	59.44	2.16	15.23	3.14	－0.78	14.74	2.64

① 娄飞鹏. 从资金来源变化看去杠杆的逻辑 [J]. 金融与经济，2017 (6)：25－30.
② 娄飞鹏. 金融与非金融去杠杆 [J]. 金融理论探索，2017 (5)：20－26.

续表

年	总量	人民币贷款	外币贷款	委托贷款	信托贷款	未贴现银行承兑汇票	债券融资	股票融资
2015	15. 41	73. 14	− 4. 17	10. 33	0. 28	− 6. 86	19. 08	4. 93
2016	17. 80	69. 86	− 3. 17	12. 28	4. 83	− 10. 97	16. 85	6. 97
2017	19. 44	71. 19	0. 01	4. 00	11. 63	2. 76	2. 31	4. 49

资料来源：根据中国人民银行、Wind 统计数据整理。

在会计记账处理中，债务融资是企业的负债，而权益融资是企业的所有者权益，债务融资会提高企业的资产负债率，而权益融资则不存在这一问题。从微观层面看，往往用非金融企业资产负债率来表征杠杆率，[①] 债务融资占比较高的融资结构提高企业的资产负债率，也势必导致企业的杠杆率提高。如考虑到税负问题，债务融资的利息支付可以抵扣应纳税额，也就是存在税盾效应，而我国非金融企业税负较高，为充分利用税盾效应其更偏好债务融资，也推动了杠杆率提高。[②] 在企业杠杆率普遍提高的情况下，也会最终导致宏观的杠杆率提升。

银行信贷资金分配不均匀，导致非金融企业高杠杆率的结构性特点突出。我国银行业是以国有银行为主体发展起来的，国有银行成立之初就肩负着为国有企业提供资金支持的历史重任，再加上对国有企业提供贷款的背后往往有政府信用背书，风险较低，银行业更偏好为其提供贷款。国有企业资金来源长期依靠财政拨款，资金使用效率低，预算软约束问题突出，拨改贷之后缺少资本金补充渠道，资金使用效率低下的问题也日渐突出，也对银行贷款有着较多的需求。[③] 非金融企业本来杠杆率就高，[④] 国有企业有贷款需求，银行业也乐意为其提供贷款，供求综合作用的结果是国有企业杠杆率较高。根据中国社会科学院的测算，国有企业债务在非金

---

① 魏革军. 去杠杆的哲学 ［J］. 中国金融，2016（12）：5.

② 中国金融论坛课题组. 杠杆率结构、水平和金融稳定：理论与经验 ［R］. 中国人民银行工作论文，2017.

③ 杨凯生. 关于去杠杆的几点思考 ［N］. 第一财经日报，2017 – 06 – 26.

④ 姚余栋. 养老金融、个税改革与去杠杆 ［J］. 金融客，2016（9）：12 – 13.

融企业债务中的占比约为65%。① 2008 年国际金融危机之后，国有企业投资回报率快速下滑，持续低于非国有企业，借新还旧的融资需求不断增加，与国有企业高杠杆率上升形成正强化的恶性循环，也导致国有企业杠杆率较高。银行业借道信托公司等将信贷资金投向产能过剩行业，也提高了产能过剩行业的杠杆率。②

债务融资的占比较高也会影响家庭部门的资产配置及其杠杆率。我国家庭部门的资产配置中，本来金融资产的配置比例就较低。近年来房价过快上涨也导致居民更偏爱配置房产，而在这其中又存在加杠杆购房的情况，最终形成为配置房产而加杠杆，进一步加杠杆配置房产的局面。从 2000 ~ 2016 年的情况看，我国家庭部门总财富中金融资产占比的均值为 46.96%，而同期美国、日本、英国家庭部门总财富中金融资产占比的均值分别为 69.01%、59.19%、48.83%，均明显高于我国。具体见图 7 - 4。家庭部门财富逐渐增加，而可配置的金融资产较少以及收益较低，导致家

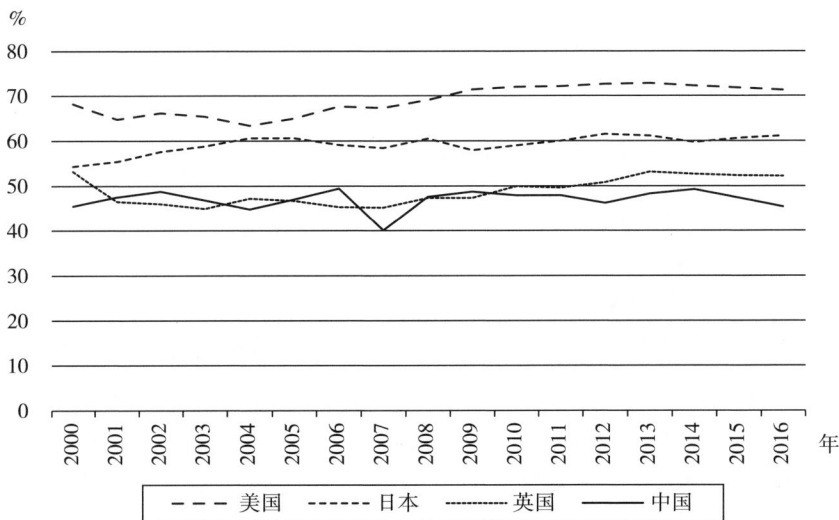

资料来源：根据瑞信全球财富报告、Wind 统计数据整理绘制。

图 7 - 4　金融资产占家庭总财富的比例

---

① 李扬. 综合施策去杠杆 [J]. 中国经济报告，2016（10）：83 - 85.
② 娄飞鹏. 非金融部门杠杆率现状与去杠杆建议 [J]. 西南金融，2017（7）：23 - 29.

庭部门更多的配置房产，并且在这个过程中增加从银行贷款的规模，从而导致家庭部门杠杆率提高。[①] 最典型的是 2016 年我国银行业新增贷款中新增居民中长期贷款规模较大，全年新增居民中长期贷款占新增贷款总额的44.92%。这主要是家庭部门财富配置于房产，并因为其中的贷款行为提高了家庭部门的杠杆率。

四、资金脱实向虚

资金脱实向虚本身就意味着资金在实体经济和虚拟经济中的配置不均匀，资金集中在虚拟经济领域势必导致其杠杆率提高，并且杠杆率提高具有较明显的结构性特点。总体而言，资金脱实向虚主要推动金融部门杠杆率快速提高，也导致家庭部门、以房地产行业为代表的非金融企业杠杆率提高。资金脱实向虚引起金融部门和非金融部门杠杆率提高的机制存在差异，金融部门杠杆率提高主要是资金滞留在金融部门内部，资金空转或者层层嵌套导致，非金融部门杠杆率提高主要是缺少足够的资金，难以有效扩大生产规模引起。

一是资金脱实向虚导致资金在金融机构内部循环，提高了金融部门的杠杆率。资金脱实向虚的实体经济方面的原因在于，实体经济投资回报率下降，影响金融机构将资金投放至实体经济领域的收益率。金融机构作为独立经营的经济主体，要追求自身的盈利，也积极寻求将资金投向高收益领域。在实体经济不景气，投放信贷资金面临较大信用风险的情况下，由于金融同业业务风险相对较低，并且对经济资本的占用较少，相对收益率较高，金融机构便大规模开展金融同业业务，从而导致金融机构资产规模快速扩大，杠杆率提高。2008～2016 年，银行业对金融同业新增债权占新增总资产的比例一直在高位运行，从 19.06% 上升至 28.96%，2015 年

第七章 杠杆率快速提高的形成机制

---

① 娄飞鹏. 非金融部门杠杆率现状与去杠杆建议 [J]. 西南金融，2017（7）：23-29.

甚至高达 36.67%。同期，银行业对非银行金融机构的新增债权在年度新增总资产中的占比从 -0.3% 上升至 28.42%。2007~2015 年，银行业对银行同业新增债权占年度新增总资产的比例一直在高位运行，2012 年甚至达到 28.92%。2017 年底，银行业对金融同业新增债权占新增总资产的比例较 2016 年底大幅度下降主要是受金融部门去杠杆的影响。具体见图 7-5。对非银行金融机构债权占新增总资产的比例持续快速提高，主要是银行业和非银行业的风险偏好不同，且存在监管套利，银行业将资金以非银行业作为通道发展业务。在这其中，银行业以非银行业作为通道为非金融部门提供金融服务，也直接导致金融部门和非金融部门加杠杆。第三章第三节对金融机构的资产配置分析也可以说明这一点。

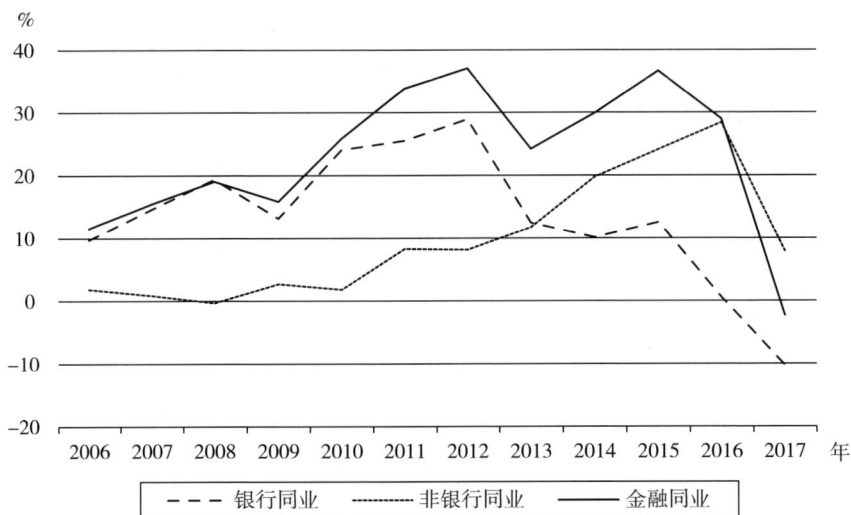

资料来源：根据中国人民银行、Wind 统计数据整理绘制。

图 7-5　银行对银行同业、非银行金融机构新增债权占新增总资产的比例

二是资金脱实向虚导致非金融企业杠杆率提高，尤其是房地产行业杠杆率提高更加突出。资金脱实向虚意味着实体经济融资面临两种情况，一种是无法有效获得融资，另一种是可以获得融资但需要支付较高的成本。前一种情况直接限制了实体经济扩大生产，从而引发实体经济难以获得足够的收益，杠杆率计算公式中分母扩大较慢导致杠杆率提高。后一种情况则会增加实体经济的总债务规模，也会提高实体经济的偿债压力，杠杆率计算公式中分子扩大较快从而导致杠杆率提高。另外，从实体经济与虚拟经济的分类看，房地产行业属于虚拟经济。[1] 资金脱实向虚也意味着资金会更多地流入房地产领域，从而提高房地产行业的杠杆率。在近年来我国房价单边大幅上涨的情况下，房地产成为更受金融机构欢迎的抵押物，也增强了房地产行业的融资获取能力，从而提高其杠杆率。

三是资金脱实向虚也刺激居民部门加杠杆。日本 1990 年经济泡沫破灭，美国 2007 年的次贷危机，在发生前有一个共同的特点是房地产价格高涨。[2] 在我国房价持续单边上涨的情况下，居民贫富差距拉大的一个重要原因是对房地产的占有量，也就是加杠杆投资房地产拉大了贫富差距。这是由于相比工资性收入，财产性收入在拉大收入差距方面的作用更明显。面对房地产价格上涨，特别是房地产价格上涨速度远超过融资成本的情况下，拥有更多房地产的群体可以获得更多的财产性收入，从而刺激居民部门加杠杆配置房地产，以争取获得更多的财产性收入。此时不仅居民部门加杠杆，其较强的融资需求也推动金融部门加杠杆。不仅如此，加杠杆配置房地产引起的居民财产性收入差距拉大，还会影响整体的消费需求。通过高杠杆跻身富裕阶层的群体，面临流动性不足，或者边际消费需求下降的问题，而努力加杠杆的群体则面临收入较低并引起有效需求不足的问题，从而整体上导致对各类商品和服务的需求下降，不利于非金融部门提高盈利能力，也推动其杠杆率提高。

五、基础货币供给方式的调整

人民银行基础货币供给方式从外汇占款调整为新的流动性管理工具，

---

① 舒展，程建华. 我国实体经济"脱实向虚"现象解析及应对策略 [J]. 贵州社会科学，2017 (8)：103 - 109.

② Kazuo Ueda. Deleveraging and Monetary Policy：Japan Since the 1990s and the United States Since 2007 [J]. Journal of Economic Perspectives，2012，26（3）：177 - 201.

增加了金融机构的负债。1994 年的外汇管理体制改革，取消外汇留成、上缴和额度管理制度，对境内机构主体经常项目下的外汇收支实行商业银行结售汇制度，并形成了结售汇制度下由外汇占款决定基础货币供给量的机制。随着我国经济对外开放程度的快速提高，国际贸易的经常项目和资本项目持续出现双顺差，人民银行出于防止输入型通货膨胀等方面的考虑，采用提高法定存款准备金率等方式限制银行业金融机构的信用创造能力，也有助于稳定杠杆率。2014 年以来，受人民币贬值，资本外流等因素影响，外汇占款从 2014 年 5 月底的 27.3 万亿元下降至 2017 年 12 月底的 21.48 万亿元，降幅达 21.32%。在此过程中，人民银行基础货币供给方式从外汇占款调整为通过公开市场逆回购、SLF、MLF、抵押补充贷款（PSL）等来实现。外汇占款反倒成为基础货币的回笼方式，银行业金融机构也更加依赖人民银行的公开市场流动性调节。[①]

基础货币供给方式的调整导致金融机构杠杆率提高。依靠外汇占款增加基础货币供给时，人民银行通过购买外汇资产增加基础货币供给，并没有增加银行业金融机构的负债，而银行业金融机构通过人民银行的逆回购、SLF、MLF、PSL 获得基础货币，则增加了银行业金融机构对人民银行的负债规模。MLF 的期末余额从 2014 年 9 月底的 5000 亿元增加至 2017 年 12 月底的 45215 亿元，增长 8.04 倍。PSL 期末余额从 2015 年 5 月底的 6459 亿元增加至 2017 年 12 月底的 26876 亿元，增加 3.16 倍。随着 MLF、PSL 规模的增加，银行业的负债规模开始增加，对人民银行的负债占比从 2008 年 1 月底的 1.12% 增加至 2017 年 12 月底的 4.22%。虽然人民银行基础货币供给方式调整增加的是银行业金融机构的负债，但考虑到资产与负债之间的映射关系，银行业作为负债经营的行业，其资产规模增加主要依靠负债增加来维持，在负债增加后也会积极主动地配置资产以增加收益，因而在此过程中也会提高银行业金融机构的杠杆率。[②]

基础货币供给方式调整也导致金融产品杠杆率提高。在基础货币供给

---

① 余向荣，梁红. 中国货币政策框架转型的未尽之路 [EB/OL]. http：//news. hexun. com/2017 – 03 –17/188535870. html，2017 – 03 – 17.

② 娄飞鹏. 金融与非金融去杠杆 [J]. 金融理论探索，2017 (5)：20 – 26.

方式调整的过程中，金融机构利用不同金融市场的利差，通过金融产品质押融资的方式来推动金融产品加杠杆。自 2016 年 2 月起，人民银行将公开市场操作调整为每个工作日开展，并且公开市场逆回购、SLF、MLF 的利率固定在同一水平。在发现债券收益率和人民银行基础货币供给利率之间存在利差后，金融机构便利用从人民银行获得的资金进行债券投资。融资成本和债券投资收益间的利差虽然较小但相对稳定，金融机构为扩大收益，便把已投资的债券质押融资，并利用融来的资金扩大债券投资规模，从而获得更多的收益。总体流程是：金融机构利用自营资金或者从人民银行获得的资金投资债券，之后再把债券质押给人民银行或者在银行间市场质押融资，质押融入的资金再次用于债券投资，从而获得更多的收益。在银行间市场质押融资多为短期融资，而债券投资的期限相对较长，为解决短久期负债和长久期资产之间的期限错配问题，金融机构便通过不断滚动质押融资保障负债端资金流，降低融资成本，以获得更高的收益。① 就这一轮债券市场加杠杆的情况看，从 2014 年 1 月至 2016 年 8 月债券加杠杆的顶峰时期，银行间市场债券 1 天期、7 天期质押式回购成交额分别从8.36 万亿元、1.72 万亿元增加至 52.26 万亿元、6.43 万亿元，增幅分别为 525.12%、273.83%，14 天期及更长期限债券质押式回购月成交额增速则不及债券总市值增幅，反映了债券市场期限错配的程度。

金融机构之所以能够利用不同金融市场的利差，通过金融产品质押融资的方式来推动金融产品加杠杆，其原因在于国内利率传导机制不畅，存在跨市场套利的空间。从政策方面看，国内已经基本实现了利率市场化，但利率市场分割、碎片化情况仍然存在，利率管理机制不完善，不同金融市场间的利率传导机制不够通畅。银行间市场拆借利率、债券市场回购利率不能有效传导，存在跨金融市场套利的空间。在利用不同市场上的利差进行套利时，利差相对较小但利差相对稳定，这意味着套利的投资规模越大总收益就越大。这样一来，金融机构便纷纷加杠杆增加投资总量，从而追求更多的收益。金融机构利用人民银行的低成本资金进行债券投资，并

① 娄飞鹏. 金融领域高杠杆的深层次成因与去杠杆建议 [J]. 西南金融, 2017 (6)：22 - 28.

把债券质押融资再投资债券从而实现加杠杆就是这种情况。^① 非银行金融机构为增大收益,在货币市场拆借资金套利加杠杆也是如此。^②

六、金融同业业务快速发展^③

银行和银行同业、非银行金融机构开展金融同业合作,资金在金融领域循环空转加杠杆。金融业通过配置资金资源服务实体经济,理论上看信用衍生应主要发生在金融和实体经济间,并在数据上体现为 GDP 增速与货币乘数同向变动。^④ 然而,近几年来,随着实体经济投资回报率的下降,民营企业加杠杆投资热情降低,金融机构为规避监管,获取监管套利,通过业务创新让资金在金融领域循环空转,信用衍生较多地出现在金融机构之间,并且在这个过程中因为存在刚性兑付问题,为了保障收益而不断地加杠杆投资,导致非银行金融机构杠杆率提高。

2014 年以来,商业银行大规模发展同业存单主动增加负债,之后再配置同业存单、同业理财,或者开展委外投资,提高了金融机构的杠杆率。2013 年 12 月,人民银行允许银行业再次发行同业存单,以丰富商业银行的流动性管理手段。同业存单更加标准化,流动性更好,利率也更低,在商业银行会计处理时记为应付债券等科目,不纳入银行同业负债考核,无须缴纳存款准备金,成为商业银行特别是中小型商业银行主动加杠杆的主要方式。这是由于大型商业银行机构覆盖面较广存款来源丰富,而且在人民银行基础货币供给方式调整后易于从人民银行获得流动性支持,通过同业存单主动负债的积极性不是很高,中小型商业银行存在机构覆盖

---

① 娄飞鹏. 金融领域高杠杆的深层次成因与去杠杆建议 [J]. 西南金融, 2017 (6): 22-28.

② 郭磊. 同业存单撬动结构性杠杆: 从何而来、向何处去? [EB/OL]. http://business. sohu. com/20170329/n485419021. shtml, 2017-03-29.

③ 本节主要参考: 娄飞鹏. 金融领域高杠杆的深层次成因与去杠杆建议 [J]. 西南金融, 2017 (6): 22-28. 娄飞鹏. 金融与非金融去杠杆 [J]. 金融理论探索, 2017 (5): 20-26.

④ 李奇霖. 如何看待金融去杠杆 [J]. 银行家, 2017 (8): 92-94.

面小，吸储能力不足等问题，利用同业存单主动增加负债的动机较强。根据上海清算所的统计数据，同业存单托管量从 2013 年底的 340 亿元增加至 2017 年底的 80050.8 亿元，增加了 234.44 倍。2017 年 12 月，在当月的同业存单发行量中，国有商业银行的占比为 0.68%，股份制商业银行的占比为 47.48%，城市行业银行和农村商业银行等银行机构的占比为 51.84%。

商业银行在发行同业理财的方式获得资金后，委托非银行金融机构开展投资也就是委外投资，并且在这其中大量投资同业存单。商业银行委外投资一般是约定固定收益，证券公司、信托公司、基金公司、资产管理公司等非银行金融机构的资金成本较高，为了保障能够兑现商业银行的收益并为自己谋取更高的收益，往往进行加杠杆、加久期、提高风险偏好等方式的非标投资，金融杠杆由此在各类金融机构之间形成。[①] 在大量发行同业存单的过程中，甚至存在通过自发自购、同业存单互换等方式进行同业理财投资、委外投资、债券市场投资的情况，以达到期限错配、延长资金链条、资金空转套利的目的。在这方面，拉长资金链条的金融加杠杆资金最后会流入实体经济，但通道的存在导致层层套利进而引发杠杆比较高。循环投资的金融加杠杆，在循环投资环节纯粹是金融杠杆，资金在金融体系内部空转。根据《中国银行业理财市场年度报告（2016 年）》的数据，2015 年初银行同业理财占理财总额的比例不足 4%，而到 2016 年底则达到 20.62%，绝对额 5.99 万亿元，净增达 5.43 万亿元。同期股份制商业银行应收款项类资产占总资产的比例明显增加，[②] 这类资产主要是商业银行投资理财产品、信托受益权和资产管理计划等形成的资产。

除了前述的同业存单和同业理财外，借助银行承兑汇票、信贷等业务，银行业金融机构与非银行业金融机构合作，金融机构与非金融机构合作，实现资金在金融领域循环空转，并在此过程中不断地增加杠杆。这方

---

① 杨荣．银行资金四大空转模式解析及预测 [EB/OL]．http：//mt.sohu.com/20170123/n479382024.shtml，2017 - 01 - 23.

② 姜超．金融去杠杆走向何方——从信用扩张和货币政策看债市 [EB/OL]．http：//wall-streetcn.com/node/288308，2017 - 02 - 07.

面直接表现为：第一，在银行业资产快速增长的情况下，银行对非银行金融机构的债权占总资产的比例从 2008 年底的 1.94% 增加至 2017 年底的 11.24%；第二，在近几年国内 GDP 增速趋缓的情况下，基础货币乘数从 2008 年 3 月的 4.06 增加至 2017 年 9 月的 5.41，增幅达 33.25%；第三，M_2 年同比增长率 2009 年接近 30%，之后开始下降，但 2016 年仍高达 11.3%，高于 GDP 增长率 2.9 个百分点。上述做法导致的直接结果是，资金从银行机构流向非银行金融机构，非银行金融机构杠杆率提高。

金融机构高杠杆的形成表面看是因为金融机构利用同业存单和同业理财进行套利，其背后则是稳健发展理念并没有得到有效坚持，金融机构转型发展不到位。一方面，稳健发展理念未有效坚持，追求短期业绩。金融业只有稳健经营才能基业长青，这种稳健发展的理念已经成为共识，也为国内外卓越的金融机构的发展历程所证实。然而，由于风险爆发往往具有滞后性，而收益则在当期体现。在实际经营过程中，金融机构往往很难平衡短期利益和长期利益，并且易于为了短期利益而忽视长期危害，不能很好地坚持稳健经营的发展理念。在金融加杠杆的过程中，最典型的是商业银行通过信托公司、证券公司、资产管理机构为商业银行的客户提供资金支持。虽然中间经过了几个机构合作，但最终仍然是为商业银行的客户提供贷款支持，资金也是来自商业银行。借助通道机构最后贷款支持的一般是不符合宏观调控政策、信贷政策和金融监管政策的客户，存在较大的风险。金融机构之所以这么做，主要是为了规避金融监管，追求高收益而淡化对风险的关注。另一方面，金融机构转型发展不到位，规模偏好明显。以银行业为例，虽然面对外部宏观经济形势的变化，目前有较大的转型发展压力，需要从经营存量向追求流量转变，从资金中介向资本中介转变。[①] 但因为其收入结构中的利差收入占比仍然较高，并且在利差固定的情况下扩大规模是增加收益的有效方式，直接决定了金融机构仍然存在较强的规模偏好，希望做大规模以获得更多的利润。[②] 我国利率市场化改革

---

① 刘秋万. 新技术时代银行的转型发展 [J]. 中国金融，2015 (5)：51-53.

② 娄飞鹏. 经济和科技视角下商业银行如何转型 [J]. 当代金融家，2017 (7)：82-84.

过程中，利差在一定阶段会有所收窄导致银行为了维持既定的收入而扩大规模。在金融机构杠杆中，中小型商业银行大规模发行同业存单就是佐证。中小型商业银行机构覆盖面较低，吸收存款能力不足，便以发行同业存单的方式从大型商业银行获得资金，以此来扩大可投资资金规模。而中小型商业银行投资能力又相对较弱，在同业理财和同业存单之间存在利差的情况下，便大规模投资同业理财或者委外投资。这些仍然是赚取利差收益。其增大收益的有效方式是加杠杆扩大投资规模，从而导致金融杠杆较高。与此同时，保险公司、资产管理公司等金融机构面对利率中枢下降以及资产端收益下降，也采用放大杠杆率的方式扩大资本收益。①

---

① 林采宜．"去杠杆"是主旋律 [J]．中国房地产，2017 (5)：8.

第八章
杠杆率及其快速提高的危害

从国际经验看，杠杆率快速提高是经济运行风险积累的重要标志，也是金融危机的重要导火索，① 金融危机发生前都不同程度地存在杠杆率较高并且迅速攀升的情况②。国际货币基金组织（IMF）研究认为，亚洲新兴经济体国家的信贷繁荣约有 70% 以危机结束，债务率高速增长是金融危机的先导指标之一。③ 金融部门与非金融部门相互联系、相互影响，两者的高杠杆率间有密切的联系。风险会在金融部门与非金融部门间相互传导、相互强化，甚至是交叉感染，从而增加高杠杆率的危害。④ 金融部门高杠杆特别是资金在金融领域空转引发的高杠杆率降低了其对非金融部门的有效支持，不利于非金融部门的健康持续发展。虽然目前国内高杠杆率还不至于引发金融危机，⑤ 但是对非金融部门、金融部门、货币政策和金融监管都有直接或者间接的危害。

一、对非金融部门的危害

高杠杆率和杠杆率快速提高对非金融部门有全面系统的危害，具体包括拉低经济增长速度、制约消费规模扩大、不利于去产能和经济转型升级、导致资金使用效率下降、加剧融资难和融资贵、提高金融危机发生的概率。

一是高杠杆率及杠杆率快速增长拉低经济增长速度。从杠杆率的绝对

① 张斌等．这份报告详细为你评估当下的中国经济风险［EB/OL］．http：//finance．sina．com．cn/wm/2017 - 04 - 26/doc - ifyetxec6599795．shtml，2017 - 04 - 26．

② 卞永祖．"去杠杆"事关经济健康发展全局［EB/OL］．http：//business．sohu．com/20170314/n483335202．shtml，2017 - 03 - 14．

③ 孟蓼筠．基于微观视角的非金融企业"去杠杆"问题研究［J］．金融理论与实践，2016（8）：110 - 113．

④ 娄飞鹏．金融与非金融去杠杆［J］．金融理论探索，2017（5）：20 - 26．

⑤ 李扬．杠杆率和不良率攀升如何在刀刃上平衡？［EB/OL］．http：//www．imi．org．cn/viewpoint/26621，2017 - 05 - 02．

水平看，杠杆率与经济增长之间存在"倒 U 形"关系，[①] 在达到临界值之前，杠杆率提高会拉动经济更快增长，而超过临界点之后则对经济增长的拉动作用降低甚至不利于经济增长。有研究表明，实体部门的债务与 GDP 的比例超过 100% 之后，不仅产出增长波动会加大，而且金融深化对产出增长的边际贡献将也会由正转负。[②] 长期中债务率与通货膨胀之间具有负相关关系，高债务率可能会引起通货紧缩。[③] 根据经济增长理论，适度的通货膨胀有利于刺激经济增长，而通货紧缩则不利于经济增长，正是从这个角度看，以高债务率为代表的高杠杆率不利于经济增长。整体杠杆率较高，也会引发资产价格泡沫，不利于经济稳定，对经济增长有较大的负面影响。不仅非金融企业，政府部门杠杆率较高也会影响经济增长。利用44 个国家在 200 年中 3700 个样本数据的研究表明，中央政府债务与 GDP 的比值约在 90% 的国家，其经济增长率的中位数比其他国家低约 1%，平均增长率低几个百分点，无论是发达国家还是新兴经济体国家都是如此。[④]

从杠杆率的增长速度看，对包括我国在内的 41 个经济体所做的计量研究发现，一国非金融部门的杠杆率年均增长率由 5% 提升至 10%，将导致年均经济增长率下降约 0.4 个百分点。[⑤] 随着非金融企业债务规模的扩大，其财务管理费用具体为利息支出就会增高，也将增加企业的经营成本并降低其经营活力，导致企业对经济波动的敏感性以及抗风险能力降低。

① 徐忠. 降杠杆并非利率越低越好 [EB/OL]. http：//news. hexun. com/2017 – 10 – 31/191454747. html，2017 – 10 – 31.

② Jean – Louis Arcand, Enrico Berkes, Ugo Panizza. Too Much Finance? [R]. IMF Working Paper, WP/12/161, 2012. William Easterly, Roumeen Islam, Joseph E. Stiglitz. Shaken and Stirred：Explaining Growth Volatility [R]. Annual Bank Conference on Development Economics, World Bank, 2000.

③ 伍戈. 去杠杆与结构性改革结合才能"脱虚向实" [N]. 21 世纪经济报道, 2017 – 12 – 20.

④ Carmen M. Reinhart, Kenneth S. Rogoff. Growth in a Time of Debt [J]. American Economic Review, 2010, 100 (2)：573 – 578. 对于这一经验结论，也有研究指出：样本选择和权重处理方法存在误差，债务与 GDP 比例大于 90% 的国家，实际平均 GDP 增长率是 2.2%，而不是原结论中的 – 0.1%。详见 Thomas Herndon, Michael Ash, Robert Pollin. Does High Public Debt Consistently Stifle Economic Growth? A Critique of Reinhart and Rogoff [J]. Cambridge Journal of Economics, 2014, 38 (2)：257 – 279.

⑤ 徐忠. 国企治理问题和财政软约束是杠杆率飙升的核心原因 [EB/OL]. http：//finance. sina. com. cn/wm/2017 – 04 – 30/doc – ifyetstt3995796. shtml, 2017 – 04 – 30.

若融资过程中企业间有联保或互保情况，担保链个别环节出问题就会引起连锁反应，从而对实体经济健康发展形成较大的负面影响。①

二是高杠杆率不利于消费在经济发展中发挥基础性作用。我国居民部门的高杠杆主要是贷款购置房地产，且加杠杆存在明显的结构性特点，其负面影响更大。近年来房价单边持续上涨，加杠杆配置房地产的居民财产性收入大幅度增加，而没有加杠杆购置房地产的居民则无法有效获得财产性收入，导致贫富差距扩大。富裕群体的消费性支出进一步提高的潜力不大，贫困群体提高消费水平缺少收入支持，都不利于扩大消费总量。更进一步看，因为居民部门加杠杆主要是配置房地产，高杠杆率家庭虽然在房价快速上涨的情况下财富水平快速提高，但流动性较低限制了其消费能力提升。低杠杆家庭则因为没有足够的消费能力，也无法有效扩大消费，更谈不上消费升级。总之，不论如何，居民部门加杠杆购置房地产都不利于消费扩大和消费升级，从需求方面对经济转型升级造成负面影响。2016年底，我国城镇化率为57.35%，世界主要发达国家城镇化率普遍在80%以上。城镇化率提高过程中，居民购买房产是加杠杆的主要促成因素之一，因而后续我国居民部门还有继续加杠杆的可能，② 这意味着其造成的危害还将继续存在。不仅如此，如果居民部门高杠杆引发金融危机，就如同美国在2008年国际金融危机之前的情况，危机的发生也会对消费产生较大的负面影响。2008年国际金融危机时，美国、英国家庭部门的杠杆率依次为97.9%、92.8%，其消费下降幅度依次为3.9%、3.2%；而德国、法国家庭部门的杠杆率依次为61.1%、46.5%，其消费下降幅度仅分别为1.5%、2%。③

三是高杠杆率不利于去产能和经济转型升级。非金融企业高杠杆率的结构性特点意味着信贷资金投放不均匀。在我国实体经济发展动能转换过程中，金融创新没有及时根据实体经济的变化调整方向，大量信贷资金借

① 娄飞鹏. 金融与非金融去杠杆 [J]. 金融理论探索，2017（5）：20－26.
② 伍戈. 去杠杆与结构性改革结合才能"脱虚向实"[N]. 21世纪经济报道，2017－12－20.
③ 姜超，梁中华，李金柳，宋潇. 有没有一种模式，居民杠杆一直飙？[EB/OL]. https://wallstreetcn.com/articles/3042341，2017－11－21.

助非银行金融机构的通道违规流向地方政府融资平台公司等国有企业、产能过剩行业，占用了大量的信贷资源，导致这些行业的高杠杆问题进一步凸显，挤压了其他领域的信贷资金需求，成为银行不良贷款率提高的一个诱发因素。① 从实际情况看，一方面，国有企业因为有政府信用背书，房产土地抵押物充足等提高了银行对其提供信贷的积极性，并且国有企业自身有扩大规模的冲动，信贷需求较强，供求综合作用导致信贷资金投放规模和占比相对较高，增加了其经营成本，加大了其还款压力，一旦还款能力出现问题势必增加金融机构的风险。另一方面，2008 年国际金融危机之后，四万亿元经济刺激计划主要投向基础设施建设领域，带动银行信贷资金大量投向钢铁、水泥、煤炭等行业，导致产能过剩问题突出。如果不及时有针对性地压降杠杆率，资金继续投向产能过剩行业，去产能的推进将更加困难，经济转型升级的阻力也更大。②

四是杠杆率快速提高导致资金使用效率下降。高杠杆率对经济效率有着明显的影响。③ 资金在不同部门以及在非金融企业内部存在结构性错配，债务未形成有效投资，进一步拉低了资金使用效率。④ 杠杆率较高决定了非金融企业的收入中用于偿还债务的财务费用较高，从而挤压其可用于扩大生产的资金总量，压缩非金融企业的利润，最终体现为资金利用效率下降。在资金总量既定的情况下，国有企业的高杠杆率意味着其占用了较多的资金资源，而国有企业的低效率导致其资金利用效率不高，同时也增加了民营企业资金获取的难度，进而导致整个社会资金使用效率降低。资金是经济发展的一个重要因素，资金不能被合理配置，影响其利用效率，也拉低其对经济发展的贡献。⑤

如果以新增社会融资规模、新增本外币贷款分别除以新增 GDP 来衡量边际杠杆率，也就是衡量资金使用效率，则 2010 年以来我国的边际杠

---

① 娄飞鹏. 资金循环流转视角的去杠杆思路 [J]. 浙江金融，2017（7）：22 – 30.

② 娄飞鹏. 金融与非金融去杠杆 [J]. 金融理论探索，2017（5）：20 – 26.

③ Anil K. Kashyap, Jeremy C. Stein, David W. Wilcox. Monetary Policy and Credit Conditions: Evidence from the Composition of External Finance [J]. American Economic Review, 1993, 83（1）：78 – 98.

④ 冯明. 宏观债务管理的政策框架及其结构性去杠杆 [J]. 改革，2016（7）：104 – 114.

⑤ 娄飞鹏. 资金循环流转视角的去杠杆思路 [J]. 浙江金融，2017（7）：22 – 30.

杆率大幅度提高，也就意味着资金使用效率在下降。具体见图 8 - 1。考虑到 2008 年第四季度开始的四万亿元经济刺激计划及其后续影响导致 2009 年和 2010 年的边际杠杆率较高这一非常规因素，利用 2011～2016 年的数据分析发现，以信贷/GDP 的存量杠杆率从 181.1% 上升至 255.1%，增幅为 40.86%；而以新增社会融资规模衡量的边际杠杆率从 168.2% 上升至 326.45%，增幅为 94.09%；以新增本外币贷款衡量的边际杠杆率从 105.45% 上升至 217.73%，增幅为 106.47%。边际杠杆率上升幅度远高于存量杠杆率上升幅度，也说明资金投放的扩张速度大于 GDP 产出的增长速度，从而说明资金使用效率下降。

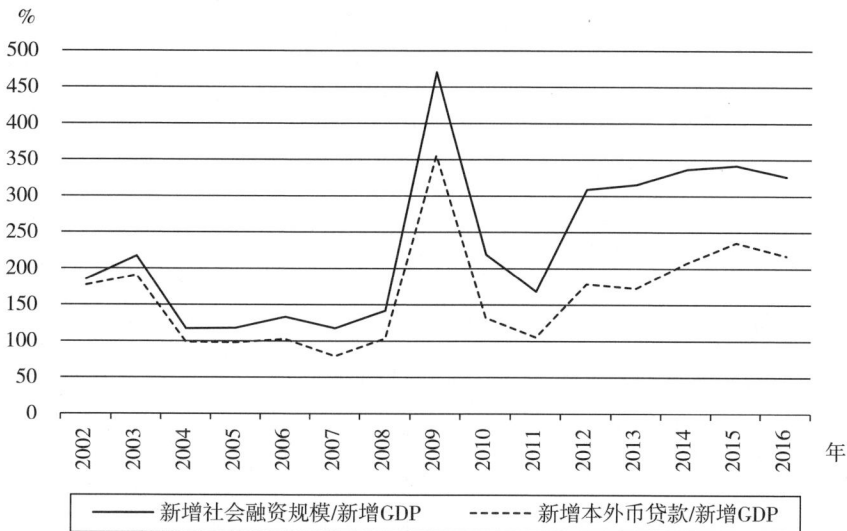

资料来源：根据中国人民银行、Wind 统计数据整理绘制。

图 8 - 1　非金融部门的边际杠杆率

五是高杠杆率会提高非金融部门的融资成本和融资难度。金融加速器理论表明，银行监督企业的交易成本与融资溢价间呈正相关关系，而融资溢价与杠杆率之间呈正相关关系，即杠杆率越高，银行贷款所要求的利率越高，以此来抵销企业可能的违约损失。[①] 在我国金融部门和非金融部门

---

① 中国金融论坛课题组. 杠杆率结构、水平和金融稳定：理论与经验 [R]. 中国人民银行工作论文，2017.

杠杆率都快速提高，并且资金脱实向虚问题突出的情况下，非金融部门融资难、融资贵问题更加突出。银行业为了规避监管，降低资本占用，开展金融同业合作，利用通道机构为非金融部门提供融资支持，延长了资金链条，也会直接增加非金融部门的融资成本。既然金融机构加杠杆进行金融产品投资可以获得较高的收益，而支持实体经济的收益较低，金融机构理性的选择自然是加大金融产品投资，减少对实体经济的支持。在资金总量有限的情况下，金融领域保有较多的资金，就意味着实体经济领域可获得的资金量较少。实体经济发展，特别是在目前条件下资本在实体经济发展中的作用愈加突出，资本不足也制约了实体经济的发展潜力有效发挥。① 实体经济发展潜力无法有效发掘会影响其偿债能力，又会进一步降低金融机构融资支持实体企业的意愿，加剧融资难问题。非金融企业越来越高的融资成本与逐步下降的盈利能力同期出现，势必埋下更多的风险隐患。

六是杠杆率快速增长会提高金融经济危机发生的概率。除了收入分配差距过大是危机的前兆外，② 信贷扩张在资产泡沫形成和金融危机形成中也有着重要的作用③。杠杆率较高意味着非金融部门的负债较多，影响其生产能力和支出水平，④ 当非金融部门面对高负债出现偿债能力不足时，就会爆发系统性风险。2013 年 3 月，野村证券在《中国正在升起的金融风险报告》中提出 "5 - 30 规则"，即发生危机之前的 5 年，信贷与 GDP 的比例一般都要上升 30% 以上。1985 ~ 1989 年的日本、1993 ~ 1997 年的泰国和马来西亚、1995 ~ 1999 年和 2003 ~ 2007 年的美国、⑤ 2006 ~ 2010 年的欧洲都满足 "5 - 30 规则" 从而陷入危机⑥。我国非金融部门、非金融企业高杠杆率具有明显的结构性特点，其实质就是资金等金融资源在配

① 娄飞鹏. 金融领域高杠杆的深层次成因与去杠杆建议 [J]. 西南金融，2017 (6)：22 - 28.

② 刘鹤. 两次全球大危机的比较 [J]. 管理世界，2013 (3)：1 - 7.

③ Mathias Drehmann, Mikael Juselius. Evaluating Early Warning Indicators of Banking Crises [R]. BIS Working Paper, No. 421, 2013.

④ Zhang Xiaojing, Chang Xin. Deleveraging：Data, Risks and Countermeasures [J]. China Economist, 2017, 12 (1)：2 - 37.

⑤ 李迅雷. 日美去杠杆对中国的借鉴 [J]. 新金融，2017 (6)：4 - 8.

⑥ 陈志龙. 良药苦口的 "5 - 30" 魔咒 [N]. 国际金融报，2013 - 03 - 22.

置时存在错配，资金过度集中于某些领域并在这些领域形成较大的风险点，加大了系统性风险发生的概率。①

二、对金融部门的危害

银行业等金融业也是负债经营的主体，合理的金融杠杆有助于更好地利用既定规模的资金加速资金周转，提高资金利用效率，增强对实体经济的服务能力，但过高的金融杠杆则有较多的风险隐患，增加系统性金融风险管理的难度，也让整个金融系统更加脆弱。② 高杠杆对金融部门的危害具体表现在增加期限错配风险、收益错配风险、流动性风险以及加大金融系统的脆弱性。

一是杠杆率较高增加期限错配风险。期限错配本身就带来利率风险和流动性风险，是金融部门高杠杆的核心风险点。③ 从资金特点看，短期资金主要是用于加杠杆，中长期资金则更多具有负债属性。④ 各类参与主体借助金融杠杆谋取高收益的过程中，往往采用短久期滚动负债，投资长久期资产，低风险负债配置高风险资产，以降低负债成本并提高资产收益。⑤ 特别是商业银行发行同业存单，募集资金购买同业理财，再进行委外投资，非银行金融机构投资非标资产，整个过程不仅实现了从表内转到表外而且久期逐步提高，⑥ 资金以短博长特点尤为突出。2017 年第一季度，同业存单发行出现量价齐升的情况，主要原因就在于投资资产的久期

① 张方波. 当前稳步推进金融去杠杆的战略考量 [J]. 中国发展观察, 2017 (14)：12 – 14.
② 娄飞鹏. 金融领域高杠杆的深层次成因与去杠杆建议 [J]. 西南金融, 2017 (6)：22 – 28.
③ 王剑. 银行同业业务去杠杆 [J]. 中国金融, 2017 (11)：51 – 53.
④ 李奇霖, 钟林楠. 同业存单 "量缩价飙" 下的负债荒现实 [EB/OL]. https：//wall-streetcn. com/articles/309720, 2017 – 06 – 09.
⑤ 娄飞鹏. 金融领域高杠杆的深层次成因与去杠杆建议 [J]. 西南金融, 2017 (6)：22 – 28.
⑥ 孔祥, 何帆. 金融去杠杆去到哪儿了？ [EB/OL]. http：//mt. sohu. com/business/d20170329/130945516_499106. shtml, 2017 – 03 – 29.

长，在其未到期而负债到期的情况下，只有再度发行同业存单融资维系资产端的投资。[①] 在同业资产配置中买入返售类资产占比较大，而买入返售中贴现票据和信托受益权占比较大，这些资产久期较长，流动性较低，也容易导致同业的资产与负债间出现期限错配。银行业理财产品也是如此，中国银行业协会的统计数据表明，2017 年 9 月，期限在一年期及以下的理财产品发行数量占比为 98.23%，6 个月及以下期限的理财产品发行数量占比为 81.31%，偿付期限短期化的特点明显，但理财产品募集的资金所投资基础资产的期限一般在一年以上，期限错配特点也很突出。这种情况要求短久期的负债要能够持续滚动，否则投资资金来源将难以为继，从而引发风险。

二是杠杆率较高增加收益错配的风险。金融杠杆在资产管理领域较多，并且杠杆率较高。在刚性兑付仍未被有效打破，并且客户对资金收益率要求越来越高的情况下，负债的成本较高并且相对固定，需要投资端能够有较高的收益才能覆盖负债成本。对此，金融机构的选择是更多的加杠杆以扩大投资规模，或者提高风险偏好并投资更多的高风险资产，以保障预期收益的规模可以覆盖成本，在实现刚性兑付的同时让自身更多的获益。另外，金融机构之间合作，如商业银行与证券公司、信托公司两方或者三方合作将表内资产转移到表外，从而达到增加杠杆并规避监管的目的，层层嵌套意味着层层收益，隐藏的风险也比较大。[②]

三是杠杆率较高增加流动性风险。从长期而言，单纯依靠加杠杆可以有效获利，会诱发金融机构安于现状，创新动力不足，转型发展积极性降低，甚至一些金融机构主动提高风险偏好，为短期收益而承担长期风险，不利于行业的健康持续发展。金融机构的同业存单套利链条中，商业银行之间互相配置同业理财和同业存单，以及商业银行委托非银行金融机构开展委外投资时，除了利用期限错配赚取期限利差外，也普遍存在层层加杠杆扩大投资规模以增加总收益的情况，从而引起部分领域资产泡沫问题突

① 杨毅. 同业存单"量价齐升"引发市场多方关注 [N]. 金融时报，2017 – 03 – 24.
② 娄飞鹏. 金融领域高杠杆的深层次成因与去杠杆建议 [J]. 西南金融，2017 (6)：22 – 28.

出，杠杆率居高不下，增加流动性错配，导致流动性风险增加。① 更有甚者，在"同业存单—同业理财—委外投资"的金融加杠杆链条中，委外资金再次配置同业存单，形成资金空转链条，这种资金链更加脆弱。同业负债作为利率市场化背景下银行主动负债的新形式，较被动负债更为灵活，但其明显的顺周期效应也使其具有稳定性偏弱、资金链条偏长等风险特征。部分股份制商业银行同业资产负债增速较快，以及同业资产占总资产的比重非常高，背后是充裕的流动性支持，可以提供可持续的资金供给。若市场流动性不足，资金链断裂，易于诱发流动性风险。②

四是杠杆率较高增加金融系统的脆弱性。实体经济部门债务飙升往往是银行危机的前奏，并且公共债务迅速上升与主权债务危机密切相关。③ 金融同业业务多以同业信用担保，一旦整个链条中某个环节发生问题就会牵涉多家金融机构，也会增加金融系统内部的不稳定性。④ 银行通过"同业存单—同业理财—委外投资"，加强了银行业内部和银行业与非银行金融机构之间的联系。也就是说，金融加杠杆的过程中，普遍存在产品层层嵌套，金融机构间合作的情况，信用风险、期限错配风险、流动性风险交织感染，链条化的特点突出，为个别环节风险爆发后迅速扩散至整个金融行业提供了便利，不利于整个金融行业的风险管理。⑤ 在加杠杆的过程中，银行业内部资金拆借，为非银行金融机构和实体经济加杠杆提供了大量的资金，资金链条问题更加突出。在理财业务发展以及对非银行金融机构的融资支持中，计提经济资本的权重较低或者没有计提，然而其资金最终有一部分会流向实体经济领域，这本来是需要按照更高的权重计提经济资本的，没有计提或少量计提的结果是在事实上增加了银行的杠杆率，降

---

① 娄飞鹏. 金融去杠杆视角的同业存单发展与监管分析 [J]. 金融发展研究, 2017 (7)：59 - 64.

② 娄飞鹏. 金融与非金融去杠杆 [J]. 金融理论探索, 2017 (5)：20 - 26.

③ Carmen M. Reinhart, Kenneth S. Rogoff. From Financial Crash to Debt Crisis [J]. American Economic Review, 2011, 101 (5)：1676 - 1706.

④ 娄飞鹏. 金融与非金融去杠杆 [J]. 金融理论探索, 2017 (5)：20 - 26.

⑤ 娄飞鹏. 金融领域高杠杆的深层次成因与去杠杆建议 [J]. 西南金融, 2017 (6)：22 - 28.

低了资本充足率，从而导致银行业抗风险能力较差。[①] 在国内资产价格进入下行通道后，也需要金融机构计提更多的资产减值准备，否则资产减值超过安全线将危及金融稳定。[②] 这些都可能引发金融机构的治理出现问题，从而引发危机。美国次贷危机发生时，次级贷款的规模总计为6500亿美元，但却发生了危机，其最根本的原因就在于金融机构的治理有问题并且杠杆率过高。[③]

另外，BIS 的"信用—GDP 缺口"统计数据表明，我国在 2008 年国际金融危机之后"信用—GDP 缺口"明显快速提高，这说明金融部门的信用扩张远远超过了实体经济的需要。虽然这种情况的出现可能是经济增长更为强劲，也可能是潜在的金融风险在快速上升，但从 BIS 的角度看，这是比较好的银行业风险预警指标。根据 BIS 建议的标准，偏离幅度在一个标准差以内说明杠杆率增长正常，杠杆率增长长期大幅度高于趋势水平则意味着杠杆率水平较高。[④] 如果从这个角度理解，则意味着我国的金融行业面临较大的风险。[⑤] 我国的"信用—GDP 缺口"在 2016 年第一季度末达到最高值 28.8%，之后也出现了较快的下降，2017 年第二季度末为 18.9%，大致相当于 2013 年底的水平。具体见图 8-2。即便如此，与 2017 年第二季度末英国 -19%、欧元区 -10.6%、印度 -8.8%、美国 -7.4%、俄罗斯 -3.5%、墨西哥 6.4%、日本 6.8% 的"信用—GDP 缺口"相比，我国的"信用—GDP 缺口"仍然明显偏高，其潜在问题需要引起重视。

---

① 邱冠华，王剑，张宇．金融去杠杆到底是什么？［EB/OL］．大金所微信公众号，2017-05-08.

② 符林．去杠杆的逻辑与策略［J］．中国金融，2017（13）：82-83.

③ 徐忠．中国现阶段去杠杆需要有序的市场出清［J］．社会科学报，2017-06-15.

④ 陆晓明．美国经济去杠杆化的进程、效果、经验教训及对中国的启示［J］．国际金融，2017（2）：29-39.

⑤ 曾刚．供给侧改革需有序去杠杆［J］．中国金融，2017（4）：21-23.

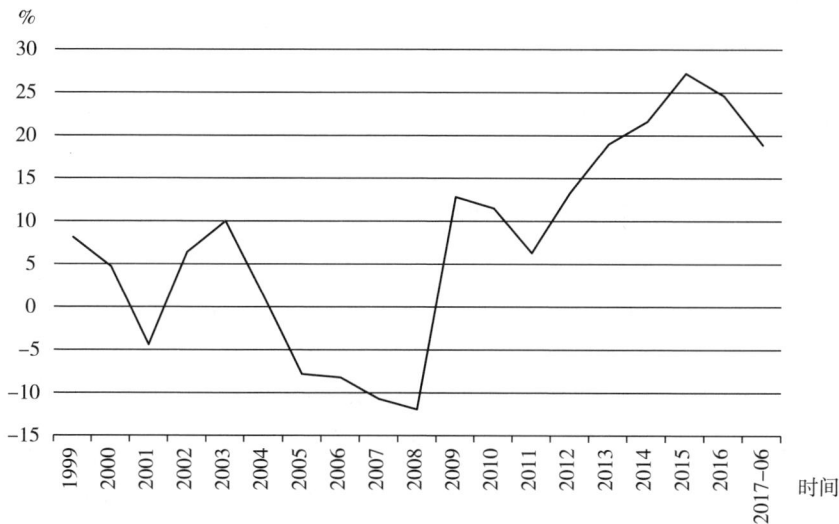

资料来源：根据 BIS 统计数据整理绘制。

图 8-2　"信用—GDP 缺口"

三、对货币政策与金融监管的危害

高杠杆率以及杠杆率快速增长不仅对非金融部门和金融部门有危害，也会对货币政策和金融监管造成不良影响，制约政策有效决策，并降低政策效果。最典型的可以归为两个方面：一方面是高杠杆率易于引发货币政策对宏观经济调控的传导不畅，调控精准度降低；另一方面是高杠杆率易于导致金融监管无法有效识别风险，降低了监管的有效性。

一是高杠杆率易于引发货币政策对宏观经济调控的传导不畅，调控精准度降低。杠杆率对货币政策传导有着重要的影响。[①] 在我国的货币政策中，货币供应量仍然是货币政策调控的中介目标，而这其中 M_2 的代表性

---

① Ben S. Bernanke, Mark Gertler. Inside the Black Box: The Credit Channel of Monetary Policy Transmission [J]. Journal of Economic Perspectives, 1995, 9 (4): 27-48.

更强。受统计标准等多种因素的影响，目前银行业对非银行金融机构的负债并没有全部计入 M_2。1996 年 M_2 成为货币政策中介目标后，虽然已经历 4 次调整优化，并且从 2011 年 10 月起，人民银行将非存款类金融机构在存款类金融机构的存款纳入 M_2 统计范围。① 但是，2011 年 10 月至 2017 年 12 月，计入 M_2 的银行业对其他金融性公司负债占银行业对其他金融性公司负债总额的比例均值为 94.04%，存在较大的计入偏差。也就是说，在 M_2 统计中，未全面涵盖银行间、银行与非银行金融机构间的借贷，而目前该领域规模较大，不纳入统计易导致低估货币总量，从而不利于货币总量调节，影响货币政策的宏观经济调控成效。同时，在现行金融管理制度下，金融机构发行同业存单融入的资金不需要缴纳存款准备金，理论上货币乘数为无限大，从而放大了商业银行的货币创造能力，而通过商业银行与非银行金融机构合作创造的货币又未计入 M_2，造成统计上的 M_2 和实际的货币供应量之间存在误差。人民银行在开展货币政策调控宏观经济时，货币供给量是重要的中介目标，中介目标 M_2 对实际货币供应量反映得不准确，决定了其也无法为货币政策决策提供科学的依据，从而不利于货币政策的调控。②

更有甚者，人民银行的货币调控政策被金融机构滥用并出现与调控目标完全相反的情况。金融机构作为独立的经济主体，为了追求自身利益，会充分利用政策的漏洞来实现自身利益最大化，甚至造成政策调控效果与预期目标相反。最典型的例子是，人民银行推出 MLF，调整基础货币供给方式的初衷是通过调节金融机构的融资成本，引导其向符合国家政策导向的实体经济提供低成本资金，降低实体经济的融资成本。然而，人民银行释放的部分资金却被商业银行用于同业存单的套利，甚至形成"同业存单—同业理财—同业存单"的封闭空转链条。③ 同时，2016 年上半年，金融机构利用从人民银行固定低成本的融资加杠杆再投资债券，也引起债券

① 娄飞鹏. M_2 与社会融资规模比较及货币政策中介目标选择 [J]. 甘肃金融, 2017 (7)：48 – 52.
② 娄飞鹏. 金融领域高杠杆的深层次成因与去杠杆建议 [J]. 西南金融, 2017 (6)：22 – 28.
③ 娄飞鹏. 金融去杠杆视角的同业存单发展与监管分析 [J]. 金融发展研究, 2017 (7)：59 – 64.

市场资产泡沫快速膨胀。

二是高杠杆率易于导致金融监管无法有效识别风险，降低了金融监管的有效性。一方面是金融监管难以全面穿透底层资产，发现金融机构经营中的风险。IMF 的相关报告也认为，中国的金融系统越来越复杂，交叉性传染的风险上升，且透明度不足。[1] 金融机构以业务嵌套、延长资金链条的方式不断增加杠杆率，增加了交易模式管理和全面了解底层资产的难度，不仅金融机构自身无法有效识别风险，也增加了金融监管的难度。按照现行的金融监管规定，金融机构加杠杆的主要工具同业存单没有纳入同业负债，不需要缴纳存款准备金，不受金融监管的问题暂且不论，即使是受到金融监管的领域，因为金融同业业务有较多的业务嵌套，委外投资资金链条较长，投资标的种类较多，无视金融监管规定进行资金池操作的情况仍然存在，也导致金融监管很难有效识别底层资产的真实情况，风险自然难以及时发现并预先采取相应的管理措施。[2] 另一方面是金融监管指标无法有效反映真实情况。银行业等金融部门加杠杆主要依赖金融同业业务，而同业存款不需要缴纳存款准备金，所要求的经济资本的计提比例也低于贷款，这些都直接降低了对资本监管的有效性，无法通过监管指标客观反映金融机构的实际情况，潜在风险也难以发现。另外，地方政府融资平台公司等作为信用中介从银行获得贷款，但其并不是贷款的最终使用主体，也让金融监管部门难以有效监控资金流向。

根据 BIS 的统计数据，2007 年以前，我国非国内银行机构为非金融企业和家庭部门加杠杆提供的信贷资金占比不足 10%，2008 年之后则快速增加，2017 年 6 月底，非国内银行为非金融企业和家庭部门加杠杆提供的资金占比达到 25.12%。由于我国外资银行占比小，非国内银行的主体可以大体视为非银行金融机构，其不吸收存款，为实体经济提供信贷支持的资金来源主要是银行业。这也说明，在此过程中资金在银行业和非银行金融机构之间的流转较多，同样加强了银行业与非银行金融机构之间的联

① IMF. Global Financial Stability Report [R]. Washington, DC, 2017: 24 – 25.

② 娄飞鹏. 金融领域高杠杆的深层次成因与去杠杆建议 [J]. 西南金融, 2017 (6): 22 – 28.

系。资金链条延长不仅导致资金脱实向虚，增加了实体经济的融资成本，而且让金融机构之间的链条联系更加密切，金融机构的脆弱性更加突出，各种链条关系以及风险也难以有效穿透识别，自然不利于事先采取有效的风险管理措施，导致风险极易爆发并且在金融机构间扩散蔓延。①

---

① 娄飞鹏. 资金循环流转视角的去杠杆思路 [J]. 浙江金融，2017（7）：22 – 30.

第九章
去杠杆的国外做法与启示

加杠杆具有明显的周期性特点，也需要周期性地去杠杆。1930 年以来，全球去杠杆的案例有 40 多个，欧洲、美国、日本等发达国家和地区都经历过去杠杆，而且同一个国家也有在不同时期多次去杠杆的经历，其中有成功的经验，也有失败的教训。[①] 目前我国非金融企业杠杆率接近美国次贷危机、日本经济泡沫破灭时期的水平，[②] 家庭部门杠杆率高增长也类似于美国次贷危机之前家庭部门加杠杆的情况。日本在 1990 年经济泡沫破灭后进入去杠杆阶段已经持续 20 多年，但至今仍然难言其去杠杆取得了成功。美国在 2008 年国际金融危机之后及时开始去杠杆，虽然其是 2008 年国际金融危机的发源地，但得益于成功去杠杆，其经济在发达国家中率先实现复苏。这其中的经验教训对我国极具启示意义。

一、美国去杠杆的做法与启示

2008 年国际金融危机之后，美国开启了新一轮的去杠杆过程。在非金融部门，主要是通过政府部门加杠杆来转移非金融企业和家庭部门的杠杆，从而保持非金融部门杠杆率总体稳定进而下降。以银行业为代表的金融部门资产规模扩张速度大幅度减缓。通过及时有效地去杠杆，美国经济在发达国家中率先实现复苏，去杠杆的成效较为明显。

（一）美国去杠杆的背景

第二次世界大战以来，美国的杠杆率都处于相对较高的水平，政府部门杠杆率更多地呈现周期性特点，家庭部门、非金融企业和金融部门的杠杆率在 2008 年国际金融危机之前都经历了较大幅度的快速上升。[③] 1952 年以来，政府部门杠杆率大体经历了两轮周期。1952～1993 年为第一轮周期，杠杆率从 1952 年底的 67.7% 波动下降至 1981 年底的 34%，再波动

① 张世翔，汪道峰. 去杠杆的国际经验借鉴与启示 [J]. 银行家，2017（9）：103-104.
② 伍戈. 去杠杆与结构性改革结合才能"脱虚向实"[N]. 21 世纪经济报道，2017-12-20.
③ 杨金梅. 美国经济去杠杆化及其对我国的影响 [J]. 新金融，2009（4）：19-23.

上升至 1993 年底的 69.8%。第二轮周期中，政府部门杠杆率先波动下降至 2011 年底的 51.1%，之后上升至 2012 年底的 102.6%，并维持 100% 左右的杠杆率至今。家庭部门杠杆率从 1952 年底的 26% 波动上升至 2007 年底的 97.9%，1952～1964 年杠杆率上升较快，1965～1976 年杠杆率波动下降，在此之后家庭部门杠杆率又步入上升周期并且在 2000～2007 年经历了快速上升，从 69.9% 上升至 97.9%，之后进入下降阶段。非金融企业杠杆率从 1952 年底的 30.6% 上升至 1988 年底的 64.9%，这段时期基本处于较快上升时期。从 1989 年开始，非金融企业杠杆率大体呈现较大幅度的波动且缓慢上升的态势。具体见图 9-1。总体来看，在 2008 年国际金融危机之前，美国非金融部门杠杆率都有较明显的上升，尤其是家庭部门杠杆率上升最快，从 2000 年底的 69.9% 快速上升至 2007 年底的 97.9%，升幅达到 40.06%，同期政府部门和非金融企业杠杆率也呈现上升的趋势，导致非金融部门杠杆率总体快速上升，从而引发金融危机。

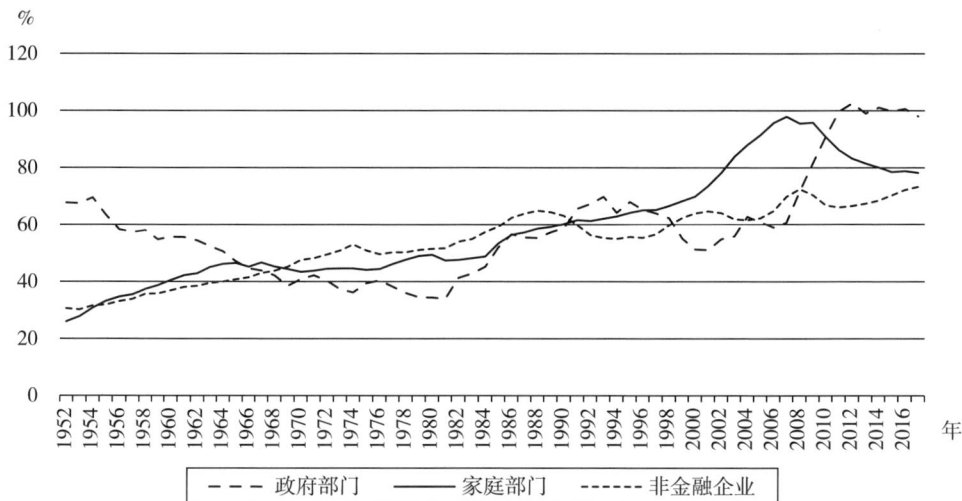

资料来源：根据 BIS 统计数据整理绘制。

图 9-1　美国非金融部门杠杆率

1973 年以来，以商业银行为代表的美国金融业也经历了较快的加杠杆。从绝对额看，美国银行业总资产从 1973 年底的 7925.54 亿美元上升至 2016 年底的 160696.95 亿美元，除了 2008 年国际金融危机之后的 2009

年、2010 年商业银行资产总额有所下降外，其余年份资产总额都在稳步
上升，尤其是 2000～2007 年杠杆率上升势头迅猛。从增长率看，美国银
行业总资产增长率在 1974～1992 年总体呈现波动下降趋势，而 1993～
2007 年总体呈现波动上升趋势，2000～2007 年增长率在相对高位波动，
2008 年国际金融危机至 2016 年总资产增长率走势又进入下降阶段。具体
见图 9 - 2。金融机构的杠杆率从 2001 年的 13.3 倍上升至 2008 年的 23.6
倍，高盛 2007 年的财务杠杆率为 26.2 倍，雷曼兄弟在破产前杠杆率高达
37 倍。①

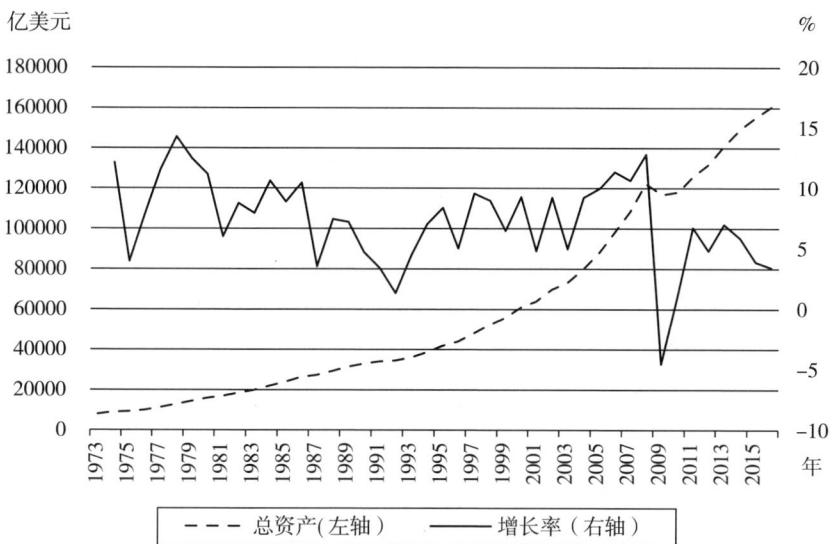

资料来源：根据美联储、Wind 统计数据整理绘制。

图 9 - 2　美国银行业总资产及增长率

　　总之，美国在 2008 年国际金融危机之前，杠杆率不断飙升。其背后
的原因主要包括：第一，金融监管的放松，金融机构和评级机构风险偏好
增强，金融创新过度，持续宽松的按揭贷款让贷款资金大量流向信用较差
的低收入群体，同时引起金融机构杠杆率提高。第二，房地产价格快速攀
升，存在较大的资产价格泡沫，市场形成房地产价格持续上涨的预期，进

①　李迅雷. 日美去杠杆对中国的借鉴［J］. 新金融，2017（6）：4 - 8.

一步推动了住房按揭贷款等信贷规模的扩大，家庭部门杠杆率在 2000 ~ 2007 年提高 28 个百分点，并带动整体非金融部门杠杆率提高。① 第三，布什政府的减税和增加政府开支的政策，导致财政赤字扩大，政府为维持开支而增加负债，引起政府部门杠杆率提高。② 第四，2008 年国际金融危机之前，美联储实施了持续的加息政策，联邦基金目标利率从 2001 年初的 1.75% 持续上升至 2006 年 6 月底的 5.25%，利率提高也在一定程度上助推了非金融部门杠杆率上升。

（二）美国去杠杆的具体做法

美国在 2008 年国际金融危机发生后，及时从货币政策、监管政策、财政政策等方面采取了有效的去杠杆政策措施。

一是货币政策方面，美联储实施了量化宽松（QE）货币政策，具体的措施包括：第一，快速的降息。联邦基金目标利率从 2006 年 6 月底的 5.25% 迅速降至 2008 年的 0.25%，此后维持在这一水平一直持续到 2015 年底加息。第二，实施 QE。美联储在 2008 年、2010 年和 2012 年先后推出三轮 QE，购买美国国债、房地美和房利美债、抵押贷款支持债券（MBS）。③ 在购买国债方面，第二轮 QE 累计购买 6000 亿美元，第三轮 QE 期间每月购买 450 亿美元。④ 在购买 MBS 方面，第一轮 QE 期间美联储购买 12500 亿美元，第三轮 QE 期间美联储每月购买 400 亿美元。⑤ 第三，通过结构性货币政策向各类金融机构和经济主体提供流动性。⑥ 具体见表 9 - 1。这些结构性货币政策工具的使用在美联储的资产负债表中也有所体现，其在 2008 年之后专门新增 4 个资产科目，即持有贝尔斯登（Maiden Lane）投资组合净额，持有美国国际集团（AIG）住房抵押贷款

① 李迅雷. 日美去杠杆对中国的借鉴 [J]. 新金融，2017（6）：4 - 8.
② 曲凤杰. 美国经济去杠杆化的成效及影响 [J]. 宏观经济管理，2014（9）：80 - 83.
③ 王永利. 记账清算与货币金融 [EB/OL]. 全球共享金融 100 人论坛微信公众号，2017 - 05 - 24.
④ 姜超，梁中华，李金柳. 三次加息后，缩表还远吗？——美联储缩表进度和影响分析 [EB/OL]. http：//money. 163. com/17/0413/04/CHSITC4K002580S6. html，2017 - 04 - 13.
⑤ 姜超，梁中华，李金柳. 三次加息后，缩表还远吗？——美联储缩表进度和影响分析 [EB/OL]. http：//money. 163. com/17/0413/04/CHSITC4K002580S6. html，2017 - 04 - 13.
⑥ 李迅雷. 日美去杠杆对中国的借鉴 [J]. 新金融，2017（6）：4 - 8.

支持债券（RMBS）（Maiden Lane II）投资组合净额，持有 AIG 相关债务担保凭证（CDO）（Maiden Lane III）投资组合净额，持有定期资产支持证券贷款工具有限责任公司（TALF LLC）投资组合净额。① 这些都是美联储为应对金融危机，拯救贝尔斯登和 AIG 而采取的非常规货币政策形成的非常规资产，并且 2012 年之后陆续到期，其目的是向市场提供流动性。

表 9 - 1　　　　　　美联储去杠杆的创新型结构性货币政策工具

使用时间	名称	对象	要素
2007 年 12 月至 2010 年 3 月	贴现窗口计划（Term Discount Window Program）	达到贴现窗口信贷要求的存款类金融机构	将传统贴现窗口的贷款期限由隔夜或几周延长至 90 天
	短期招标工具（TAF）		美联储事先公布拍卖总金额、最低报价利率和报价金额等拍卖参数；存款类金融机构通过集中单一价格拍卖获得资金，确定固定利率。期限分为 28 天、84 天，抵押品范围和贴现窗口要求一致。临时出现流动性困难的存款类金融机构可以以竞标方式从美联储获得贷款
2008 年 3 月至 2010 年 2 月	一级交易商信贷工具（PDCF）	一级交易商	一级交易商获得了与存款类金融机构同样进入贴现窗口的权利，其通过清算银行向纽约联邦储备银行提出申请，清算银行根据其抵押品计算所能获得的贷款数额。抵押品范围有所扩大，除适用于公开市场操作的合格抵押品外，还包括投资级公司债券、市政债券和资产支持债券。利率为纽约联邦储备银行再贴现率，期限为隔夜
	定期证券借贷工具（TSLF）		美联储事先公布拍卖国债的平价，一级交易商以其债券为抵押，通过拍卖的方式融得国债后通过销售国债获得资金。抵押品与一级交易商信贷工具相同，期限为 28 天。允许一级交易商以其债券作为抵押拆入国债在公开市场出售，提高了国债和其他抵押债券的流动性

① 娄飞鹏. 中美央行资产负债结构分析与建议——基于美联储缩表与人民银行政策选择的视角[J]. 金融理论与教学，2017（6）：5 - 11.

续表

使用时间	名称	对象	要素
2008 年 9 月至 2010 年 2 月	资产支持商业票据货币市场共同基金流动性工具（AM-LF）	货币市场投资者	存款类金融机构、银行控股公司或外国银行分支机构以资产支持商业票据为抵押品，以再贴现率从美联储融资，用于向面临投资者赎回压力的货币市场共同基金购买资产支持商业票据。存款机构借款期限不超过 120 天，非存款机构借款期限不超过 270 天
2008 年 10 月至 2009 年 10 月	货币市场投资者融资工具（MMIFF）		美联储设立 5 家特殊目的公司，并向投资者购买特定货币市场工具（存单、银行券、高评级金融机构商业票据），同时授权纽约联邦储备银行为特殊目的公司提供高级担保金。美联储全部融资额最高不超过 5400 亿美元
2008 年 10 月至 2010 年 2 月	商业票据融资工具（CPFF）	特定企业和法人	美联储针对企业开设的短期融资窗口。纽约联邦储备银行设立特殊目的公司并向其融资，特殊目的公司直接通过一级交易商购买票据发行人发行的 3 个月期无担保或资产支持商业票据，用持有票据到期的收益和其他资产偿还纽联储贷款。利率为 3 个月隔夜指数掉期利率加固定利差（100 个基点至 300 个基点）
2009 年 3 月至 2010 年 6 月	定期资产支持证券信贷工具（TALF）		纽约联邦储备银行为持有合格的资产证券化产品的美国企业和投资基金提供 2000 亿美元无追索权抵押贷款，期限在 1 年以上。财政部从 7000 亿美元问题资产救助计划中出资 200 亿美元提供担保

资料来源：美联储官方网站；张晓宇，李建伟，郭光锐. 美国去杠杆的实践及启示［J］. 华北金融，2016（12）：22－26.

二是财政政策方面，财政部扩大财政赤字，以提高政府部门杠杆率的方式来转移家庭部门和非金融企业杠杆。2008 年底至 2017 年 6 月底，政府部门杠杆率从 71.7% 提升至 98%，家庭部门杠杆率从 95.5% 下降至 78.2%。非金融企业杠杆率也在 2008～2012 年有明显下降。其具体的举措主要是大幅度提高财政预算赤字，实施大规模的经济刺激计划。2008

去杠杆研究

年 10 月，美国国会通过《紧急经济稳定法》，决定出台问题资产救助计划（TARP），通过 9 个子计划向金融机构、投资问题资产、普通购房者、汽车产业 4 个领域进行救助。美国政府也采取了投资优先股的方式向金融机构注资。① 2009 年 2 月 13 日，美国国会通过《美国复苏与再投资法案》，提出一揽子经济刺激复苏方案，2009～2019 年预算赤字 7872 亿美元，用于削减个人和企业税收，扩大失业救济以及健康医疗、教育科研、交通运输、城市发展等领域的投资，刺激经济增长。2009 年，美国政府预算赤字达 1.41 万亿美元，占 GDP 的比重上升至 9.8% 的最高水平。美国也加快推动结构性改革，实施再工业化战略促进制造业回流。② 政府也积极采取以增长导向的减税政策，如允许企业冲销固定年度的资本性投资，对中小企业实施税收减免、投资优惠、雇佣奖励等。

三是金融监管方面，美国政府通过立法加强影子银行监管，联邦存款保险公司（FDIC）也积极帮助企业解困。通过出售或转移出现问题的金融机构的资产或债务，或者就金融机构的合同进行重新谈判，以及处理金融衍生产品投资等途径，防止金融机构的资产负债状况进一步恶化。FDIC 也将处置对象从濒临破产的金融机构扩大到受危机影响严重、经营压力较大的金融机构。FDIC 通过积极对收购问题贷款的投资基金进行担保，以及出台临时流动性担保计划，致力于解冻信贷市场、清理银行体系资产负债表、协助处置高风险大型复杂金融机构等。③ 2009 年，美国国会授权政府对陷入困境的金融机构有权决定托管或接管，以及进行有效和有序的重组。2010 年，美国推出《多德—弗兰克法案》，扩大美联储及监管机构的权限，限制银行自营交易，监管衍生品市场等。④

（三）美国去杠杆的成效

美国在 2008 年国际金融危机发生后及时启动去杠杆措施，取得了明

---

① 周琼，韩军伟. 欧美银行业去杠杆路径 [J]. 中国金融，2017（11）：57-59.

② 朱尔茜. 杠杆转移与结构改革：美国去杠杆的经验与启示 [J]. 求索，2017（3）：141-146.

③ 李迅雷. 日美去杠杆对中国的借鉴 [J]. 新金融，2017（6）：4-8.

④ 王爱俭，孙强. 银行业去杠杆应防范发生系统性风险 [J]. 西南民族大学学报（人文社会科学版），2017（10）：127-134.

显的成效，具体体现在杠杆率变化和宏观经济增长两个方面。

一方面，从杠杆率变化看，非金融部门杠杆率增长速度明显下降，家庭部门杠杆率大幅度下降，非金融企业杠杆率波动小幅上升，政府部门杠杆率快速上升。金融部门杠杆率也得到有效控制。就非金融部门的情况看，整体的杠杆率增幅从 2000～2007 年的 23.32% 下降至 2008 年底至 2017 年 6 月底的 4.09%。在 2012 年杠杆率达到 252.4% 的峰值后，总体呈现波动并略有下降的态势。在非金融部门内部，家庭部门杠杆率从 2008 年底的 95.5% 下降至 2017 年 6 月底的 78.2%，降幅为 18.12%，尤其是 2010～2014 年下降最为明显，非金融企业杠杆率在 66%～74% 窄幅波动，2008～2011 年略有下降，2012 年至 2017 年 6 月小幅上升。政府部门杠杆率从 2008 年底的 71.7% 快速上升至 2012 年底的 102.6%，之后在 100% 上下小幅波动。就金融部门的情况看，2008 年 8 月底至 2017 年 9 月底，虽然美联储总资产增长 3.89 倍，但以商业银行为代表的美国金融机构总资产仅增长 0.5 倍，[①] 增长速度也显著低于金融危机之前。

另一方面，从宏观经济增长看，美国宏观经济也因为有效的去杠杆而获益。美国经济在 2009 年中就领先其他国家开始进入复苏进程，[②] 2010～2016 年美国年均 GDP 增长率达到 3.69%，消费者价格指数（CPI）也在趋于稳定，2015 年以来美国的失业率持续低于自然失业率 5%。在宏观经济形势稳定向好的情况下，货币政策也退出 QE 并努力实现正常化，2015 年 12 月首次加息标志着美联储进入新一轮的加息通道，2016 年 10 月启动美联储缩表。不论是美国宏观经济形势向好还是货币政策的正常化，都得益于美国在 2008 年国际金融危机之后及时采取有力措施去杠杆。

（四）美国去杠杆的启示

美国在金融危机之后的去杠杆取得了明显成效，虽然 2008 年国际金融危机发源于美国，但美国通过及时高效的去杠杆让经济率先复苏，从这方面看美国的去杠杆是成功的，也具有较好的启示意义。

---

① 娄飞鹏. 美联储缩表的研判与应对［N］. 学习时报，2017－09－22.
② 陆晓明. 美国经济去杠杆化的进程、效果、经验教训及对中国的启示［J］. 国际金融，2017（2）：29－39.

一是根据实际情况及时启动去杠杆计划并在实施过程中灵活调整。2008 年国际金融危机发生后，美国根据形势需要立即启动去杠杆，以货币政策和财政政策的有效组合让私人部门被动去杠杆。美联储利用创新的结构性货币政策工具向市场及时注入流动性，以缓解家庭部门债务削减可能造成的信用紧缩，并在改善融资条件方面发挥了积极作用。财政部也及时以债权和股权投资相结合的方式实施救助计划，对于稳定经济金融秩序发挥了积极作用。结合形势的变化，美联储先后采用三轮 QE，实施非常规货币政策。财政部也根据实际情况调整 TARP，原计划的重点在于收购金融机构问题资产，分别用 4500 亿美元、2500 亿美元收购金融机构问题资产、向金融机构注资。但不良贷款及衍生品的价值难以有效评估，金融机构持续地出现巨额亏损，财政部将实施重点及时调整为向金融机构注资，有效避免了因为资产持续减值而导致金融机构资产负债表恶化。① 根据 IMF 的估计，美国大型商业银行的杠杆率从 2006 年 3 月的 20 倍上升至 2008 年 12 月的 28 倍，之后迅速下降至 2011 年 12 月的 15 倍。②

二是在去杠杆的过程中根据不同部门的情况采用不同的处理方式。在 2008 年国际金融危机之前，美国家庭部门杠杆率快速上升，并且杠杆率较高。鉴于去杠杆的过程其实质就是债务缩减的过程，快速的缩减债务规模将很有可能引发更大的经济金融问题。美国在去杠杆过程中以腾挪的方式增加政府部门杠杆率，为家庭部门去杠杆腾挪空间，从而在去杠杆的过程中不至于引发新的风险，并保障去杠杆的效果。当然，这一做法也不是绝对的，在 2008～2012 年主要是私人部门去杠杆与政府部门加杠杆大力配合，而 2012 年至今则是私人部门加杠杆配合政府部门加杠杆减速。这一做法，美国在第二次世界大战之后的历次去杠杆中都有灵活的运用，③ 其他国家也有类似的做法。瑞典在 1991 年也经历了银行业及经济危机，其通过政府加杠杆成功地推动了金融部门去杠杆。具体做法是，通过资金

---

① 张晓宇，李建伟，郭光锐. 美国去杠杆的实践及启示 [J]. 华北金融，2016 (12)：22 - 26.
② IMF. Global Financial Stability Report [R]. Washington, DC, 2012：26.
③ 陆晓明. 美国经济去杠杆化的进程、效果、经验教训及对中国的启示 [J]. 国际金融，2017 (2)：29 - 39.

注入、债务担保、国有化等方式防止主要银行破产，将每家银行分割为持有正常资产的银行以及持有不良资产的资产管理公司，通过资产管理公司剥离不良资产。① 企业在破产清算的过程中势必导致银行业不良资产增加，但美国及时采用了不良资产购置方案，帮助金融机构修复资产负债表，也是实现杠杆转移的有效方式。这一做法不一定适合于所有国家，但在去杠杆并维护经济金融稳定方面的积极作用不容忽视。美联储也在去杠杆的过程中以 QE 等方式增加自身资产规模，也有助于降低银行业金融机构资产规模扩张的压力，推动金融部门去杠杆。

三是在去杠杆的过程中采用多种措施，部门分工清晰并且协作有效。经历大的金融危机之后，仅仅依靠个别部门去杠杆往往在宏观经济方面会产生较大的负面效果。② 因而，在去杠杆的过程中，美国财政部、美联储、FDIC 等都积极参与其中，既有明确的分工又做好通力协作。③ 财政部的 TARP 主要是为银行机构补充资本金，FDIC 则利用存款保险机制，救助有问题的金融机构并处理破产金融机构，美联储则主要实施降息以及 QE。各家机构在政策制定和实施方面也进行了很好的合作。在采用宽松货币政策推动资本市场增长的同时，对金融机构进行了更加严格的监管，并且及时探索宏观审慎监管。美联储也加大了对美国国债的配置力度，最终形成其资产结构中美国国债尤其是长期美国国债占比大幅度提高并且稳定在较高水平。不同部门政策的协调配合保障了去杠杆的成效，但事后来看其仍然存在一定的优化空间。从后期来看，财政赤字政策过早退出，留下货币政策单独应对去杠杆，也显示出各个部门的政策协调存在一定的不足。

西班牙去杠杆取得明显成效也是综合运用了多种政策。西班牙在2008 年国际金融危机之后也经历了相对较为成功地去杠杆，该国的高杠

① 高瑞东. 发达国家去杠杆启示 [J]. 中国金融, 2016 (10)：94 – 96.

② Kazuo Ueda. Deleveraging and Monetary Policy：Japan Since the 1990s and the United States Since 2007 [J]. Journal of Economic Perspectives, 2012, 26 (3)：177 – 201.

③ 陆晓明. 美国经济去杠杆化的进程、效果、经验教训及对中国的启示 [J]. 国际金融, 2017 (2)：29 – 39.

杆主要集中在房地产和建筑业等非金融企业领域。对此，西班牙也采取了多种政策措施实施了有效的去杠杆，具体包括：第一，西班牙政府对银行业进行改革，将银行与房地产相关的贷款坏账拨备率由7%提高至30%以上。公共部门向银行注资，加强银行业压力测试，促使银行业降低对房地产行业的贷款支持，并推动房地产行业的重组以及资金流向更有效率的企业。第二，西班牙政府以允许房地产价格下跌的方式推动房地产去库存。根据欧盟统计局的数据，西班牙房价指数从2007年底的149.82%持续快速下降至2013年底的95.5%，降幅达到36.26%。第三，西班牙政府对破产法进行修订，让企业在进入破产程序前更易于和银行达成债务减记、延期或者债转股协议，加速企业债务重组。第四，西班牙政府还出台了发展股权融资，鼓励多元化融资的方式，以及降低企业雇佣成本等结构性改革措施。①

四是在金融部门和非金融部门去杠杆之间合理安排先后顺序。去杠杆的过程本质上就是债务调整，更明确地说是债务收缩的过程，而加杠杆负债经营又是企业获得更多利润的一个有效方式。对非金融企业而言，如果融资成本低廉并且容易获得融资支持，将导致其并没有足够的动力主动去杠杆。而如果金融部门优先去杠杆，减少信贷投放等会加大非金融企业加杠杆的难度，则可以促使并带动非金融企业去杠杆，尤其是可以从外部施压让非金融企业进行债务重组以及过剩产能的出清，从而逐步达到去杠杆的目的。同时，与非金融部门相比，金融部门加杠杆、去杠杆都更迅速，优先选择金融部门去杠杆也易于尽快取得成效并增强持续去杠杆的信心。这意味着，在金融部门和非金融部门都面临去杠杆压力的情况下，要优先推动金融部门去杠杆，以此来抑制非金融企业加杠杆的冲动，长期来看也可以降低优质非金融企业的融资成本，并解决金融部门资金自我循环造成资金脱实向虚的问题。② 美国在2008年国际金融危机之后及时启动去杠杆，并且把金融部门去杠杆作为优先任务，最终推动其去杠杆取得较好的成效。

---

① 益言. 从国际经验看中国去杠杆 [J]. 中国金融, 2016 (7)：86-88.

② 符林. 去杠杆的逻辑与策略 [J]. 中国金融, 2017 (13)：82-83.

二、日本去杠杆的做法与启示

1990 年日本经济泡沫破裂，经济硬着陆，从此日本经济进入持续的不景气阶段，也就是所谓"失去的二十年"。但是与美国相比，日本并没有及时采取有效的去杠杆措施，虽然日本后续也采取了多种措施去杠杆，但受制于经济社会发展环境，以及去杠杆顺序选择、具体措施等方面的失误，拖延之后的去杠杆并未有效提振日本经济。

（一）日本去杠杆的背景

20 世纪 60 年代以来，日本的非金融部门杠杆率一直处于高水平。非金融企业、家庭部门杠杆率走势变化基本一致，政府部门杠杆率在 1997 年之后快速提高。与美国非金融企业、家庭部门杠杆率的短周期波动不同，日本这两个部门杠杆率变动更多的是呈现长周期特点。日本家庭部门的杠杆率从 1964 年底的 21% 上升至 1990 年底的 70.6%，1990 年经济泡沫破裂后，家庭部门杠杆率一直稳定在略微超过 70% 的水平并持续至 2000 年，2001 年日本家庭部门杠杆率开始进入下行通道并从 69.6% 下降至 2017 年 6 月底的 57.4%，在 2008 年国际金融危机及其之后的 2009～2010 年经历了小幅的上升。非金融企业杠杆率从 1964 年底的 94.6% 上升至 1993 年底的 148.9%，在 1990 年经济泡沫破裂后仍然上升 3 年，随之进入下降通道并持续下降至 2004 年底的 100.8%，之后就稳定在 100% 左右。总体来看，日本非金融企业的杠杆率在 1981～1993 年处于快速上升期，在 1993～2004 年处于快速下降期，1964～1980 年、1994 年至 2017 年 6 月，虽然杠杆率有波动但总体相对平稳。政府部门的杠杆率从 1997 年底的 91.7% 上升至 2017 年 6 月底的 213.5%，其间除了 2006～2007 年经历短暂下降外，其余年份都呈快速上升趋势。具体见图 9－3。总体来看，日本在 1990 年经济泡沫破裂前也处于快速加杠杆时期，泡沫破裂后并没有及时进入去杠杆阶段，这一点在非金融企业杠杆率变化上的表现更加明显。目前来看，没有采取措施及时去杠杆是导致日本去杠杆成效不佳的一个重要原因。

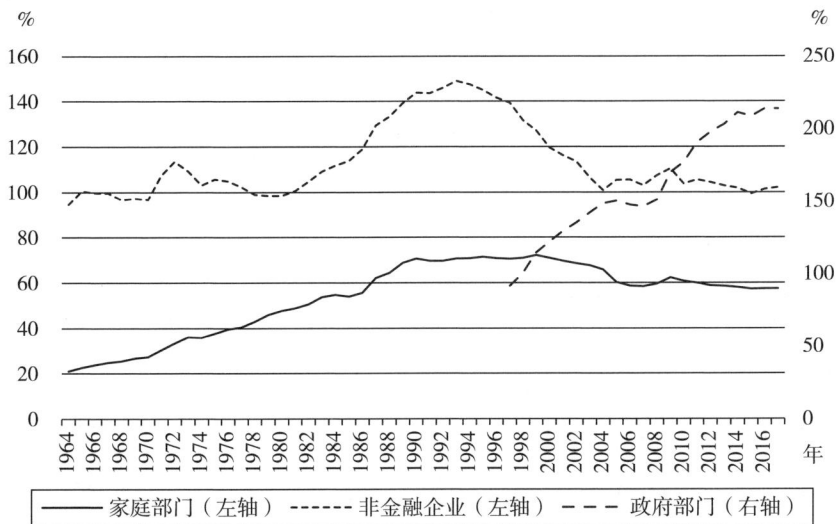

图 9-3 日本非金融部门杠杆率

资料来源：根据 BIS 统计数据整理绘制。

1994 年以来，日本银行业也处于资产规模扩张时期。从绝对额看，日本银行业总资产从 1994 年底的 736.3 万亿日元增加至 2016 年底的 1079.1 万亿日元。从增长率看，日本银行业总资产在 2007 年之前增长速度相对较低，2007 年开始除了 2009 年、2010 年经历短暂波动之外，进入相对较快的增长时期。具体见图 9-4。

20 世纪 80 年代后期，日本政府为了提高通货膨胀率，缓解日元升值压力，持续实施宽松的货币政策，再加上金融监管体制不完善，金融机构在股票市场和房地产市场上投放了大量的流动性，导致金融部门和非金融部门杠杆率高涨。日本银行业存款占银行业总负债的比例从 20 世纪 80 年代初的 63% 下降至 20 世纪 80 年代末的 53%，主动负债的占比则从 17% 上升至 27%。[①] 日经 225 指数从 1980 年初的 6500 点左右上升至 1989 年底

---

① 王爱俭，孙强．银行业去杠杆应防范发生系统性风险 ［J］．西南民族大学学报（人文社会科学版），2017（10）：127-134.

近 39000 点的历史峰值。加杠杆也提高了日本银行业的风险偏好，资金大量流向房地产领域。1985～1990 年，日本银行业对房地产行业的对公贷款和个人贷款合计占比从 17.8% 上升至 27.3%，对金融同业贷款的占比也从 6.9% 上升至 10.4%，而对制造业的贷款则在萎缩。[①] 上述情况最终引发经济泡沫破灭，股票价格和土地价格深度调整，不仅金融市场遭受重创，日本经济也硬着陆并进入"失去的二十年"。

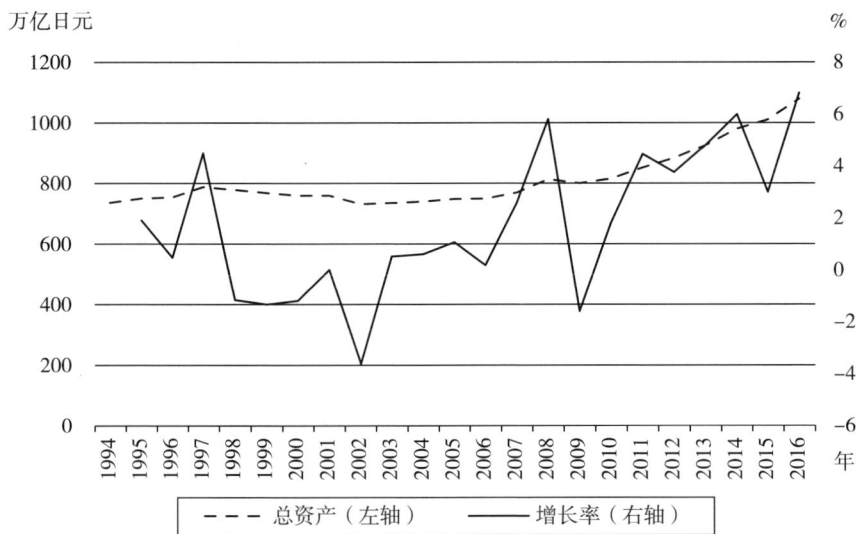

资料来源：根据日本央行、Wind 统计数据整理绘制。

图 9–4　日本银行业总资产及增长率

（二）日本去杠杆的具体做法

在高负债和经济增长乏力的情况下，日本进入了去杠杆的过程。然而，日本在去杠杆的过程中，采取行动较晚，并且措施不够得力，最终导致一直在去杠杆，但市场一直没有出清，去杠杆成效不佳。

一是日本的经济泡沫破灭后，私人部门杠杆率很高，却没有及时采取

---

① 王爱俭，孙强. 银行业去杠杆应防范发生系统性风险 [J]. 西南民族大学学报（人文社会科学版），2017（10）：127－134.

措施去杠杆。^① 1990 年底，日本家庭部门的杠杆率为 70.6%，非金融企业的杠杆率为 143.8%，但泡沫破裂后这种高杠杆率状态一直持续，家庭部门的杠杆率一直平稳小幅波动直到 2002 年开始才有明显下降，非金融企业的杠杆率在经历了 1990~1995 年的上升之后才开始缓慢下降。这说明，当时日本政府和相关部门并没有采取得力措施去杠杆，最起码没有推动杠杆率下降。以至于日本国内投资和消费不景气，股市长期没有复苏，银行贷款不良率高企。虽然后来日本政府采取了以政府加杠杆的方式来压降私人部门杠杆，但难度更大，成本更高，而且成效并不明显。

二是实施积极的财政政策。日本政府也采用积极的财政政策，试图以政府部门加杠杆的方式来降低私人部门的杠杆率。^② 日本政府大量发行国债，并扩大公共投资规模，以财政刺激的方式来推动经济发展和杠杆率下降。但日本政府前期在去产能政策方面的失误导致去杠杆效果不佳。20世纪 70 年代，日本出现一定程度的产能过剩，政府采取扩大公共基础设施投资等方式从需求侧开展财政刺激，导致政府部门杠杆率提升，并且非金融企业预期得到稳定进而延缓了其去杠杆的步伐。^③ 2001 年日本政府工作重点转向供给侧之后，私人部门杠杆率才有明显下降。

三是实施以降息为主的宽松货币政策，但金融改革重组推进迟缓。1991~1995 年，日本央行也下调了官定的贴现利率，短期利率也大幅度下调。然而，由于日本政府未充分重视股票和房地产价格大跌，对银行并未及时推出新的改革措施，没有对银行业进行大规模的资本补充，导致银行业普遍担心一旦贷款被划为坏账将面临资本充足率不达标，并采用在贷款到期后续贷等方式继续向僵尸企业贷款，^④ 最终使银行不良贷款率长期难以有效下降，银行利率被不良贷款侵蚀。日本银行业不良贷款率居高不下，但日本对此却采用拖延、掩盖等方式应对，监管当局对不良贷款的处

---

① 陆晓明. 美国经济去杠杆化的进程、效果、经验教训及对中国的启示 [J]. 国际金融, 2017（2）：29-39.
② 杨金河. 日本去杠杆的得失 [J]. 中国金融, 2017（17）：82-83.
③ 杨金河. 日本去杠杆的得失 [J]. 中国金融, 2017（17）：82-83.
④ 益言. 从国际经验看中国去杠杆 [J]. 中国金融, 2016（7）：86-88.

理也不及时、不坚决，1998 年才出台《金融再生法》明确金融机构的破产处理原则，导致日本银行业风险没有迅速出清。[1] 直至 2001 年日本政府强制要求主要的商业银行加快不良资产处置，才最终有效压降了银行业的不良贷款率，[2] 2004 年开始日本银行业的不良贷款率才低于 3%。这也导致金融部门去杠杆不及时，影响了去杠杆的成效。

（三）日本去杠杆的成效

与美国相比，日本在去杠杆方面相对具有优势。这主要体现在，日本的高杠杆率主要体现为非金融企业杠杆率较高，与美国的家庭部门杠杆率较高相比，日本的高杠杆率主体相对更加集中，并且企业部门杠杆率高调剂空间相对更大，这些决定了日本理应在去杠杆方面取得更好的效果。然而，一方面，日本在经济泡沫破裂后没有及时采取强有力的措施推进去杠杆；另一方面，日本人口老龄化水平较高，财政的养老支出负担较重，限制了政府部门加杠杆的空间，从而导致日本去杠杆的成效整体较差。

从杠杆率的角度看，如前所述家庭部门、非金融企业高杠杆率长期没有得到有效压降，1997 年以来政府部门杠杆率也快速提高，从 1997 年底的 91.7% 上升至 2017 年 6 月底的 213.5%，增幅达到 132.82%。同期，日本非金融部门杠杆率也从 301.5% 上升至 373%，增幅达到 23.71%。如图 9 - 4 所示，以日本银行业为代表的金融部门杠杆率也在上升。这些都说明日本去杠杆的成效不佳。

也正是因为去杠杆成效不佳，日本经济一直增长迟缓，甚至被视为是"失去的二十年"。资产价格下跌，金融不稳定，经济增长停滞不前之间形成了负反馈链条。[3] 日本经济增长停滞不前，1991～2016 年的 26 年中有 8 年 GDP 为负增长，通货膨胀率面临较大的下行压力，并且与日本央行预定 2% 的通货膨胀目标有较大差距。日本的货币政策一直处于宽松状

---

① 王爱俭，孙强. 银行业去杠杆应防范发生系统性风险 [J]. 西南民族大学学报（人文社会科学版），2017（10）：127 - 134.

② 李迅雷. 日美去杠杆对中国的借鉴 [J]. 新金融，2017（6）：4 - 8.

③ Kazuo Ueda. Deleveraging and Monetary Policy: Japan Since the 1990s and the United States Since 2007 [J]. Journal of Economic Perspectives, 2012, 26（3）：177 - 201.

态，其至在 2016 年 2 月实施负利率政策，即将金融机构存放央行的超额准备金利率下调至 −0.1%，① 但仍然没有有效提振经济。

（四）日本去杠杆的启示

日本去杠杆经历了二十多年但仍然难言成功，其中也有较多的教训值得借鉴。

一是日本面对经济泡沫破灭启动去杠杆不及时，贻误了去杠杆的最佳时机，加之去杠杆不彻底导致在后续去杠杆的过程中各项措施实施效果不佳。去杠杆需要及时彻底，通过市场出清来保障去杠杆的效果。2008 年国际金融危机之后，欧元区的金融部门并没有进行大规模的破产重组，去杠杆的幅度较小，远远不如美国彻底，这种情况也决定了欧元区去杠杆的效果不佳，并最终体现在经济复苏进展迟缓，其至中间还发生了欧债危机。② 2009 年底至 2017 年 6 月底，欧元区私人非金融部门杠杆率从 166.5% 略微下降至 161.6%，而本地区银行业为私人非金融部门提供的信贷形成的杠杆率则从 106.3% 大幅度下降至 91%。这意味着，相对于银行部门，欧元区非银行金融机构去杠杆更慢或者在加杠杆。原因与第二章第二至四节的分析雷同，此处不再赘述。这些都说明，去杠杆需要及时行动，并且要彻底去杠杆，但也不可以采用暴力去杠杆的方式。20 世纪 90 年代初，芬兰政府为了降低信贷和货币快速扩张而引发的通货膨胀，迅速收紧货币政策引发实际利率快速上升，加上外部苏联解体打击芬兰的出口，最终导致芬兰经济陷入衰退。③

二是日本在去杠杆的过程中，结合结构化杠杆采取的针对性措施较少。日本的杠杆率主要集中在非金融企业，但其在财政政策去杠杆方面则集中在以扩大公共设施投资的方式刺激经济，针对非金融企业的杠杆率调节措施较少。对于结构性的高杠杆，采用提高经济增长的方式成功去杠杆

---

① 娄飞鹏. 国外央行实施名义负利率政策的原因与利弊分析 [J]. 金融发展研究，2016 (7)：45－51.

② 白泽. 欧元区去杠杆迟缓埋下金融风险 [J]. 中国外汇，2016 (15)：28－30.

③ 高瑞东. 发达国家去杠杆启示 [J]. 中国金融，2016 (10)：94－96.

的是极少数，而且即使成功也都有偶然的外生因素推动。① 1938～1943年，美国的高增长被认为是应对 20 世纪 30 年代大萧条、实现去杠杆的根本驱动力，而这与第二次世界大战期间美国大发战争财有密切关系；1975～1979 年，埃及通过经济高增长的去杠杆，主要是受益于石油危机带来的高油价；2001～2005 年，尼日利亚通过经济高增长去杠杆也是主要受益于原油价格的暴涨。② 日本的刺激政策并没有带来经济高增长，也决定了其采用经济刺激政策难以有效推动去杠杆。日本在经济泡沫破灭之后，技术进步趋于停滞，并面临人口老龄化等问题，固定资产投资回报率不断下降，经济不仅不增长反而在倒退，此时不采取结构性的政策，仅局限于负债端的去杠杆，不能把负债端去杠杆和提高资产端收益率有机结合，自然难以取得理想的效果。③

三是去杠杆并不是孤立的措施，而需要和其他政策措施配合使用。日本国内存在大量僵尸企业，但其在去杠杆的过程中没有和去产能有效结合，从而导致僵尸企业形成的不良贷款拖累了金融部门去杠杆。④ 更严重的是，僵尸企业挤占了大量金融资源，扭曲了整个社会的金融资源配置，延误了结构性改革的时机。由于不良资产的大量积压，优质投资机会长期匮乏，金融机构的信贷传导渠道受阻，最终也影响了货币政策的有效传导。⑤ 再加上日本在去杠杆时先推动非金融企业去杠杆，之后再对金融部门去杠杆，在先后顺序上存在较大的问题，从而也导致其去杠杆效果不佳。日本在去杠杆的过程中也没有及时给银行业注资，不良贷款没有及时暴露，在经济进入停滞阶段后才发现银行不良贷款总额远远超过之前的初步估计，最终在资产价格下降、金融不稳定和经济增长停滞之间形成负向

① Charles Roxburgh, Susan Lund, Tony Wimmer, Eric Amar, Charles Atkins, Ju – Hon Kwek, Richard Dobbs, James Manyika. Debt and Deleveraging: The Global Credit Bubble and its Economic Consequences [R]. The McKinsey Global Institute, 2010.

② 彭文生. 渐行渐近的金融周期 [M]. 北京：中信出版集团，2017：327.

③ 殷剑峰. 去杠杆及债转股的作用 [J]. 中国金融，2016 (19)：18 – 20.

④ 杨金河. 日本去杠杆的得失 [J]. 中国金融，2017 (17)：82 – 83.

⑤ 益言. 从国际经验看中国去杠杆 [J]. 中国金融，2016 (7)：86 – 88.

循环。① 这些因素共同作用，在一定程度上导致日本陷入"失去的二十年"。

四是去杠杆需要充分考虑自身所处的经济社会环境。日本的人口老龄化在全球范围内都处于较高水平，养老支出在财政支出中占有较大比重，直接决定了通过政府部门加杠杆来推动私人部门去杠杆的政策空间较小。加上国内技术进步趋缓，此时政府部门加杠杆负债对于推动资本形成，提高全要素生产率的效果较差，也会削弱经济增长动能。②

① Kazuo Ueda. Deleveraging and Monetary Policy: Japan Since the 1990s and the United States Since 2007 [J]. Journal of Economic Perspectives, 2012, 26 (3): 177 – 201.
② 殷剑峰. 去杠杆及债转股的作用 [J]. 中国金融, 2016 (19): 18 – 20.

第十章
去杠杆的国内实践与进展

2014 年中央经济工作会议提出高杠杆问题，并在 2015 年中央经济工作会议首次提到去杠杆，自此去杠杆就成为我国经济金融领域的一项重要工作。国内在非金融部门去杠杆方面采取了再次实施债转股等多种措施，国务院也专门发文就积极稳妥降低企业杠杆率进行指导。但金融部门去杠杆措施相对更多并且进展更为明显。从 2016 年第三季度中央政治局会议提出抑制资产泡沫后，人民银行采用锁短放长等方式抬高资金价格推动债券市场去杠杆，实施稳健中性实质偏紧的货币政策，各种新型流动性调节工具实现资金供给"削峰填谷"，为去杠杆创造了适宜的流动性环境，也推动"货币政策 + 宏观审慎政策"双支柱调控框架优化实施。银监会、证监会、保监会也根据去杠杆的总体部署加强金融监管。更重要的是 2017 年在国务院成立了金融稳定发展委员会，统筹负责金融稳定工作。通过货币政策和监管政策的综合运用，国内去杠杆取得了较为明显的成效。

一、国内去杠杆的实践

2014 年中央经济工作会议提出："从经济风险积累和化解看，伴随着经济增速下调，各类隐性风险逐步显性化，风险总体可控，但化解以高杠杆和泡沫化为主要特征的各类风险将持续一段时间，必须标本兼治、对症下药，建立健全化解各类风险的体制机制。"[1] 但面对 2015～2016 年的经济下行压力，去杠杆的实施力度并不大，反而是因为房地产市场的火爆导致居民部门在 2015 年以来杠杆率快速提高，金融机构杠杆率也同时提高。[2] 从 2015 年中央经济工作会议首次提到去杠杆开始，去杠杆就成为我国经济金融领域的一项重要工作。相关机构采取了多种措施，全面压降金融部门和非金融部门的杠杆率。

---

① 新华网. 中央经济工作会议在京举行 习近平李克强作重要讲话 [EB/OL]. http://www. ce. cn/xwzx/gnsz/szyw/201412/11/t20141211_4103857. shtml, 2014 – 12 – 11.
② 李迅雷. 去杠杆：这次真的不一样吗 [J]. 新理财, 2017 (6)：20 – 21.

（一）非金融部门去杠杆的实践

一是通过再次实施债转股推动非金融企业去杠杆。2016 年 10 月 10 日，《国务院关于积极稳妥降低企业杠杆率的意见》（国发〔2016〕54号）提出去杠杆的途径包括："积极推进企业兼并重组，完善现代企业制度强化自我约束，多措并举盘活企业存量资产，多方式优化企业债务结构，有序开展市场化银行债权转股权，依法依规实施企业破产，积极发展股权融资。"作为该文的附件，国务院同步下发了《关于市场化银行债权转股权的指导意见》，主要用于指导开展市场化银行债权转股权，以切实降低企业杠杆率，增强经济中长期发展韧性。2017 年总理政府工作报告提出"支持市场化法治化债转股"。这是 1999 年我国针对工行、农行、中行、建行四大国有商业银行的不良贷款实施债转股之后，再次开展债转股工作。但与上一次债转股主要是剥离商业银行不良贷款为主要目的不同，这次债转股主要是为了推动优质非金融企业去杠杆。建行、农行、工行、中行债转股实施机构已先后获银监会批准筹建，并在 2017 年全部开业。通过市场化的债转股，支持有较好发展前景但遇到暂时困难的企业渡过难关，降低非金融企业的杠杆率。通过成立专门的机构并通过其把银行债权转变为对象企业的股权，其目的也是为了防止僵尸企业等实体经济中的风险传导至金融领域，① 减少风险的交叉感染。

二是强化地方政府债务管理推动政府部门去杠杆。除了 2015 年 3 月开始实施地方政府债务置换，降低地方政府杠杆率外，2017 年 4 月 26 日，财政部、发展改革委、司法部、人民银行、银监会、证监会 6 部委联合下发《关于进一步规范地方政府举债融资行为的通知》（财预〔2017〕50号）以规范地方政府举债融资行为。具体措施包括："组织地方政府及其部门融资担保行为摸底排查，2017 年 7 月 31 日前全面改正不规范融资担保行为，对逾期不改正或改正不到位的依法依规追究相关责任人的责任；地方政府不得将公益性资产、储备土地注入融资平台公司，不得承诺将储备土地预期出让收入作为融资平台公司偿债资金来源，金融机构不得要求

---

① 胡继晔. 去杠杆与防范系统性金融风险［N］. 学习时报，2017 - 02 - 24.

或接受地方政府及其所属部门以担保函等任何形式担保；不得以借贷资金出资设立各类投资基金，严禁地方政府利用政府和社会资本合作（PPP）、政府出资的各类投资基金等方式违法违规变相举债，不得以任何方式承诺回购社会资本方的投资本金和最低收益，不得对有限合伙制基金等任何股权投资方式额外附加条款变相举债。"2017 年 5 月 28 日，财政部又下发《关于坚决制止地方以政府购买服务名义违法违规融资的通知》（财预〔2017〕87 号），以规范政府购买服务管理，制止地方政府违法违规举债融资行为。更为重要的是，2017 年召开的第五次全国金融工作会议明确提出："严控地方政府债务增量，终身问责，倒查责任。"

三是加大房地产调控以严格管理居民部门加杠杆。2016 年 12 月召开的中央经济工作会议提出："房子是用来住的，不是用来炒的。"党的十九大报告也重申了这一定位。对于居民部门加杠杆问题，政府也通过严格的限购，提高居民部门房贷利率和申请条件等方式进行了调控管理，以限制居民部门通过贷款加杠杆配置房地产。在对居民中长期贷款严格控制的同时，从 2017 年中开始，面对资金违规进入楼市提高居民部门杠杆率等问题，人民银行、银监会及时严查居民消费贷款，清理整顿现金贷、网络小额贷款，以减少居民部门变相加杠杆配置房地产。

（二）金融部门去杠杆的实践

2016 年第三季度开始实施了金融部门去杠杆，具体做法是先收紧货币政策再强化金融监管，2016 年下半年以人民银行为主，2017 年以来人民银行和监管部门共同发力去杠杆。[①] 更为重要的是，在国务院成立金融稳定发展委员会，统筹协调金融稳定和改革发展重大问题。

1. 货币政策

在货币政策方面，实施稳健中性实质偏紧的货币政策，稳妥推进双支柱调控框架。

一是在货币供应上锁短放长提高资金利率。2016 年 7 月 26 日的中央

---

① 周昆平，许文兵，赵亚蕊. "金融去杠杆"对商业银行的影响及对策 [J]. 中国银行业，2017（10）：55 – 58.

政治局会议首次提出"抑制资产泡沫",2016 年 10 月 28 日的中央政治局会议就货币政策明确提出:"要坚持稳健的货币政策,在保持流动性合理充裕的同时,注重抑制资产泡沫和防范经济金融风险。"在政治局会议首次提出抑制资产泡沫后,人民银行在 2016 年 8 月下旬和 9 月中旬先后增加了 14 天期和 28 天期逆回购品种。① 按照人民银行的解释,采取这一做法的一个主要目的是:"引导金融机构资金融通行为,优化货币市场交易期限结构。2016 年货币市场单日交易量一度跃升超过 4 万亿元,是 2014 年日均交易水平的 4 倍,90% 左右是隔夜品种,短期内交易量迅速膨胀和交易期限超短期化蕴含的风险值得重视。适当拉长资金供应期限,有利于引导商业银行提高流动性管理水平,合理安排资产负债总量和期限结构,防范资产负债期限错配和流动性风险。"② 这一做法实质上起到了引导货币市场利率上升,限制金融机构利用从人民银行低成本融资并在债券市场开展质押式回购的加杠杆行为,其也标志着稳健的货币政策开始转向偏紧。

二是提高流动性管理工具的利率。2016 年 12 月召开的中央经济工作会议,2017 年的总理政府工作报告都提出,2017 年货币政策要保持稳健中性。2017 年 1 月底,人民银行适度上调 MLF 操作利率 10 个基点,6 个月期、1 年期操作利率分别提升至 2.95%、3.1%。2017 年 2 月 3 日,人民银行再次上调逆回购和 SLF 利率,人民银行招标、公开市场业务一级交易商参与投标的 7 天期、14 天期、28 天期逆回购中标利率均上行 10 个基点分别至 2.35%、2.5%、2.65%,隔夜 SLF 利率上调 35 个基点至 3.1%,7 天期、1 个月期 SLF 利率均上调 10 个基点分别至 3.35%、3.7%。③ 2017 年 3 月 16 日,公开市场 7 天期、14 天期、28 天期逆回购中标利率再次上调 10 个基点分别至 2.45%、2.6%、2.75%,6 个月期、1

---

① 中国人民银行货币政策分析小组.2016 年第三季度货币政策执行报告 [R]. http://www.pbc.gov.cn/zhengcehuobisi/125207/125227/125957/index.html,2016 - 11 - 08.

② 中国人民银行货币政策分析小组.2016 年第三季度货币政策执行报告 [R]. http://www.pbc.gov.cn/zhengcehuobisi/125207/125227/125957/index.html,2016 - 11 - 08.

③ 中国人民银行货币政策分析小组.2016 年第四季度货币政策执行报告 [R]. http://www.pbc.gov.cn/zhengcehuobisi/125207/125227/125957/index.html,2017 - 02 - 17.

年期 MLF 操作利率也以相同幅度上调分别至 3. 05% 、3. 2%。2017 年 12 月 14 日，人民银行再次调高了 7 天期、28 天期逆回购中标利率 5 个基点，1 年期 MLF 操作利率提高 5 个基点。人民银行常用的流动性管理工具的利率全面上调，反映出从价格方面收紧货币政策。

三是控制货币信贷总体投放量。人民银行对部分商业银行的放贷规模进行窗口指导以控制信贷放款量，也从数量方面收紧货币政策。2017 年，人民银行在"货币政策操作上采用 MLF、PSL 等工具补充中长期流动性缺口，又合理摆布逆回购、临时流动性便利（TLF）等工具的操作力度、期限搭配、到期时点和开停节奏，'削峰填谷'熨平临时性、季节性因素对流动性的扰动，维护流动性运行平稳、中性适度。"① "10 月下旬启用了 2 个月期的逆回购操作，以期熨平财政因素的季节性扰动，实现更长时段的'削峰填谷'，还可以提前供应跨季、跨年资金，有利于提高资金面稳定性，稳定市场预期。"②

四是稳妥推进双支柱调控框架。在货币政策和宏观审慎政策双支柱调控框架中，宏观审慎政策在去杠杆过程中的作用也在逐步显现。作为双支柱调控框架的重要组成部分的 MPA，2017 年第一季度 MPA 评估时正式将表外理财纳入广义信贷指标范围，以更全面地反映银行体系信用扩张状况。这主要是由于近年来银行表外理财业务增长较快，其投向与表内广义信贷并无太大差异，并在一定程度上存在刚性兑付，未真正实现风险隔离，存在监管套利等问题。③ 为了进一步完善同业存单管理，人民银行也明确了在 2018 年第一季度 MPA 评估时把同业存单纳入同业负债占比指标，以有效控制银行业通过发行同业存单增加主动负债加杠杆的行为。人民银行也明确，将研究探索把绿色信贷纳入 MPA 评估体系，以更好地引

① 中国人民银行货币政策分析小组 . 2017 年第一季度货币政策执行报告 ［R］. http：// www. pbc. gov. cn/zhengcehuobisi/125207/125227/125957/index. html，2017 - 05 - 12.

② 中国人民银行货币政策分析小组 . 2017 年第三季度货币政策执行报告 ［R］. http：// www. pbc. gov. cn/zhengcehuobisi/125207/125227/125957/index. html，2017 - 11 - 17.

③ 中国人民银行货币政策分析小组 . 2017 年第一季度货币政策执行报告 ［R］. http：// www. pbc. gov. cn/zhengcehuobisi/125207/125227/125957/index. html，2017 - 05 - 12.

导信贷资金投向。①

2. 金融监管

在金融监管方面，强化了对理财业务、金融同业业务的监管，推进资产管理业务的统一监管。

一是在银行业监管方面，2017 年 3 月至 4 月，银监会密集出台监管文件，从服务实体经济，完善银行业金融机构公司治理，违法违规创新，业务风险排查，消费者权益保护等方面提出明确的监管要求。具体见表 10 - 1。尤其是《中国银监会办公厅关于开展银行业"违法、违规、违章"行为专项治理工作的通知》（银监办发〔2017〕45 号）、《中国银监会办公厅关于开展银行业"监管套利、空转套利、关联套利"专项治理工作的通知》（银监办发〔2017〕46 号）、《中国银监会办公厅关于开展银行业"不当创新、不当交易、不当激励、不当收费"专项治理工作的通知》（银监办发〔2017〕53 号）3 个文件，也就是被简称为"三违反""三套利""四不当"专项治理的文件，针对银行同业、理财等金融加杠杆的主要业务，详细分析了金融机构的具体操作手法，并设定自查、督查和整改等环节，进行严格监管增加了金融机构加杠杆的难度。2017 年 12 月 22 日，银监会发布《关于规范银信类业务的通知》（银监发〔2017〕55 号），以促进银信类业务健康发展，防范金融风险。2018 年 1 月 5 日，银监会发布《商业银行股权管理暂行办法》（银监会令〔2018〕1 号），以加强商业银行股权管理，规范商业银行股东行为。同日发布《商业银行委托贷款管理办法》（银监发〔2018〕2 号），以规范商业银行委托贷款业务，防范相关金融风险，更好的服务实体经济。

---

① 中国人民银行货币政策分析小组 . 2017 年第三季度货币政策执行报告〔R〕. http: // www. pbc. gov. cn/zhengcehuobisi/125207/125227/125957/index. html，2017 – 11 – 17.

表 10 - 1　　　　　　2017 年 3—4 月银监会监管文件及主要内容

日期	文件名及文号	主要内容
3 月 23 日	《中国银监会办公厅关于开展商业银行"两会一层"风控责任落实情况专项检查的通知》（银监办发〔2017〕43 号）	对商业银行"两会一层"风控责任落实情况进行专项检查
3 月 29 日	《中国银监会办公厅关于开展银行业"违法、违规、违章"行为专项治理工作的通知》（银监办发〔2017〕45 号）	加强银行业的合规管理，对"违反金融法律、违反监管规则、违反内部规章"的行为进行专项治理
3 月 29 日	《中国银监会办公厅关于开展银行业"监管套利、空转套利、关联套利"专项治理工作的通知》（银监办发〔2017〕46 号）	针对当前各银行业金融机构同业业务、投资业务、理财业务等跨市场、跨行业交叉性金融业务中存在的杠杆高、嵌套多、链条长、套利多等问题开展专项治理
4 月 6 日	《中国银监会办公厅关于开展银行业"不当创新、不当交易、不当激励、不当收费"专项治理工作的通知》（银监办发〔2017〕53 号）	按照有利于提升服务实体经济效率、有利于降低金融风险、有利于保护投资者合法权益的原则对银行业的创新业务进行风险排查
4 月 7 日	《中国银监会关于集中开展银行业市场乱象整治工作的通知》（银监发〔2017〕5 号）	对包括股权和对外投资、机构及高管、规章制度、业务、产品、人员行为、行业廉洁风险、监管履职、内外勾结违法、涉及非法金融活动十个方面的问题进行排查整治。关注的风险问题不局限于业务层面，还涉及公司治理和违法乱纪行为
4 月 7 日	《中国银监会关于银行业风险防控工作的指导意见》（银监发〔2017〕6 号）	加强银行业风险防控工作，督促银行业金融机构切实处置一批重点风险点，具体包括信用风险、流动性风险、债券投资、同业业务、银行理财和代销、房地产领域风险、地方政府债务风险、互联网金融风险、其他风险
4 月 7 日	《中国银监会关于提升银行业服务实体经济质效的指导意见》（银监发〔2017〕4 号）	提出指导意见，进一步提高银行业服务实体经济的能力和水平
4 月 10 日	《中国银监会关于切实弥补监管短板提升监管效能的通知》（银监发〔2017〕7 号）	对下一步的监管工作进行部署，并列出后续需要推进落实的监管制度，包含三大类 26 个工作项目

资料来源：根据中国银监会网站等公开渠道相关资料整理。

二是在证券监管方面，2017 年 4 月，证监会召开证券基金行业监管视频会，再次对资金池业务提出限制要求，全面涵盖大集合资金池产品、结构化资金池产品、私募资金池产品，并提出明确的监管要求。2017 年 5 月 19 日，证监会的周五例行发布会上又提出："证券基金经营机构从事资产管理业务应坚持资产管理业务本源，各资产管理人不得从事让渡管理责任的所谓通道业务，并坚持依法、全面、从严监管的理念，对经营管理混乱、合规风控失效、未履职尽责导致出现重大风险或者风险外溢的证券基金经营机构，依法从严问责。"这是证监会首次提出全面禁止通道业务，并强调不得让渡管理责任。2017 年 8 月 31 日，证监会发布《公开募集开放式证券投资基金流动性风险管理规定》（证监会公告〔2017〕12 号），以加强对公开募集开放式证券投资基金流动性风险的管控，进一步规范开放式基金的投资运作活动，完善基金管理人的内部控制，保护投资者的合法权益。在该文件中明确规定："货币市场基金投资于主体信用评级低于AAA 级的机构发行的金融工具占基金资产净值的比例合计不得超过 10%，其中单一机构发行的金融工具占基金资产净值的比例合计不得超过 2%。前述金融工具包括债券、非金融企业债务融资工具、银行存款、同业存单、相关机构作为原始权益人的资产支持证券及中国证监会认定的其他品种。"

三是在保险监管方面，2017 年 5 月 7 日，保监会下发《关于弥补监管短板构建严密有效保险监管体系的通知》（保监发〔2017〕44 号），要求"健全公司治理监管制度，严格保险资金运用监管，深化偿付能力监管制度全面实施，夯实保险产品管理制度，完善保险中介市场监管制度，推动保险消费者权益保护制度体系建设，完善高管人员管理制度，提升新型业务监管水平"。尤其是严格保险资金监管运用，要"坚持去杠杆、去嵌套、去通道导向，从严监管保险资金投资各类金融产品，严禁投资基础资产不清、资金去向不清、风险状况不清等多层嵌套产品。进一步完善保险资金服务国家战略的引导政策和服务实体经济的配套政策"。2017 年 5 月 9 日，保监会下发《关于开展保险资金运用风险排查专项整治》（保监资金〔2017〕128 号），要求"实施穿透式检查，摸清并处置存量风险，严格控制增量风险"。此后保监会也就保险监管出台多项文件。

3. 监管协调

在金融监管协调方面主要是在国务院成立金融稳定发展委员会，以及对资产管理产品等出台统一的监管意见。

第五次全国金融工作会议提出："设立国务院金融稳定发展委员会，强化人民银行宏观审慎管理和系统性风险防范职责。"① 随着金融监管体系的健全，需要不断增强金融监管协调力度，持续增强监管协调的权威性和有效性。2017 年 11 月 8 日，经党中央、国务院批准，国务院金融稳定发展委员会成立，作为国务院统筹协调金融稳定和改革发展重大问题的议事协调机构。其主要职责是："落实党中央、国务院关于金融工作的决策部署；审议金融业改革发展重大规划；统筹金融改革发展与监管，协调货币政策与金融监管相关事项，统筹协调金融监管重大事项，协调金融政策与相关财政政策、产业政策等；分析研判国际国内金融形势，做好国际金融风险应对，研究系统性金融风险防范处置和维护金融稳定重大政策；指导地方金融改革发展与监管，对金融管理部门和地方政府进行业务监督和履职问责等。"

在此之后，针对近年来快速发展的资产管理业务加快推进统一监管。2017 年 11 月 17 日，人民银行发布了《关于规范金融机构资产管理业务的指导意见（征求意见稿)》，并于 2018 年 4 月 27 日正式颁发。这份文件由人民银行会同银监会、证监会、保监会、外汇局等部门共同起草，其目的主要是规范金融机构资产管理业务，统一同类资产管理产品监管标准，有效防控金融风险，更好地服务实体经济，更好地支持经济结构调整和转型升级。文件对"资产管理业务定义、资产管理产品范围和分类、合格投资者及投资者适当性管理要求、金融机构及资产管理从业人员资质要求、金融机构受托管理职责和投资者保护、公募和私募产品的投资要求、投资限制及鼓励、信息披露和透明度、公司治理与风险隔离、第三方独立

托管、资金池管理、资产组合管理、资本和准备金计提、打破刚性兑付监管要求、统一负债要求、分级产品设计、消除多层嵌套和通道、智能投顾、关联交易、统计制度、监管分工、监管原则、违规行为处罚、组织实施和过渡期安排、对非金融机构开展资产管理业务的要求"等都进行了明确规定，切中资产管理业务发展中的问题要害。

2018 年 1 月 3 日，"一行三会"发布《规范债券市场参与者债券交易业务的通知》（银发〔2017〕302 号），统一规范债券市场参与者债券交易业务。

二、国内去杠杆的进展

国内从多方面采取的去杠杆措施也取得了明显的成效。从金融部门看，资金脱虚入实，银行业金融机构金融同业扩张速度降低带动 M_2 增速下降。从非金融部门看，杠杆率增速大幅度趋缓，但不同部门表现不一致。

（一）去杠杆取得有效进展的标志

非金融部门去杠杆取得进展的标志，主要是杠杆率增速降低或者杠杆率绝对水平降低，相对简单。而金融部门去杠杆取得明显成效的标志相对复杂，因此这部分重点分析金融部门去杠杆取得明显成效的标志。从金融机构层面看，去杠杆取得明显成效的标志是金融同业资产和负债规模下降，金融机构资产规模扩张速度放缓。

金融产品层面去杠杆，主要是提高短久期资金供给的价格，减少供给量。2016 年 8 月，人民银行采用锁短放长，即 8 月下旬和 9 月中旬先后增加了 14 天期和 28 天期逆回购品种，不但达到缩小短期资金供给，增加长期资金供给的目的，也提高了金融市场上的资金供给价格。此后，银行间 1 天期债券质押式回购月成交额和占比降低，7 天期债券质押式回购月成交额有所提高，14 天期及以上期限债券质押式回购月成交额在 2016 年后

4 个月均有所提高。可以认为，这在一定程度上解决了债券市场期限错配加杠杆问题。当然，从产品属性和市场特点看，债券市场发展较为成熟，银行间市场交易较为活跃，为债券质押式回购加杠杆提供了便利。这一方面有利于去杠杆措施快速取得成效，但另一方面也为杠杆压降后短期快速反弹提供了便利条件。[①]

（二）去杠杆的具体成效

2016 年下半年开始的金融部门去杠杆，通过持续实施稳健的货币政策，加强金融监管，取得了较为明显的成效，具体表现为：资金脱虚入实特征明显，社会融资规模中对实体经济的贷款融资占比有所提升；银行业金融机构资产扩张速度降低，对银行同业和非银行金融机构债权扩张速度减缓。非金融部门去杠杆也有效控制了杠杆率的增长速度，但不同部门的杠杆率变化不一致，非金融企业杠杆率有所下降，但居民部门杠杆率仍在明显提高。

1. 资金脱虚入实趋势明显

资金脱虚入实趋势明显，社会融资规模中对实体经济的贷款融资占比有所提升。这一方面反映了实体经济融资需求上升，另一方面也是努力推进金融部门去杠杆的结果。[②] 从目前货币政策的两个重要中介目标 M_2 和社会融资规模看，"社会融资规模统计和反映的是整个金融体系的资产方，M_2 统计的是金融机构的负债方；社会融资规模衡量的是货币如何被创造出来，M_2 衡量的是经济总共创造了多少货币。社会融资规模统计涉及包括存款类和非存款类金融机构在内的整个金融体系提供的资金支持，M_2 则仅针对存款类金融机构提供的存款；社会融资规模统计的是居民部门和非金融企业部门获得的融资，M_2 则既包括住户和非金融企业部门的存款，也涵盖了非银行金融机构的存款"。[③] 从历史上看，二者的走势相近并且相关性高。[④] 但以 M_2 月同比增速与社会融资规模存量月同比增速

[①] 娄飞鹏. 金融领域高杠杆的深层次成因与去杠杆建议 [J]. 西南金融，2017 (6)：22 – 28.

[②] 高善文. 去杠杆将在长时间内持续 [J]. 清华金融评论，2017 (8)：61 – 62.

[③] 盛松成. 社融与 M_2 增速背离看金融去杠杆 [J]. 中国金融，2017 (21)：22 – 24.

[④] 盛松成. 社融与 M_2 增速背离看金融去杠杆 [J]. 中国金融，2017 (21)：22 – 24.

来衡量，进入 2016 年 10 月以来，M_2 增速开始逐步下降，与社会融资规模增速分化明显。特别是 2017 年 5 月以来 M_2 增速则一直低于 10%，这种情况在国内有 M_2 统计数据以来是首次出现。具体见图 10 – 1。

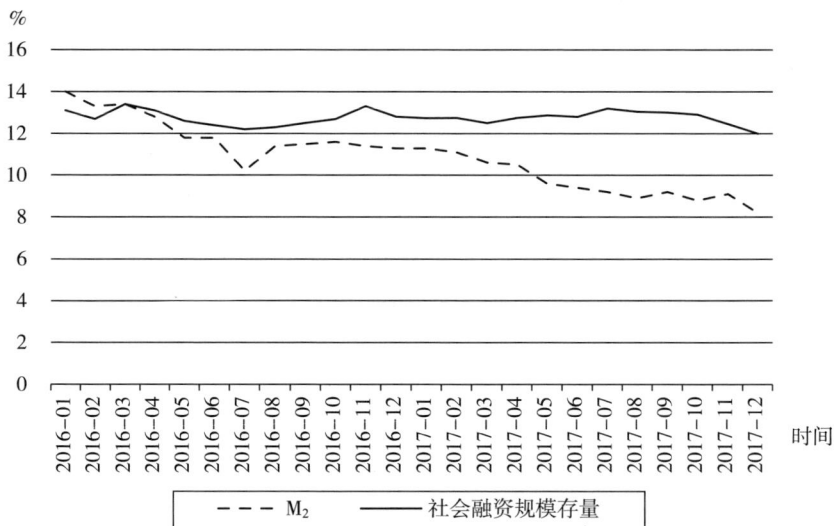

资料来源：根据中国人民银行、Wind 统计数据整理绘制。

图 10 – 1　M_2 和社会融资规模存量增速

对此，研究者认为这是金融部门去杠杆的结果，主要是金融机构有价证券投资受去杠杆的影响，信用创造功能受到抑制导致 M_2 增速回落。[①] 其具体理由是："第一，金融部门去杠杆导致银行体系投向非银行金融机构的资金减少。银行购买非银行金融机构发行的资产管理等金融产品将派生 M_2，但是否增加社会融资规模，则要看非银行金融机构有没有将这笔资金投入实体经济。如果非银行金融机构从银行体系拿到钱后没有投入实体经济，就发生了资金空转，这时仅体现为 M_2 增长而社会融资规模没有变化；只有非银行金融机构将通过资产管理等产品融来的资金投入到实体经济，才能增加社会融资规模。第二，金融部门去杠杆导致表外融资渠道减少，货币创造的途径压缩。金融部门去杠杆导致表外融资渠道减少，虽

---

① 连平，陈冀. 理性审视 M_2 的宏观指标意义 [J]. 中国金融，2017 (24)：34 – 37.

然部分表外融资转移到表内，但贷款以外的表外融资压缩更多，货币派生的渠道被抑制，这使 M_2 增速下降。而萎缩的表外融资中有些没有统计到社会融资规模中去，或转移到社会融资规模统计的其他表外项目中，因此社会融资规模增速表现得相对平稳。第三，金融部门在去杠杆，非金融部门相对不明显。M_2 增速下降意味着银行体系的负债下降，表明去杠杆主要发生在金融部门；而社会融资规模反映了实体经济获得的资金支持，社会融资规模增速平稳，意味着非金融部门融资状况依然良好。"[1] 第四，就 M_2 的构成来看其包括流通中的货币和存款，流通中的货币量及其流通速度主要受春节等节日因素影响而出现较大波动，其余时间相对稳定。M_2 增速下降不是出现在春节，就意味着 M_2 增速下降主要是存款增速下滑所致。非银行金融机构存款增速较低导致 2016 年底以来 M_2 增速下降，存款增速下降降低了银行业金融机构的负债规模增速，从而制约其资产规模扩大。

事实上，从新增社会融资规模的结构看，2017 年底新增人民币贷款占新增社会融资规模的比例为 71.19%，比 2016 年底的占比 69.86% 提高 1.33 个百分点，说明资金脱实入虚得到了一定程度的遏制。

2. 银行业金融机构资产扩张速度降低，尤其是对金融同业债权扩张速度减缓

金融部门去杠杆的成效不仅体现在货币供给增速下滑，在结构上也有明显的体现。银行业金融机构资产扩张速度降低，对银行同业和非银行金融机构债权扩张速度减缓。2008 ~ 2016 年，银行业总资产同比增长率均值为 17.52%，2009 年甚至高达 26.24%，但 2017 年的同比增长率只有 8.4%，相当于之前 9 年同比增长率均值的 47.94%，资产规模扩张速度下降十分明显。在银行业金融机构资产规模扩张速度降低的同时，与国有大型商业银行相比，加杠杆更多的城市商业银行、股份制商业银行资产规模扩张速度下降更快。[2] 根据银监会的统计数据，2016 年底至 2017 年 9 月底，银行业资产规模同比增速从 16.56% 下降至 10.88%，大型商业银行

① 盛松成. 社融与 M_2 增速背离看金融去杠杆 [J]. 中国金融，2017 (21)：22 - 24.
② 周昆平，许文兵，赵亚蕊. "金融去杠杆"对商业银行的影响及对策 [J]. 中国银行业，2017 (10)：55 - 58.

资产规模同比增速从 10.53% 下降至 8.5%，股份制商业银行资产规模同比增速从 17.23% 下降至 6.67%，城市商业银行资产规模同比增速从 24.5% 下降至 16.21%。

在资产规模扩张速度降低的同时，商业银行业业务结构也有明显的调整，金融同业业务增长速度明显下降。就相关的资产项目来看，对银行同业债权规模的同比增长率从 2008 ~ 2016 年平均的 21.86% 下降至 2017 年的 -6.28%，是首次进入负增长阶段，降幅为 128.72%；对非银行金融机构债权规模的同比增长率从 2008 ~ 2016 年平均的 41.91% 下降至 2017 年的 5.77%，降幅为 86.22%；对非金融机构债权规模的同比增长率从 2008 ~ 2016 年平均的 15.31% 下降至 2017 年 6.28%，降幅为 58.96%。具体见表 10 - 2。从图 7 - 5 银行业对金融同业新增债权占新增总资产的比例变化也可以证实这一点。2008 ~ 2016 年，银行业对金融同业新增债权占新增总资产的比例从 19.06% 上升至 28.96%，2015 年甚至高达 36.67%，但 2017 年这一比例迅速下降至 -2.33%。这充分说明，银行业通过大力发展金融同业业务加杠杆实现规模快速扩张的情况，在货币政策收紧和严格的金融监管之下得到有效遏制。

表 10 - 2　　　　　　　银行业总资产和不同资产科目同比增长率

单位:%

年	总资产	银行同业	非银行金融机构	非金融机构
2008	18.53	34.49	-2.39	14.28
2009	26.24	29.28	36.36	30.33
2010	18.74	37.32	16.24	17.05
2011	18.33	33.48	73.95	13.64
2012	17.49	32.07	47.16	14.77
2013	14.05	9.88	43.69	12.25
2014	12.94	7.66	53.67	12.29
2015	15.65	12.05	58.29	16.41
2016	15.68	0.54	50.24	6.72
2017	8.40	-6.28	5.77	6.28

资料来源：根据中国人民银行、Wind 统计数据整理计算。

与此同时，银行的各类委外规模也迅速下降。普益标准的数据显示，2017 年 9 月底，银行理财委外总规模下降约 1 万亿元。各类银行理财资金委外占比均出现了较大幅度下降，根据上市银行 2017 年半年报中披露的以自营资金购买基金、证券公司资产管理计划、信托计划和同业理财产品的数据计算，A 股和港股（H 股）38 家上市商业银行的非理财委外规模约为 13.15 万亿元，较 2017 年初的 14.33 万亿元下降了超过 1 万亿元。在银行的非理财委外中同业理财降幅最为明显，以披露同业理财数据的 30 家上市商业银行为样本，其同业理财规模由 2016 年底的 2.69 万亿元下降至 2017 年 6 月底的 1.76 万亿元，降幅达 34.57%。①

在银行业资产规模扩张速度降低的背后，是超额存款准备金率在 2017 年以来的持续低位徘徊。银行业金融机构超额存款准备金率总体呈下行态势。2001 年第四季度至 2002 年第一季度，银行业超额存款准备金率超过 7%，之后总体呈下降态势，2003～2008 年，季度平均的超额存款准备金率为 3.65% 左右，之后进一步下行。② 即使如此，2009～2016 年，银行业超额存款准备金率的季度平均值也达到 2.07%，从单独年份季度平均值看，只有 2010 年、2011 年低于 2%，对应的超额存款准备金率分别为 1.87%、1.5%。然而，2017 年前三个季度银行业超额存款准备金率季度平均值仅为 1.33%，一直处于最低水平。具体见图 10－2。

对此，人民银行在《2017 年第二季度货币政策执行报告》中对超额存款准备金率的下降给出的解释是："一是支付体系现代化大大缩短了资金清算占用时间，基本消除了在途资金摩擦，降低了其他资产转换为超额存款准备金的资金汇划时间成本和交易成本。二是金融市场快速发展使商业银行有更方便的融资渠道，在需要资金时可以随时从市场融入资金，从而降低预防性需求。三是商业银行流动性管理水平和精细化程度不断提

———————————

① 明明. 2018 年全球货币政策和大类资产展望（下）——去杠杆和大类资产展望［EB/OL］. http：//www. sohu. com/a/209031351_313170，2017－12－07.

② 中国人民银行货币政策分析小组. 2017 年第二季度货币政策执行报告［R］. http：//www. pbc. gov. cn/zhengcehuobisi/125207/125227/125957/index. html，2017－08－11.

高，可以更加准确地预测流动性影响因素，降低了不确定性冲击的影响。"① 考虑到超额存款准备金率反映了银行业金融机构的流动性松紧情况，其规模大小直接影响银行业金融机构进一步进行资产扩张的能力，也抑制其资产规模增长速度，因而超额存款准备金率下降也说明了金融部门进一步加杠杆的空间较小。

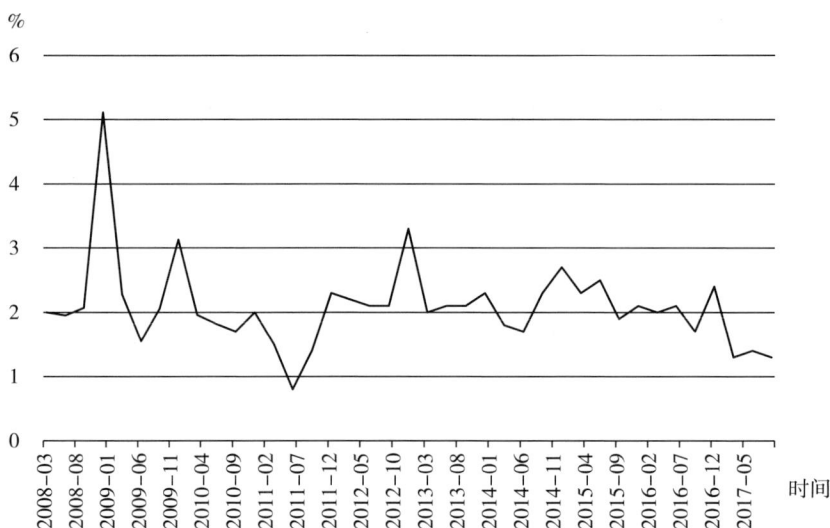

资料来源：根据中国人民银行、Wind 统计数据整理绘制。

图 10 - 2　超额存款准备金率

金融部门去杠杆导致的流动性紧平衡，以及银行业对非银行金融机构债权规模扩张速度的大幅度降低，提高了货币市场的利率，也制约了非银行金融机构加杠杆。在流动性总体保持较紧方面，以银行间 7 天期质押式回购加权平均利率（R007）、银行间存款类机构 7 天期质押式回购加权平均利率（DR007）两个指标来分析。2017 年，R007、DR007 的差值长期高位运行，年均达到 0.53%，比 2016 年的 0.19% 高出 178.95%。具体见图 10 - 3。非银行金融机构在资金来源上对银行业有着较强的依赖性，银行业对非银行金融机构债权规模扩张速度大幅度降低，导致非银行金融机

① 中国人民银行货币政策分析小组.2017 年第二季度货币政策执行报告 ［R］. http：// www. pbc. gov. cn/zhengcehuobisi/125207/125227/125957/index. html，2017 - 08 - 11.

构资产规模扩张受到较多限制，从而制约其加杠杆的速度。以保险业为例，保险业总资产月均增长率从 2016 年的 1.71% 下降至 2017 年前 9 个月的 1.04%，降幅为 39.18%。第三章第二节的相关分析也可以说明这一点。

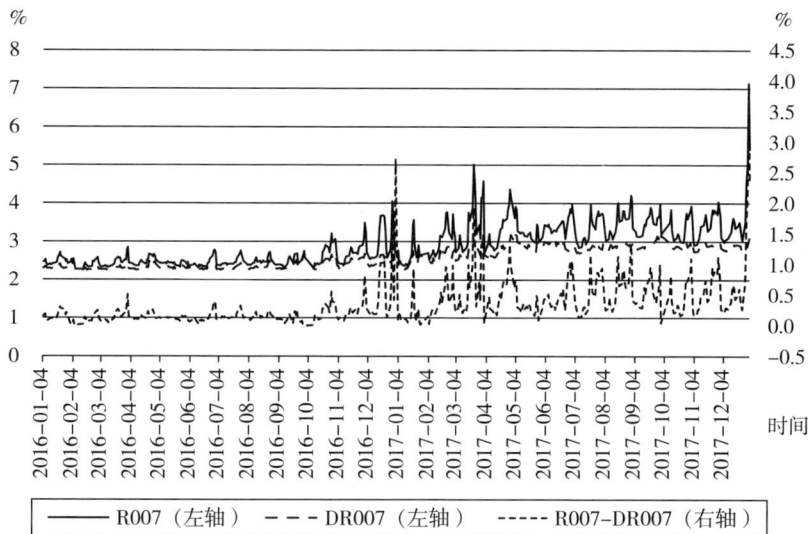

资料来源：根据中国货币网、Wind 统计数据整理绘制。

图 10 - 3　R007 和 DR007 及其差值

3. 非金融部门杠杆率增速趋缓，但不同部门表现不一致

非金融部门杠杆率增速明显趋缓。2017 年 6 月底，非金融部门杠杆率比 2016 年底增加了 0.8 个百分点，相比 2015 ~ 2016 年的增长速度明显大幅下降。分部门来看，政府部门杠杆率提高 1.2 个百分点，家庭部门杠杆率提高 2.4 个百分点，非金融企业杠杆率降低 2.9 个百分点。考虑到杠杆率的绝对水平，政府部门、家庭部门杠杆率提高幅度明显，非金融企业杠杆率下降幅度并不显著。

一是非金融企业去杠杆有一定的成效，但也呈现一定的结构性特点。具体表现为：以资产负债率衡量的工业企业杠杆率有略微的下降，而不同行业、不同所有制类型的工业企业资产负债率变化各异。2017 年 9 月，工业企业资产负债率为 55.7%，较 2016 年 12 月的 55.8% 下降 0.1 个百分点。从不同行业看，2016 年 12 月至 2017 年 9 月，采矿业工业企业的资产

负债率从 60.9% 下降至 60.1%，下降 0.8 个百分点；制造业工业企业的资产负债率为 54.2%，没有变动；电力、热力、燃气及水的生产和供应业工业企业的资产负债率从 60.9% 上升至 61%，上升 0.1 个百分点。从所有制类型看，国有控股企业资产负债率从 61.4% 下降至 61%，下降 0.4 个百分点；集体企业资产负债率从 61.1% 下降至 60.5%，下降 0.6 个百分点；股份制企业资产负债率为 56.6%，没有变动；外商及港澳台商投资企业资产负债率为 54.1%，没有变动；私营企业资产负债率从 50.7% 上升至 51.4%，上升 0.7 个百分点。具体见表 10－3。

表 10－3　　　　　　　　　　工业企业资产负债率

单位：%

时间	工业企业	采矿业	制造业	电力、热力、燃气及水的生产和供应业	国有控股企业	集体企业	股份制企业	外商及港澳台商投资企业	私营企业
2015－03	57.2	59.5	56.1	61.6	61.0	61.6	58.4	55.0	53.3
2015－06	57.2	59.2	56.2	61.3	61.4	62.1	58.2	55.2	53.0
2015－09	56.8	59.6	55.7	61.1	61.2	61.1	57.9	54.8	52.3
2015－12	56.2	59.7	54.9	61.0	61.4	58.9	57.1	54.2	51.2
2016－03	56.9	61.8	55.5	61.3	61.7	61.7	58.1	53.9	52.8
2016－06	56.6	61.3	55.2	61.3	61.7	60.2	57.7	54.2	52.2
2016－09	56.3	61.3	54.7	61.3	61.5	63.1	57.1	54.3	51.4
2016－12	55.8	60.9	54.2	60.9	61.4	61.1	56.6	54.1	50.7
2017－03	56.2	61.0	54.7	61.0	61.0	63.8	57.2	53.6	52.3
2017－06	55.9	60.4	54.4	61.2	61.2	62.8	56.9	53.8	51.8
2017－09	55.7	60.1	54.2	61.0	61.0	60.5	56.6	54.1	51.4

资料来源：根据国家统计局、Wind 统计数据整理。

二是政府部门债务扩张速度也在降低。以地方政府债务为例，受地方政府债务治理等多种因素影响，2017 年新发行地方政府债券 43580.94 亿元，比 2016 年的 60458.4 亿元降低 27.92%。

三是居民部门杠杆率仍在快速提高，但加杠杆的具体方式有所变化。在表 10－2 中，2017 年银行业总资产以及对银行同业、非银行金融机构、非金融机构债权增长率较 2016 年均下降的情况下，银行业对居民部门债权同比增长率从 2016 年的 21.28% 上升至 2017 年的 23.48%，是银行业主要资产科目中增长率唯一提高的科目。从新增人民币贷款规模看，2016年和 2017 年是居民部门快速加杠杆的时期，具体表现为：第一，从横向比较看，新增人民币贷款中，新增居民户贷款的占比在 2016 年、2017 年分别为 50.06%、52.72%，显著高于 2009~2015 年 33.34% 的平均值；第二，从纵向比较看，新增居民户人民币贷款在 2016 年和 2017 年分别为6.33 万亿元、7.33 万亿元，不仅显著高于 2009~2014 年的水平，与 2015年相比也有大幅度的增长。居民部门加杠杆主要用于购买房产，这一点可以从 2016~2017 年商品房销售额保持高速增长方面加以佐证，但不同之处在于，2016 年居民部门主要用中长期贷款购买房产，而 2017 年则受房地产调控及住房按揭抵押贷款政策影响用短期消费贷款购买房产，具体表现为 2017 年新增居民户人民币贷款中中长期贷款较 2016 年有所下降，而短期贷款大幅度上升，新增居民户贷款总额较 2016 年也明显上升。具体见表 10-4。这说明，居民部门去杠杆不仅成效不明显，甚至在一定程度上加杠杆的速度仍然较快，杠杆率仍然在明显提高。

表 10-4 金融机构新增人民币贷款规模和新增居民户贷款规模与占比

单位：亿元、%

年	新增人民币贷款	新增居民户贷款占比	新增居民户贷款		
			合计	短期	中长期
2009	9.58	25.69	2.46	0.76	1.70
2010	7.92	36.22	2.87	0.91	1.96
2011	7.48	32.35	2.42	0.95	1.46
2012	8.20	30.72	2.52	1.19	1.33
2013	8.89	41.72	3.71	1.46	2.25
2014	9.78	33.64	3.29	1.06	2.23
2015	11.72	33.02	3.87	0.82	3.05
2016	12.65	50.06	6.33	0.65	5.68
2017	13.52	52.72	7.13	1.83	5.30

资料来源：根据中国人民银行、Wind 统计数据整理。

第十一章
去杠杆的思路和重点

在去杠杆的思路方面，既要在思想上明确去杠杆的紧迫性，又不能在实践中操之过急，合理把握去杠杆的节奏和力度，去杠杆的同时也要优化杠杆的分布，做好去杠杆的统筹工作。我国的高杠杆率在不同领域有不同的表现，去杠杆在不同领域的紧迫程度、实施难度也不一样，因而去杠杆需要突出重点，首先抓住最关键的部分，后续再统筹推进。在杠杆的绝对水平和边际杠杆增速方面，去杠杆的重点是先控制边际杠杆增速，并根据进展情况逐步压降杠杆绝对水平。在金融部门和非金融部门方面，金融部门去杠杆需要继续深入推进，非金融部门去杠杆需要强化。在非金融部门内部，重点是去非金融企业尤其是国有企业的杠杆，[①] 以及地方政府的杠杆。在金融部门内部，去杠杆的重点是非银行金融机构杠杆，银行业的表外资产杠杆和中小型商业银行杠杆。

一、理性看待杠杆率及其现状

从杠杆率本身而言，其并没有好坏之分，在正常合理的范围内，杠杆的存在有利于推动经济发展，而杠杆率较高以及杠杆率增加较快，其中都隐藏着较大的风险，过快增长的杠杆率是系统性风险的主要隐患，[②] 甚至被视为金融危机的先导指标[③]。欧文·费雪（Irving Fisher）提出了著名的"债务—通货紧缩"理论，认为一个经济体的过度负债和通货紧缩这两个最主要的变量之间存在相互强化的机制，过度负债会导致企业利润下降、存款减少、资产贬值等，并最终引发经济衰退甚至是萧条。[④] 海曼·明斯基（Hyman P. Minsky）的"明斯基时刻"，其将债务人分为对冲型、投机

---

① 娄飞鹏. 杠杆要去也要优 [J]. 武汉金融, 2017 (5): 1.

② 陆磊. 建立宏观审慎管理制度有效防控金融风险 [N]. 学习时报, 2017 – 04 – 05.

③ 郭磊. 中国经济：分化的宏微观杠杆率 [EB/OL]. http://www.sohu.com/a/157810738_475968, 2017 – 07 – 17.

④ Irving Fisher. The Debt – Deflation Theory of Great Depressions [J]. Econometrica, 1933, 1 (4): 337 – 357.

型和庞氏型。对冲型债务人的现金流足以偿还负债的利息和本金；投机型债务人的现金流足以支付债务的利息，但不足以偿还本金，需要依靠借新还旧来维持债务的可持续性；庞氏型债务人的现金流不仅不能偿还本金，而且连支付利息都不够，需要借新债覆盖全部或部分利息。随着经济繁荣的持续，后两类债务人的比例将提高，经济金融体系的脆弱性将增加，受到不利冲击后投机型债务人也有可能演变为庞氏型债务人，导致现金流不足以支付债务的利息，从而引发资产端抛售及价格下跌甚至是崩溃，资产泡沫破裂，信用紧缩，经济主体变卖资产来还债，并最终导致经济衰退。① 保罗·麦卡利（Paul McCulley）在讨论俄罗斯债务危机时，提出"明斯基时刻"的说法。② 后来这一说法被广泛应用，主要是指资产泡沫破裂，危机爆发，经济由繁荣转向衰退的拐点时刻。

去杠杆首先需要判断其程度。③ 我国宏观杠杆率已超过有利于经济增长的拐点值，继续加杠杆的边际收益下降而边际风险上升。④ 但目前来看，国内的杠杆率及其增长引发"明斯基时刻"的概率较低，⑤ 其主要理由是：第一，从经济发展阶段看，我国第二产业在 GDP 中的占比较高，投资对经济增长的拉动作用仍然较大，城镇化率仍然有较大的提升空间，加杠杆的需求仍然存在。第二，从储蓄资金丰裕程度看，我国的储蓄率比较高，并且居民储蓄较多，投资率低于储蓄率的情况也有助于提高经济金融的稳定性。⑥ 第三，从高杠杆率形成看，在我国的金融体系中，银行业资产规模处于绝对主导地位，融资以间接融资为主，本身就容易导致杠杆率增高。同时，2008 年国际金融危机以来高杠杆率的形成，一个主要原

① Hyman P. Minsky. Stabilizing an Unstable Economy ［M］. Columbus：McGraw Hill Education，2008：235 – 242. 李黎力．"明斯基时刻"之考辨 ［J］. 经济理论与经济管理，2013（7）：39 – 45.

② Justin Lahart. In Time of Tumult, Obscure Economist Gains Currency ［N］. Wall Street Journal，2007 – 08 – 18.

③ 贾康．新供给之《中国式去杠杆：空中加油》［N］. 第一财经日报，2014 – 11 – 06.

④ 徐忠．国企治理问题和财政软约束是杠杆率飙升的核心原因 ［EB/OL］. http：//finance. sina. com. cn/wm/2017 – 04 – 30/doc – ifyetstt3995796. shtml，2017 – 04 – 30.

⑤ 黄益平．去杠杆进展出乎预料，接下来要在杠杆结构上多做文章 ［EB/OL］. https：//wall-streetcn. com/articles/3051724，2017 – 12 – 25.

⑥ 徐诺金．辩证理解去杠杆 ［J］. 中国金融，2016（10）：84 – 87.

因是为了刺激经济增长，不同于国外居民部门快速加杠杆引起杠杆率快速提高。[1] 第四，从债务结构看，非金融企业债务问题突出，并且非金融企业债务以国有企业最为突出，这背后往往有政府信用做支撑。发达国家政府负债主要用于公共消费、弥补养老金缺口以及收入再分配，而我国地方政府债务主要用于公共投资，形成的资产也可以丰富偿债的现金流。[2] 中央政府的资产负债状况相当稳健并且中央政府对地方政府负有救助责任，[3] 也有助于增大调节空间，增强债务的稳健性。居民部门债务主要是住房按揭贷款，国内的首付标准较高，也有助于保障债务的安全。我国的债务以内债为主，外债占比较低，鉴于内债的安全性高于外债，[4] 这也有助于增强我国对债务的自主调节能力。对新兴经济体国家而言，根据其历史上债务违约情况和通货膨胀率情况，外债与 GDP 比例的安全门槛大致为15% ~ 20%。[5] 2016 年以美元衡量的我国外债余额与 GDP 的比例为12.69%，明显较低。

总之，虽然债务水平是衡量"明斯基时刻"的一个重要指标，[6] 但在分析一个国家的杠杆率是否适度时，需要综合考虑该国所处的经济发展阶段、经济结构、增长潜力，还要重点关注债务的结构和债务资金的使用效率，只要投资率小于储蓄率，并且债务的成本增长率低于经济增长率，债务就相对较为安全[7]。综合考虑这些因素，我国发生"明斯基时刻"的可能性并不大。

① 张斌. 美联储加息和防治坏杠杆不是中国加息的理由 [EB/OL]. http://www.sohu.com/a/216819360_257448, 2018 – 01 – 15.

② 李扬. 综合施策去杠杆 [J]. 中国经济报告, 2016 (10)：83 – 85.

③ 高善文. 加杠杆与去杠杆 [J]. 清华金融评论, 2014 (7)：60 – 62.

④ 徐诺金. 辩证理解去杠杆 [J]. 中国金融, 2016 (10)：84 – 87.

⑤ Carmen M. Reinhart, Kenneth S. Rogoff, Miguel A. Savastano. Debt Intolerance [R]. NBER Working Paper, No. 9908, 2003.

⑥ 董希森，杨芮. 离明斯基时刻有多远 [J]. 中国金融, 2017 (21)：104.

⑦ 徐诺金. 辩证理解去杠杆 [J]. 中国金融, 2016 (10)：84 – 87.

二、明确去杠杆的主导思想

去杠杆是我国经济转向高质量发展阶段的重要抓手，也是转变发展方式、优化经济结构、转换增长动力的重要工具之一。高杠杆率以及杠杆率快速提高积累了较大风险，虽然不足以引发"明斯基时刻"，但仍要积极稳妥去杠杆，且去杠杆不能只求积极更要稳妥。去杠杆处理不当就会引发风险，欧美国家在金融危机之后去杠杆的过程中都经历了经济增速下降，① 美国在去杠杆初期金融机构不良资产迅速上升，金融机构资本金缺口增大，破产倒闭和重组机构迅速增多②。我国目前去杠杆所面临的经济金融环境的复杂程度不比欧美国家低，特别是要实现全面建成小康社会，2035 年基本实现社会主义现代化，21 世纪中叶把我国建成富强民主文明和谐美丽的社会主义现代化强国的伟大目标，就直接决定了去杠杆不仅是降低杠杆率，更重要的是解决高杠杆和杠杆率快速提高背后的风险，即化解宏观经济金融中的风险，不仅不能因为去杠杆引发大的经济金融风险，还要尽可能降低去杠杆的负面影响，这就要求去杠杆要有正确的主导思想。

一是要明确去杠杆的紧迫性。2008 年国际金融危机之后，我国的杠杆率快速提高，目前杠杆率处于全球较高水平，尤其是非金融企业杠杆率全球最高。银行业金融机构资产规模扩张速度大幅度加快，金融同业业务对总资产扩张的拉动作用突出，在此过程中积累了较大的风险，不利于宏观经济的良性发展和宏观调控政策的有效实施。在总杠杆率较高的同时，高杠杆的结构性特点突出，非金融企业尤其是国有企业杠杆率异常高，降低了资金使用效率，不利于经济金融发展和社会稳定。家庭部门杠杆率较

---

① 张茱楠. 去杠杆化让欧美陷入衰退型增长 [N]. 人民日报, 2011 – 07 – 26.
② 符林. 去杠杆的逻辑与策略 [J]. 中国金融, 2017 (13)：82 – 83.

高拉大了贫富差距。金融机构杠杆率较高不仅容易引发系统性金融风险,而且不利于货币政策和金融监管政策的实施传导。这些都要求要及时采取措施去杠杆,且这项工作越早开展就越易于取得更好的成效,因而需要摒弃拖延等待的思维,参考我国宏观经济渐进改革的思路,制订科学的去杠杆方案,真正做到积极稳妥去杠杆。①

二是合理把握去杠杆的节奏。去杠杆不是简单的降低杠杆率,还要充分兼顾资产泡沫和金融风险等方面的问题。② 高杠杆是多年积累形成的,也是多种因素共同作用的结果,去杠杆虽然有助于增强经济金融的稳定性,③ 但也不可能一蹴而就,尤其是政府部门去杠杆是全球性的难题④。因快速去杠杆而引发的风险在国内外都有先例。2008 年国际金融危机以来,全球去杠杆的经验表明,短期内难以实现总体去杠杆的目标,⑤ 快速去杠杆易于引发 "债务—通货紧缩" 风险,可能会引起名义汇率、消费、产出的巨大波动,并加深经济衰退⑥。国内在 2015 年 6 月出于清理股票市场场外配资的考虑,迅速降杠杆导致当年 7~8 月股票市场出现流动性危机。

就目前国内的实际情况看,金融市场利率抬升得较慢,虽然会引起金融部门去杠杆的时间拉长,但这方面却不是越快越好。这主要是由于压降资产端长久期资产的回报率有可能导致资产价格过快下降或实体经济风险加大,因而从负债端着手抬升金融市场利率是更好的方案。但是,快速抬升金融市场利率可能导致中小型商业银行集中抛售资产从而引发风险,决定了温和抬升负债端利率是相对有效且成本较低的方法。⑦ 债券市场的情

① 娄飞鹏. 非金融部门杠杆率现状与去杠杆建议 [J]. 西南金融,2017 (7):23 - 29.

② 曾刚. 供给侧改革需有序去杠杆 [J]. 中国金融,2017 (4):21 - 23.

③ Livia Iliea, Roxana Olaru. Leveraging and Deleveraging:Pluses and Minuses [J]. Procedia Economics and Finance,2013,6 (1):634 - 644.

④ 姚余栋. 去杠杆不能过度使用凯恩斯主义刺激政策 [N]. 中国证券报,2013 - 12 - 13.

⑤ 张晓晶,常欣. 如何积极稳妥去杠杆 [N]. 社会科学报,2017 - 02 - 16.

⑥ Pierpaolo Benigno,Federica Romei. Debt Deleveraging and the Exchange Rate [J]. Journal of International Economics,2014,93 (1):1 - 16.

⑦ 郭磊. 金融杠杆到底是什么?[EB/OL]. http://mt.sohu.com/20170320/n483991015.shtml,2017 - 03 - 20.

况也要求去杠杆需要节奏适中而不宜过快。在我国债券市场的投资主体结构中，国债、政策性银行债、地方政府债券主要的投资主体是大中型商业银行等金融机构，企业信用债的主要投资主体是基金。后一类投资主体加杠杆的程度超过大中型商业银行，在债券市场去杠杆中面临的压力最大，也应该是去杠杆的重点，但是快速去杠杆压缩基金规模容易导致非金融企业融资难度上升。因而，在去杠杆的过程中，既需要考虑去杠杆的进度，也需要考虑去杠杆的成本，合理把握去杠杆的节奏，[①] 采取适当的措施，稳妥推进去杠杆工作。

三是合理把握去杠杆的力度。杠杆是经济金融和信用发展的必然产物，只要存在信用制度，杠杆就不可能完全消除。[②] 从纵向历史发展的角度看，与历史相比，目前全球各国都处于杠杆率比较高的时期。[③] 从国外的情况看，在利率市场化改革完成的初期，由于存贷款利差收窄，同业竞争加剧，银行业为了保障收益，往往存在主动增加负债从而扩大资产规模的情况。也正是主动负债的存在，金融领域加杠杆速度更快，但其中的期限错配问题严重，去杠杆力度过大易引发风险。[④] 换言之，在经济增长的上行阶段，金融业发展和实体经济存在增函数关系，其扩张速度会快于实体经济；而在经济增长的下行阶段，金融业发展和实体经济存在减函数关系，其收缩速度会快于实体经济。[⑤] 这也要求去杠杆需要力度适宜。

从加杠杆是资金在金融部门和非金融部门循环流转的角度看，只要有资金循环流转就有杠杆存在，杠杆的存在具有一定的必要性，尤其是金融业本身就是高杠杆经营的行业。过高的杠杆率需要压降，杠杆率增速也需要平衡，但去杠杆并不是笼统地把所有杠杆都去掉，而是把杠杆降至风险相对较低的阈值范围内。杠杆率并没有最优的规模和比例，也没有最优的

---

① 娄飞鹏. 非金融部门杠杆率现状与去杠杆建议 [J]. 西南金融, 2017 (7): 23 - 29.

② 连平. 经济去杠杆需要理性和韧劲 [N]. 中国联合商报, 2017 - 08 - 07.

③ Charles Roxburgh, Susan Lund, Tony Wimmer, Eric Amar, Charles Atkins, Ju - Hon Kwek, Richard Dobbs, James Manyika. Debt and Deleveraging: The Global Credit Bubble and its Economic Consequences [R]. The McKinsey Global Institute, 2010.

④ 娄飞鹏. 资金循环流转视角的去杠杆思路 [J]. 浙江金融, 2017 (7): 22 - 30.

⑤ 李扬. 从长周期视角观察国内外经济形势 [N]. 经济日报, 2018 - 01 - 04.

增长速度，根据经济发展的需要，合理的杠杆率和适度的杠杆增速都是必要的。去杠杆并不是把杠杆率压降得越低越好，也不是把杠杆率的增速迅速降至零甚至是负增长，而是要把握合理的节奏和速度，从提高资金利用效率并促进实体经济发展的角度出发，在风险得到有效缓释或者风险可控的前提下积极稳妥去杠杆。①

四是去杠杆的同时也要优化杠杆的分布。杠杆是动态的，不能采用静态的处理方式，需要在经济持续稳健发展中动态解决杠杆率高的问题。去杠杆的最终目的是促进实体经济的健康持续发展，需要在发展中化解风险，不能只顾去杠杆而束缚经济发展。② 宏观经济逐步走向成熟的过程也会导致杠杆率提高，发达国家杠杆率总体高于新兴经济体国家就是最佳佐证。③ 美国在 1933 年大萧条之后也采用过政府部门和私人部门同时去杠杆的做法，并导致经济再次衰退。④ 因而，去杠杆不仅要降杠杆，也要优杠杆，调节杠杆的分布，局部去杠杆需要其他部门适度加杠杆，以杠杆率在部门间转移来降低风险。⑤ 也就是说，去杠杆不仅要保障杠杆的总体水平合理，也要实现杠杆的结构合理，在去杠杆的过程中优化资源配置，以保障通过去杠杆推动长期经济增长。⑥

非金融企业方面，符合国家战略、前景看好的科技型企业，小微企业、优质高成长民营企业等金融可得性较低的主体，仍要对其提供资金支持。政府部门的杠杆率有调高的空间，要合理增加政府部门杠杆率以抵消非金融企业去杠杆。⑦ 在通过杠杆率转移优化杠杆分布方面，以提高居民部门杠杆率来转移非金融企业杠杆率的做法并不可取。其原因在于：第

① 娄飞鹏. 资金循环流转视角的去杠杆思路 [J]. 浙江金融，2017 (7)：22 – 30.

② 娄飞鹏. 杠杆要去也要优 [J]. 武汉金融，2017 (5)：1.

③ Zhang Xiaojing, Chang Xin. Deleveraging：Data, Risks and Countermeasures [J]. China Economist, 2017, 12 (1)：2 – 37.

④ 陆晓明. 美国经济去杠杆化的进程、效果、经验教训及对中国的启示 [J]. 国际金融，2017 (2)：29 – 39.

⑤ 张晓晶，常欣. 如何积极稳妥去杠杆 [N]. 社会科学报，2017 – 02 – 16.

⑥ 盘和林. 去杠杆与稳增长并非经济的"矛"与"盾" [N]. 第一财经日报，2017 – 12 – 05.

⑦ 余永定. 企业去杠杆不能急 [J]. 资本市场，2016 (Z4)：13.

一，居民个人更加分散，其杠杆率较高出了问题更不利于集中协商解决；① 第二，国内居民加杠杆主要用于购房，面临资不抵债时对于唯一住房的个人难以处置；第三，2016 年以来居民部门杠杆率快速上涨的问题已经比较突出。

五是做好去杠杆的统筹工作。去杠杆也是一个动态的过程，事关降成本、去产能，是一项系统工程，牵涉的领域较多，宏观和微观、金融和实体、国内和国外、政府和市场、短期和长期、资产和负债、总量和结构、存量和增量、货币政策和监管政策等需要综合考虑，形成系统性解决方案。②

统筹好宏观和微观主体，宏观去杠杆的同时，在微观结构层面、不同主体间调整杠杆率，③ 通过合理的杠杆转移稳定总杠杆率。统筹好金融和实体经济，在金融和实体经济去杠杆间寻求平衡点，减少高杠杆率风险在金融领域和实体经济领域交叉感染。统筹好国内和国外，在全球经济发展和我国对外开放战略下推动去杠杆，防止仅仅降低国内的杠杆率，对汇率市场化改革和扩大对外开放形成不良影响。统筹政府和市场，政府更好地发挥作用的同时，切实让市场在资源配置中发挥决定性作用。统筹好短期和长期，短期可采取专门措施压降金融和实体经济的不合理高杠杆，长期则要依靠经济结构改革，企业制度改革，资本市场发展。④ 统筹好存量和增量，存量的高杠杆率需要有缓释机制，不能简单为了迅速去杠杆刺破泡沫，增量部分要严格控制，保障资金投向合理高效。统筹好总量和结构，总量杠杆率需要稳定并缓步压降，结构性高杠杆率需要花大力气压降。统筹资产和负债，无论是金融机构还是实体经济，去杠杆都需要从分子和分母两方面着手，缩减分子或增大分母以降杠杆。统筹货币政策和监管政策，做好货币政策与监管政策的协调配合，保持货币供给合理稳定，疏导

---

① 彭文生. 房价下降才能促进宏观杠杆率的可持续下降 [EB/OL]. http://finance. sina. com. cn/china/gncj/2017 – 12 – 26/doc – ifypxrpp4283308. shtml, 2017 – 12 – 26.

② 娄飞鹏. 杠杆要去也要优 [J]. 武汉金融, 2017 (5): 1.

③ 李扬. 综合施策去杠杆 [J]. 中国经济报告, 2016 (10): 83 – 85.

④ 余永定. 企业去杠杆不能急 [J]. 资本市场, 2016 (Z4): 13.

货币传导机制，强化合规监管，减少为了监管套利而扩大规模的冲动。①

三、合理确定去杠杆的重点

我国的高杠杆率在不同领域有不同的表现，去杠杆在不同领域的紧迫程度、实施难度也不一样，因而去杠杆需要突出重点，首先要抓住最关键的部分，后续再统筹推进。

一是在杠杆的绝对水平和边际杠杆增速方面，去杠杆的重点是先控制边际杠杆增速，并根据进展情况压降杠杆绝对水平。也就是说，去杠杆的重点不仅是压降高杠杆率，还要控制金融部门和非金融部门杠杆率的快速提高，相比之下，后者更需要及时解决，先控制杠杆的增量再逐步疏解存量高杠杆率。② 边际杠杆增速要与经济发展需要相适应，既要防止其增速过低引起"债务—通货紧缩"风险，也要防止增速过高引发资产泡沫。从债务的角度看，就是处理好增量和存量的关系，先要控制好增量债务，之后再逐步调整存量债务。

二是在金融部门和非金融部门方面，2016 年下半年开始的金融部门去杠杆已经初步取得了较为明显的成效，但考虑到金融部门去杠杆是整个宏观经济去杠杆的基础，也是防范化解系统性金融风险的基础，③ 金融部门去杠杆需要继续保持。考虑到非金融部门杠杆率增速逐步趋稳但非金融企业杠杆率依然较高，非金融部门去杠杆应该进一步强化。这一做法与发达国家先开展金融部门去杠杆，再推动非金融部门去杠杆的做法相似。其原因在于，非金融部门如果可以方便且低价从金融部门获得加杠杆的资金，其就缺少足够的动力去杠杆，因而就需要在流动性比较紧张，资金价格较高的情况下增加非金融部门去杠杆的压力。另外，国内去产能尚未完

① 娄飞鹏. 金融与非金融去杠杆 [J]. 金融理论探索，2017 (5)：20-26.
② 娄飞鹏. 金融与非金融去杠杆 [J]. 金融理论探索，2017 (5)：20-26.
③ 符林. 去杠杆的逻辑与策略 [J]. 中国金融，2017 (13)：82-83.

成，国有企业改革还有较多的工作要做，也决定了优先大力推进非金融部门去杠杆的风险较大。金融部门去杠杆也可以直接推动非金融部门去杠杆，如在非金融企业去杠杆过程中的重要举措债转股就需要商业银行在其中发挥积极作用，这也是金融业服务去杠杆的重要途径。① 在金融部门和非金融部门去杠杆都不是笼统地去，而是要重点针对高杠杆领域。

三是在非金融部门内部，重点是去非金融企业尤其是国有企业的杠杆，② 以及地方政府的杠杆。我国非金融部门的杠杆率总体并不算高，但非金融企业杠杆率高，因而需要把非金融企业作为去杠杆的重点。在非金融企业中，国有企业杠杆率高，这决定了国有非金融企业是去杠杆的重中之重。对于非金融企业的小微企业，要结合其在经济发展中的作用，提高其金融服务的可得性，努力解决其融资难、融资贵的问题。③ 政府部门、家庭部门杠杆率较低，甚至从国际比较看有一定的提升空间，不是去杠杆的重点。但这并不意味着这些部门没有问题，其杠杆率快速上升也需要引起足够的关注。④ 特别是家庭部门基于对房价上涨的预期，将资产大量配置在房地产领域，并且利用中长期贷款加杠杆进行房地产投资，存在较大的资产价格泡沫，而且家庭部门加杠杆配置房地产，也导致其对外部经济形势变化缺少足够的应对能力，一旦经济形势发生不利变化易于形成剧烈冲击。国际经验也表明，避免陷入"债务—通货紧缩"的恶性循环，应加快居民部门去杠杆。⑤ 这些都意味着，我国迫切需要按照"房子是用来住的，不是用来炒的"总体思路予以合理引导，解决家庭部门杠杆的结构问题。⑥ 政府部门则要科学界定中央政府和地方政府的财权、事权，合理平衡中央政府和地方政府的杠杆率，建立地方财政收支激励相容机制，

① 杨笋. 国企去杠杆：重中之重 [J]. 中国金融家，2017 (8)：43 – 44.
② 娄飞鹏. 杠杆要去也要优 [J]. 武汉金融，2017 (5)：1.
③ 娄飞鹏. 非金融部门杠杆率现状与去杠杆建议 [J]. 西南金融，2017 (7)：23 – 29.
④ 娄飞鹏. 非金融部门杠杆率现状与去杠杆建议 [J]. 西南金融，2017 (7)：23 – 29.
⑤ 明明. 2018 年全球货币政策和大类资产展望（下）——去杠杆和大类资产展望 [EB/OL]. http：//www. sohu. com/a/209031351_313170，2017 – 12 – 07.
⑥ 娄飞鹏. 非金融部门杠杆率现状与去杠杆建议 [J]. 西南金融，2017 (7)：23 – 29.

解决地方财政软约束问题，从而弱化其扩大负债的动力。① 从"过度负债其实主要是一个债务到期日的问题"② 这个角度看，地方政府债务置换将短期债务置换成长期债务，也是在积极稳妥降低政府部门的杠杆率。

四是在金融部门内部，去杠杆的重点是非银行金融机构杠杆，银行业的表外资产杠杆和中小型商业银行杠杆。金融部门整体杠杆率较高，都面临较大的去杠杆压力，但相对而言银行业中的中小型商业银行和非银行金融机构是去杠杆的重点。这是由于对非金融部门加杠杆资金来源变化的数据分析发现，在我国非金融部门加杠杆的过程中，其信贷资金来源正在发生较大变化，国内银行直接提供的信贷资金占比在降低，非银行金融机构等提供的信贷资金占比在提高，而且非银行金融机构杠杆提高速度整体高于银行业。同时，由于通过非银行金融机构流入非金融部门的信贷资金部分存在多层嵌套，并且违规流入"两高一剩"或者房地产领域的情况较多，风险更大，透明度更低。③ 因而，需要重点规制通过非银行金融机构为非金融部门加杠杆提供信贷资金的做法，重点压降非银行金融机构的杠杆，以提高其去杠杆的针对性和成效。

从银行业内部看，国外银行为非金融部门提供的贷款占比较小，决定了从资金供给方的角度去杠杆需要重点关注国内的商业银行。从直接为非金融部门贷款的角度看，去杠杆需要重点关注中资大型商业银行，而从为非银行金融机构提供资金进而推动非金融部门加杠杆的角度看，去杠杆需要重点关注中资中小型商业银行。④ 从资金供给方式的角度看，不同资产规模的商业银行在非金融部门加杠杆中的资金供给方式不一样，大型商业银行为非金融部门直接贷款的比例较高，而中小型商业银行则大量为非银行金融机构提供资金，再由后者为非金融部门提供信贷资金。如证券公司、信托公司、基金公司、基金子公司等非银行金融机构加杠杆的资金主

---

① 徐忠. 国企治理问题和财政软约束是杠杆率飙升的核心原因 [EB/OL]. http：//finance. sina. com. cn/wm/2017 – 04 – 30/doc – ifyetstt3995796. shtml，2017 – 04 – 30.

② 欧文·费雪. 繁荣与萧条 [M]. 李彬译. 北京：商务印书馆，2014：10.

③ 娄飞鹏. 从资金来源变化看去杠杆的逻辑 [J]. 金融与经济，2017（6）：25 – 30.

④ 娄飞鹏. 从资金来源变化看去杠杆的逻辑 [J]. 金融与经济，2017（6）：25 – 30.

要来源于银行业，而且是以中小型商业银行的委外投资为主。总体而言，大型商业银行杠杆率较低，[①] 中小型商业银行通过同业存单扩表更明显，其杠杆率也高于大型商业银行，因而银行业内部去杠杆的重点是中小型商业银行；[②] 从银行表内外资产的角度看，杠杆率更高的表外资产是去杠杆的重点。

对于金融产品层面的融资杠杆和结构化杠杆，重点去除过高的融资杠杆，规范发展结构化杠杆。融资杠杆相对容易压降，2016 年下半年针对债券市场的降杠杆，短期内取得明显成效就印证了这一点。但这类杠杆不利于金融更好地服务实体经济，也存在较大的风险，过高的融资杠杆需要及时压降。结构化杠杆从根本上是不同风险偏好的资金追求不同收益率的结果，有其存在的必要性，只要加杠杆是在合理的范围内，重点是明确标准，通过金融监管统一融资比例以规范发展。[③]

---

① 郭磊. 同业存单撬动结构性杠杆：从何而来、向何处去？ [EB/OL]. http：//business. so-hu. com/20170329/n485419021. shtml，2017 – 03 – 29.

② 娄飞鹏. 金融领域高杠杆的深层次成因与去杠杆建议 [J]. 西南金融，2017 (6)：22 – 28.

③ 娄飞鹏. 金融领域高杠杆的深层次成因与去杠杆建议 [J]. 西南金融，2017 (6)：22 – 28.

第十二章
去杠杆的路径建议

金融的本质就是运用杠杆，[1] 杠杆则由负债形成，而债务本身就是双刃剑，合理使用可以提高福利，过多使用则会带来灾难。[2] 虽然目前我国的杠杆率尚不足以引发危机，但其中隐含的风险也是经济金融持续健康发展的巨大潜在威胁，需要积极稳妥去杠杆。具体的路径建议包括：提升经济发展质量，为去杠杆营造良好的宏观经济环境；有效运用货币政策和宏观审慎政策双支柱调控框架，着力强化金融监管，充分利用好积极的财政政策，通过政策的搭配协调使用推动去杠杆；深化金融领域改革推动金融机构转型发展；加快发展直接融资，降低对银行间接融资的依赖。

一、提升经济发展质量

去杠杆是我国转变发展方式、优化经济结构、转换增长动力的一个重要途径。党的十九大报告指出："我国经济已由高速增长阶段转向高质量发展阶段，正处在转变发展方式、优化经济结构、转换增长动力的攻关期，建设现代化经济体系是跨越关口的迫切要求和我国发展的战略目标。必须坚持质量第一、效益优先，以供给侧结构性改革为主线，推动经济发展质量变革、效率变革、动力变革，提高全要素生产率，着力加快建设实体经济、科技创新、现代金融、人力资源协同发展的产业体系，着力构建市场机制有效、微观主体有活力、宏观调控有度的经济体制，不断增强我国经济创新力和竞争力。"[3] 去杠杆不仅可以通过压缩分子实现，也可以通过扩大分母实现。保持经济稳定，高质量增长是去杠杆的基本前提和根本途径。在建设现代化经济体系，提升经济发展质量的征程中，要充分发

---

① 徐诺金. 辩证理解去杠杆 [J]. 中国金融, 2016 (10): 84 - 87.

② Stephen Cecchetti, Madhusudan Mohant, Fabrizio Zampolli. The Real Effects of Debt [R]. BIS Working Paper, No. 352, 2011.

③ 习近平. 决胜全面建成小康社会 夺取新时代中国特色社会主义伟大胜利 [M]. 北京: 人民出版社, 2017: 30.

掘经济的发展潜力，提升经济发展质量，通过经济金融的良性发展逐步实现去杠杆。

一是深入推进供给侧结构性改革，做好经济结构优化，把提高供给质量作为主攻方向。去杠杆作为供给侧结构性改革的重要任务之一，就是要通过主动去杠杆，改革供给端的结构性问题，增强经济的内生活力。[①] 表面上看，去杠杆是周期性问题，但其背后却关系到整个经济的结构性调整。因而，必须结合社会主要矛盾变化，解决好经济发展中的制度结构、产业结构、区域结构、收入分配结构、人文与生态结构等方面的结构性矛盾，[②] 提高发展的均衡水平，将其纳入供给侧结构性改革的整体框架中来，把去杠杆与我国整体经济发展战略有机结合，统筹协调去杠杆和稳增长、调结构、防风险、惠民生的关系，提高宏观经济长期发展的潜力。按照新发展理念推动经济充分发展，着力推动"三新"发展，培育新的经济增长点，加快发展先进制造业和现代服务业，将现代科技和实体经济深度融合，提高劳动者科技素养，优化存量资源配置，扩大优质增量供给，实现供需动态平衡。在此过程中做好金融服务供给模式调整，提高金融服务供给质量，以经济的高质量发展来降低杠杆率。

二是在提高经济发展质量的同时，维持适宜的经济增长速度。党的十九大报告结合国内经济社会发展的实际情况，没有提经济增长速度方面的目标。近几年党和政府也确实在淡化片面追求经济增长速度目标，这些都是符合我国经济发展阶段特点和未来发展趋势的，都是正确的决策。去杠杆的压力不仅来自资产价格的估值效应，而且来自经济增长情况，[③] 保持一定的经济增速有利于推动去杠杆尤其是非金融部门去杠杆。这是由于从杠杆率的分子和分母关系看，分子是债务，分母是 GDP 总量。经济增长速度过低意味着 GDP 总量增长缓慢，在债务总量不下降或者降低的速度

① CF40 课题组. 主动去杠杆还是被动去杠杆 [J]. 中国金融, 2016 (19)：12-14.

② 贾康. 建设新时代的现代化经济体系——从我国社会主要矛盾的转化看以供给侧结构性改革为主线 [J]. 人民论坛·学术前沿, 2018 (5)：52-54.

③ Carlos Cuerpod, Inês Drumondb, Julia Lendvaia, Peter Pontucha, Rafal Raciborski. Private Sector Deleveraging in Europe [J]. Economic Modelling, 2015, 44 (1)：372-383.

较慢的情况下，不利于降低杠杆率。如果以债务融资为主的融资结构不能得到有效改变，经济增长速度过高，也容易导致为了实现经济增长目标而大规模扩大负债，尤其是在资金利用效率较低时，负债扩大的规模往往大于产出扩大的规模，同样会提高杠杆率。因此，尽管不需要刻意追求经济增长速度，但去杠杆也要求重点从强化创新、提高效率等方面寻找新的经济增长动力，维持经济增速适宜。在这方面，不仅要从国内寻求增长潜力，也要结合"一带一路"建设，利用好国际市场。

三是调节好消费、储蓄、投资之间的关系，通过结构优化推动去杠杆。降低储蓄率，扩大消费在 GDP 中的比重是我国去杠杆的根本出路。[①] 对于高储蓄支撑的投资高增长导致杠杆率较高的问题，需要重新审视投资对经济发展的作用。[②] 发达国家实际的投资回报率约为 4% ~ 5%，据此来看，今后我国的投资回报率还有可能进一步下降，[③] 从而导致杠杆率提高。从这个角度看，也需要降低经济增长对投资的依赖，增强消费对我国经济发展的基础性作用。消费和储蓄对非金融企业杠杆的形成具有不同作用。在总体流动性既定的情况下，扩大消费减少储蓄有利于非金融企业去杠杆。这是由于消费往往会形成企业的收入，让企业可以在不增加负债的情况下用收入扩大投资和生产规模，增加企业收入和利润从而降低杠杆率。而增加储蓄减少消费则意味着：一方面，非金融企业扩大生产规模面临收入和利润积累较少，需要扩大债务性融资来实现增加收入和利润的目标，从而提高杠杆率；另一方面，更有可能的是，消费减少意味着市场有效需求不足，非金融企业不是扩大生产规模而是缩减生产规模，从而导致收入和利润降低，面对原有的负债会形成更高的杠杆率。从居民部门看，扩大消费需要调整优化收入分配结构，重点是提高工资性收入在居民收入中的占比，减少财产性收入导致的收入分配不均，从而提高居民的消费能

---

① 姚洋. 美丽的烦恼——如何用好中国的巨额储蓄？［EB/OL］. http：//www. yicai. com/news/5289129. html，2017 – 05 – 22.

② 中国金融论坛课题组. 杠杆率结构、水平和金融稳定：理论与经验［R］. 中国人民银行工作论文，2017.

③ 姚洋. 美丽的烦恼——如何用好中国的巨额储蓄？［EB/OL］. http：//www. yicai. com/news/5289129. html，2017 – 05 – 22.

力和消费水平，进一步扩大消费对经济发展的整体贡献。

四是加快推动非金融企业去杠杆，让企业主体在经济发展中发挥更多的积极作用。在按照《国务院关于积极稳妥降低企业杠杆率的意见》（国发〔2016〕54 号）的要求，"积极推进企业兼并重组，完善现代企业制度强化自我约束，多措并举盘活企业存量资产，多方式优化企业债务结构，有序开展市场化银行债权转股权，依法依规实施企业破产"的情况下，把去杠杆的重点放在国有企业，尤其是僵尸企业领域。加快完善公司治理结构，推进混合所有制改革，规范现代企业制度，完善国有企业资本金补充机制，消除政府对国有企业的隐性担保，减少国有企业预算软约束问题，控制低效率国有企业债务规模进一步扩大。① 按照管理国有资本的思路，探讨对不同类型的国有企业制定资产负债率约束指标，以去杠杆为突破口深化国有企业综合改革。② 推进垄断行业的竞争性领域及时向民营资本开放。对于僵尸企业，不仅不再提供融资支持还要及时予以清理，也要健全和完善社会保障机制，③ 解决好人员失业问题。在此过程中，对于发展前景看好的科技型企业、小微企业等，也要关注其融资难的问题。

五是加快住房制度改革，形成房地产调控的长效机制，减少居民部门加杠杆。2015 年以来，我国家庭部门快速加杠杆主要是贷款购买房产，这种情况出现的主要原因是房价长期单边持续上涨，房产持有成本较低但作为资产在加杠杆过程中有效增加了居民的财产性收入，以及房产和城市的公共服务等方面挂钩增加了居民购置并持有房产的意愿。日本 1990 年经济泡沫破灭前家庭部门杠杆率快速提高，2008 年国际金融危机之前美国家庭部门杠杆率快速提高，这些都是居民加杠杆买房引起的。房地产作为不动产其适宜于抵押融资，也是金融周期形成的重要推动因素。因而，需要按照房子是用来住的理念，加快形成房地产调控的长效机制，达成共

---

① 张斌等. 这份报告详细为你评估当下的中国经济风险 ［EB/OL］. http：//finance. si-na. com. cn/wm/2017 – 04 – 26/doc – ifyetxec6599795. shtml，2017 – 04 – 26.

② 杨凯生. 关于去杠杆的几点思考 ［N］. 第一财经日报，2017 – 06 – 26.

③ 杨凯生. 当前稳步推进金融去杠杆的战略考量 ［J］. 中国党政干部论坛，2017 （6）：43 –47.

识并加快推动房地产税的立法工作，^① 稳步快速推进租售同权，剥离附加在房产所有权上的各种城市公共服务，降低居民单纯为了投资而持有房产的意愿，杜绝房产的投机行为。在此过程中，也需要优化居民收入结构，配套加快推进户籍制度改革。

二、用好双支柱调控框架

在去杠杆的过程中，需要充分利用好货币政策和宏观审慎政策双支柱调控框架，根据两个支柱各自的主要政策目标和功能特点综合使用。

（一）宏观审慎政策出台的背景

宏观审慎政策是利用审慎工具来防范系统性金融风险，降低金融危机发生的频率及其影响程度的政策。^② 从全球范围看，2008 年国际金融危机之前，各国普遍采用的微观审慎政策主要关注单个金融机构的稳健，未充分关注个体理性导致集体非理性的问题，也忽视了单个金融机构通过业务关联对系统性金融风险的贡献。^③ 也就是说，如何防范金融机构个体风险发展成为系统性风险，成为货币政策和微观审慎政策之间的空白区域。^④2008 年国际金融危机之后，全球主要经济体都发现，以控制通货膨胀为目标的货币政策和以资本监管为核心的微观审慎政策这一金融管理框架存在诸多缺陷，^⑤ 因而对金融管理和宏观调控框架进行了改革，以防范和化解系统性金融风险为目标的宏观审慎政策自然成为这次改革的核心内容^⑥。在此情况下，就需要研究探索宏观审慎政策。

① 贾康. 在"税收法定"轨道上推进房地产税改革［EB/OL］. http：//www. sohu. com/a/213562776_499083，2017 – 12 – 29.
② 张晓慧. 宏观审慎政策在中国的探索［J］. 中国金融，2017（11）：23 – 25.
③ 郭子睿，张明. 货币政策与宏观审慎政策的协调使用［J］. 经济学家，2017（5）：68 – 75.
④ 张晓慧. 宏观审慎政策在中国的探索［J］. 中国金融，2017（11）：23 – 25.
⑤ 郭子睿，张明. 货币政策与宏观审慎政策的协调使用［J］. 经济学家，2017（5）：68 – 75.
⑥ 赵洋. 如何看待宏观审慎管理"升级"［N］. 金融时报，2016 – 01 – 04.

从国内的情况看，金融周期和经济周期开始分化，金融体系的复杂性、脆弱性明显增大，以货币政策为主的金融调控框架面临挑战，需要在金融调控框架中增加新的支柱，以更好地维护金融稳定。[①] 在此背景下，人民银行从 2009 年开始研究强化宏观审慎管理的政策措施，2011 年正式引入差别准备金动态调整机制，[②] 2016 年起正式将差别准备金动态调整机制"升级"为 MPA[③]。在 2016 年第四季度和 2017 年第一季度的货币政策执行报告中，人民银行均提到"MPA 已成为'货币政策＋宏观审慎政策'双支柱金融调控政策框架的重要组成部分"。[④] 党的十九大报告更是明确提出"健全货币政策和宏观审慎政策双支柱调控框架"。[⑤] 宏观审慎政策也由此上升到支柱政策的高度。

（二）双支柱的调控目标及其配合

货币政策和宏观审慎政策双支柱各自有不同的金融调控目标。货币政策作为总量政策，其主要目标是经济增长、物价稳定、充分就业和国际收支平衡，这仍然是其调控的重点，其主要针对经济周期发挥调控作用。宏观审慎政策的主要内容是从宏观或者逆周期的视角采取措施，直接作用于金融体系，目标则是防范由于金融系统的顺周期波动、跨部门传染而引发的系统性金融风险，[⑥] 抑制金融机构的杠杆过度扩张和顺周期行为，降低金融危机发生的频率及其负面影响，以维护金融系统的稳定，其主要针对金融周期发挥调控作用[⑦]。

---

① 张晓慧. 宏观审慎政策在中国的探索 [J]. 中国金融, 2017 (11)：23－25.

② 中国人民银行货币政策分析小组. 2015 年第四季度中国货币政策执行报告 [R]. http：//www. pbc. gov. cn/zhengcehuobisi/125207/125227/125957/index. html, 2016－02－06.

③ 中国人民银行货币政策分析小组. 2016 年第一季度中国货币政策执行报告 [R]. http：//www. pbc. gov. cn/zhengcehuobisi/125207/125227/125957/index. html, 2016－05－06.

④ 中国人民银行货币政策分析小组. 2016 年第四季度中国货币政策执行报告 [R]. http：//www. pbc. gov. cn/zhengcehuobisi/125207/125227/125957/index. html, 2017－02－17. 中国人民银行货币政策分析小组. 2017 年第一季度中国货币政策执行报告 [R]. http：//www. pbc. gov. cn/zhengcehuobisi/125207/125227/125957/index. html, 2017－05－12.

⑤ 习近平. 决胜全面建成小康社会 夺取新时代中国特色社会主义伟大胜利 [M]. 北京：人民出版社, 2017：34.

⑥ 娄飞鹏. 宏观审慎——防范系统性风险的利器 [N]. 大众日报, 2017－08－02.

⑦ 李超. 关于"宏观审慎框架"的常见理解误区 [EB/OL]. http：//www. sohu. com/a/68043071_119556, 2016－04－07.

货币政策和宏观审慎政策需要协调配合。一方面，虽然货币政策实施会通过金融机构的行为而对金融稳定起作用，但金融稳定并未成为货币政策的一个主要目标。赋予货币政策金融稳定的政策目标，又会降低其稳定物价的信誉，更会降低货币政策的实施效果。[1] 然而，宏观审慎政策虽然可以有效降低货币政策对金融稳定的不利影响，但也会对总产出和通货膨胀等产生短期的副作用。[2] 另一方面，在杠杆水平逐渐回落趋稳后，货币政策收紧资金面、抬高资金利率难以继续推动金融机构主动降杠杆，反而可能对金融体系乃至实体经济有负面影响。此时宏观审慎政策通过协调各方面监管、限制金融机构相关业务与行为的方式，可以使在资金面有所放松的情况下杠杆率仍难以回升。[3] 也正是如此，通过货币政策和宏观审慎政策双支柱的协调配合，相互补充强化，综合发挥不同调控手段的作用，可以更好地从整体上维护经济金融稳定。[4]

（三）用好双支柱调控框架去杠杆

去杠杆应成为当前货币政策的主基调，[5] 控制杠杆率必须控制货币[6]。在货币政策方面主要是控制好基础货币投放，合理控制货币供应量。杠杆率快速提高也是因为货币超发流动性充足所致，可以看作一种货币现象。从这个角度看，去杠杆需要从源头上控制好货币供给量，继续坚持稳健的货币政策，保持流动性不松不紧，通过管理好货币总量推动去杠杆。如果货币投放量增速高于 GDP 增长率与通货膨胀率之和，也说明经济实际上还是在不断地加杠杆，对货币政策的计划考核要同时关注存量和增量，首先把增量降下来，并逐步实现以存量为主、增量为辅的管理方式，才能真正降杠杆。[7] 与此同时，积极稳妥推动货币政策调控框架从数量型转向价

① 郭子睿，张明. 货币政策与宏观审慎政策的协调使用 ［J］. 经济学家，2017（5）：68 - 75.
② 郭子睿，张明. 货币政策与宏观审慎政策的协调使用 ［J］. 经济学家，2017（5）：68 - 75.
③ 明明."双支柱"如何协调货币政策和监管政策的关系 ［EB/OL］. http：//www. sohu. com/a/208804270_475968，2017 - 12 - 06.
④ 周子章."货币 + 宏观审慎"双支柱政策日渐清晰 ［N］. 上海证券报，2017 - 03 - 31.
⑤ 易宪容. 经济新常态下央行货币政策应去杠杆 ［J］. 新金融，2015（1）：22 - 26.
⑥ 陆磊. 建立宏观审慎管理制度有效防控金融风险 ［N］. 学习时报，2017 - 04 - 05.
⑦ 姜建清. 只有货币投放走上"存量为主"之路，金融业才能真正开始去杠杆 ［EB/OL］. http：//finance. sina. com. cn/wm/2017 - 05 - 08/doc - ifyeycte9160284. shtml，2017 - 05 - 08.

格型，创新货币政策工具并做好搭配使用。利率市场化改革继续推进的重点在于建立健全与市场相适应的利率形成、传导和调控机制，提高人民银行调控市场利率的有效性；人民币汇率形成机制改革需要继续保持人民币在合理均衡水平上基本稳定，同时要增强其汇率弹性，强化利率、汇率传导机制。①

非金融部门高杠杆的资金来源主要还是金融部门，在非金融部门去杠杆时，既要控制货币总体供给量，引导非金融部门的总体预期，② 也要充分利用好金融手段③。通过货币政策控制基础货币投放，合理确定准备金缴纳范围和比例以调节货币乘数，增加金融机构资产配置成本，抑制信用的无序扩张。在优化货币供给，更多运用价格型流动性管理工具调节货币供给时，根据市场变化调节不同期限的货币供给量，以价格或期限调节方式提高金融机构的负债成本，降低资产和负债之间的利差，从而推动金融机构主动去杠杆。④

目前，人民银行已经建立了公开市场逆回购、TLF、SLF、MLF、PSL等相对完整的流动性调节工具，并且通过近两年的运行积累了较多的经验，后续可以继续结合市场变化，流动性情况灵活运用以调节货币供给，保持总体流动性稳定平衡。⑤ 结合人民银行基础货币供给方式的变化，对SLF、MLF等制定合理的利率，适当提高商业银行从人民银行融资的利率，通过货币政策引导金融市场利率上行，减少同业存单和同业理财之间的利差。要降低中小型商业银行大量发行同业存单的冲动，而这又需要以利率抬升，消除同业存单利用期限错配谋取套利机会为前提，这也需要不断提高货币供给利率。2016 年 8 月以来，人民银行在基础货币供给中，通过锁短放长，减少短期货币资金供给并增加长期货币资金供给，从而起到抬高金融机构资金成本，进而减少债券市场资产泡沫的作用，就是很好

① 连平. 中国金融改革开放跨上新台阶 [N]. 金融时报，2017 – 10 – 23.
② 陆磊. 建立宏观审慎管理制度有效防控金融风险 [N]. 学习时报，2017 – 04 – 05.
③ 娄飞鹏. 非金融部门杠杆率现状与去杠杆建议 [J]. 西南金融，2017（7）：23 – 29.
④ 娄飞鹏. 金融与非金融去杠杆 [J]. 金融理论探索，2017（5）：20 – 26.
⑤ 宗良. 稳步推进去杠杆保持流动性稳定 [J]. 2017（8）：92.

的货币政策实践。① 美国、日本、韩国、泰国、冰岛、芬兰等国家在去杠杆的过程中都实施了降息，② 但其都是在金融危机之后去杠杆，面临较大提高经济增长的压力。我国目前所处的环境与这些国家去杠杆所处的环境不同，在利率调控上需要适宜适中，过高的利率可能导致债务负担加重，过低的利率又可能会刺激非金融主体增加负债，都会导致杠杆率提高。

去杠杆的过程中也要关注金融体系的稳定性，③ 需要人民银行充分利用好宏观审慎政策，抑制金融机构资产规模快速扩张，控制金融机构的顺周期行为。MPA 在保持对资本充足率这一核心指标充分关注的基础上，其指标体系包括资本和杠杆、资产负债、流动性、定价行为、资产质量、跨境业务风险、信贷政策执行情况七大方面的十多项指标。这些指标全面包括了数量和价格、间接融资和直接融资、表内资产和表外资产、跨时期和跨机构监测等多个方面，也有对金融机构稳健经营的要求，从事前引导转变为事中监测和事后评估，从而可以更有效地引导金融机构加强自我约束和自律管理。④ MPA 关注广义信贷，在满足资本约束的前提下，金融机构在发放多少贷款的问题上有更多的主动权，可以在广义信贷内部各细项资产类别间合理地调整摆布，促进金融机构提高自主定价能力和风险管理水平，从而让金融机构拥有更大的自主性和灵活度。

我国在宏观审慎政策探索方面走在全球的前列，作为其重要组成部分的 MPA，相对于差别准备金动态调整机制，其可以更有弹性、更加全面、更有效地发挥逆周期调节作用，⑤ 抑制金融机构杠杆率快速提高，因而在去杠杆的过程中要充分利用。人民银行于 2016 年第三季度开始将 MPA 考

---

① 娄飞鹏. 金融领域高杠杆的深层次成因与去杠杆建议 [J]. 西南金融，2017（6）：22 - 28.

② IMF. IMF Fiscal Monitor：Debt – Use it Wisely [R]. Washington，DC，2016：16.

③ Velimir Bolea，Janez Prašnikar，Domen Trobec. Policy Measures in the Deleveraging Process：A Macroprudential Evaluation [J]. Journal of Policy Modeling，2014，36（2）：410 - 432.

④ 中国人民银行货币政策分析小组. 2015 年第四季度中国货币政策执行报告 [R]. http：// www. pbc. gov. cn/zhengcehuobisi/125207/125227/125957/index. html，2016 - 02 - 06.

⑤ 中国人民银行货币政策分析小组. 2015 年第四季度中国货币政策执行报告 [R]. http：// www. pbc. gov. cn/zhengcehuobisi/125207/125227/125957/index. html，2016 - 02 - 06.

核中的外债风险扩充为跨境业务风险，^① 2017 年第一季度开始将表外理财纳入 MPA 广义信贷考核，并从 2018 年第一季度评估时将资产规模 5000 亿元以上的银行发行的一年期以内的同业存单纳入 MPA 同业负债占比指标进行考核。在此基础上，后续需要进一步完善 MPA 考核指标，增强宏观审慎政策对金融机构资产规模扩张的约束力和对金融周期的调节能力。在宏观审慎政策方面，其本身就是一个动态发展的框架，需要根据形势的发展和调控的需要，对框架、工具、措施等进行不断调整完善。MPA 体系也需要把更多的金融活动和资产扩张纳入进来，更好地对社会融资活动进行逆周期调节。

货币政策和宏观审慎政策双支柱调控框架逐渐清晰，有效增强了对宏观经济和系统性金融风险的调控能力，需要长期坚持并对其持续探索完善以有效去杠杆，也需要积极探索货币政策与宏观审慎政策的协调配合。^②货币政策更专注于经济基本面，以稳健的货币政策为经济发展提供良好的货币金融环境，稳定物价并促进经济增长，宏观审慎政策加强监管协调，开展逆周期调控，推动货币政策实施和传导，抑制资产价格的过度波动，控制过度加杠杆。^③ 还要进一步调整货币政策和宏观审慎政策的协调规则、时机、频率、强度等，以强化双支柱调控框架实施的政策效果。^④

三、着力强化金融监管

在利用货币政策合理调控货币供应量，利用宏观审慎政策约束金融机

① 中国人民银行货币政策分析小组. 2017 年第一季度中国货币政策执行报告 [R]. http://www.pbc.gov.cn/zhengcehuobisi/125207/125227/125957/index.html, 2017 – 05 – 12.

② 陈雨露. 建立"货币政策 + 宏观审慎政策"双支柱政策框架 [EB/OL]. http://finance.sina.com.cn/roll/2017 – 03 – 24/doc – ifycsukm3482182.shtml, 2017 – 03 – 24.

③ 李波. CF40 课题前瞻性研究"双支柱调控框架" [EB/OL]. 中国金融四十人论坛微信公众号, 2017 – 10 – 21.

④ 郭子睿，张明. 货币政策与宏观审慎政策的协调使用 [J]. 经济学家, 2017 (5): 68 – 75.

构资产规模快速扩张的同时，积极稳妥去杠杆也要强化金融监管。进一步而言，强化金融监管不仅是去杠杆的需要，也是国内经济金融健康持续发展的需要。

一是完善金融监管体系。党的十九大报告提出"守住不发生系统性金融风险的底线"，其中重要的一点是金融系统不发生系统性风险，这自然需要健全金融监管体系，让金融监管更加科学有效。随着国内金融发展水平的提高，金融业综合化经营的特点突出，金融机构之间的联系增强，金融风险也更加多样化、复杂化、链条化，原有分业监管体制存在的问题，监管协调机制不完善的问题都在暴露。① 因而，需要改革完善金融监管体制，优化金融监管体系框架，有效完善监管协调。第五次全国金融工作会议提出："设立国务院金融稳定发展委员会，强化人民银行宏观审慎管理和系统性风险防范职责。"② 2017 年 11 月 8 日，经党中央、国务院批准，国务院金融稳定发展委员会成立，其"作为国务院统筹协调金融稳定和改革发展重大问题的议事协调机构，以增强金融监管协调力度，提高监管协调的权威性和有效性"。通过有效的监管协调，持续强化对跨行业、跨市场、跨区域、跨周期风险的分析研判，填补监管空白，减少重复监管，防止监管套利，做好系统性金融风险防控。在金融监管体系建设中，也要加强行政处罚，完善信息披露机制，落实好问责机制，增大金融机构的合规压力，更好地推动金融回归本源，增强金融的稳健发展能力，增强金融服务实体经济的能力。

二是扩大金融监管范围。坚持金融业是特许经营行业的理念，不断把实际从事金融活动的机构和业务纳入监管范围。对于尚未纳入监管，或已纳入监管但有待加强，以及强化金融监管不会对实体经济发展造成重大负面影响的领域，应该成为完善金融监管的重点。无证经营或者超范围经营

① 周小川. 守住不发生系统性金融风险的底线［A］. 党的十九大报告辅导读本. 北京：人民出版社，2017：100–109.

② 新华社. 全国金融工作会议在京召开［EB/OL］. http：//www.gov.cn/xinwen/2017–07/15/content_5210774.htm，2017–07–15.

的问题需要重点整治，① 影子银行、资产管理行业、互联网金融和金融控股公司，② 这些都是亟待纳入或加强监管的领域。目前对银行业表内监管相对严格，表外监管则存在盲区，因此需要加强对表外业务的监管。如加强对表外理财投资债券产品种类及投资规模的监测，规范债券回购和质押融资，设定债券投资产品杠杆上限，严格控制债券交易的杠杆率。③ 不仅如此，还要通过金融监管积极引导银行表外资产该转入表内的稳妥有序转入表内，并足额计提资本，以保障资本充足率的监管实效。银行业金融机构大规模开展委外投资，其中部分原因是刚性兑付的存在要求其为了兑付理财产品的收益而不得不开展委外投资，④ 因而需要稳步有序打破刚性兑付，⑤ 让银行理财业务向真正的资产管理业务转型。不仅如此，也要严格要求银行业审慎开展委外投资，并对委外投资实行限额管理。

对于同业存单既要鼓励其发挥积极作用，又要逐步完善监管。从国际经验和国内大环境来看，同业存单作为商业银行的主动负债工具，推动金融机构杠杆率提高有一定的必然性。美国在 20 世纪 80 年代，日本在 20 世纪 90 年代利率市场化改革完成初期，都出现了金融机构利用同业存单大规模增加主动负债的情况，这说明利用同业存单增加主动负债并提高杠杆率具有一定的普遍性。我国在 2015 年从政策层面放开存款利率浮动上限，在此之前的 2013 年 12 月，人民银行再次同意银行业存款类金融机构发行同业存单，金融机构也刚好利用这一点来增加主动负债，与美国、日本的情况基本一致。而从两国当时的应对看，因为应对不善，美国出现银行业危机，日本则刺破泡沫导致经济从此萎靡不振。这启示我们，商业银行把同业存单作为主动负债加杠杆的主要金融工具，是利率市场化后银行业的普遍反应，需要为其发展留下一定的空间，但也要看到同业存单的大

① 周小川. 守住不发生系统性金融风险的底线 [A]. 党的十九大报告辅导读本. 北京：人民出版社，2017：100 – 109.
② 周小川. 未来将重点关注互联网金融、金融控股公司等四方面问题 [EB/OL]. http：//finance. ifeng. com/a/20171016/15726260_0. shtml，2017 – 10 – 16.
③ 娄飞鹏. 金融领域高杠杆的深层次成因与去杠杆建议 [J]. 西南金融，2017 (6)：22 – 28.
④ 伍戈. 金融去杠杆的"虚"与"实"[J]. 金融博览，2017 (14)：94.
⑤ 张帏栋. 金融去杠杆下的刚性兑付 [N]. 金融时报，2017 – 09 – 11.

量发行快速提高了金融机构的杠杆率，而且期限错配、空转套利情况较多，也隐含较大的风险，需要妥善应对，及时压降金融杠杆，规范同业存单的发展，维护经济金融稳定。①

目前来看，可对同业存单采取的监管措施有 4 个：第一，将同业存单纳入同业负债，从而受到《关于规范金融机构同业业务的通知》（银发〔2014〕127 号）"单家商业银行同业融入资金余额不得超过该银行负债总额的三分之一"的约束。《2017 年第二季度货币政策执行报告》明确："拟于 2018 年第一季度评估时起，将资产规模 5000 亿元以上的银行发行的一年以内同业存单纳入 MPA 同业负债占比指标进行考核。"② 之后，人民银行也要求各家商业银行在 2018 年同业存单发行额度备案时，不得超过 2017 年 9 月底其总负债的三分之一减去同业负债的额度。以此来控制同业存单的发行规模，减少单纯依靠同业存单开展期限错配、放大杠杆的套利行为。第二，对发行同业存单吸收的存款提出缴纳存款准备金要求，从而降低其货币创造能力。在这方面，国外主流的做法是同业存单吸收存款一般不缴纳存款准备金，③ 我国若要求缴纳存款准备金需要谨慎。第三，完善对同业存单有关投资行为计提拨备和资本。《关于开展银行业"不当创新、不当交易、不当激励、不当收费"专项治理工作的通知》（银监办发〔2017〕53 号）提出，同业投资业务要"根据基础资产的性质，足额计提拨备和资本"，可以考虑根据基础资产的性质对同业存单投资计提拨备和资本。第四，减少同业存单利益链条中的多层嵌套。2017 年银监会出台的多个监管文件均提出，要治理多层嵌套难以穿透基础资产的情况，需要围绕这方面明确多层嵌套的具体标准。④

三是提高金融监管效能。金融监管的实施也需要逐步完善：第一，全面提高监管的有效性、针对性、稳健性，强化金融监管的专业性、穿透

---

① 娄飞鹏. 资金循环流转视角的去杠杆思路 [J]. 浙江金融, 2017 (7)：22 – 30.

② 中国人民银行货币政策分析小组. 2017 年第二季度货币政策执行报告 [EB/OL]. http://www. pbc. gov. cn/zhengcehuobisi/125207/125227/125957/index. html, 2017 – 08 – 11.

③ 李刚, 王晴. 同业存单推动利率市场化的国际经验 [J]. 银行家, 2014 (3)：76 – 79.

④ 娄飞鹏. 金融去杠杆视角的同业存单发展与监管分析 [J]. 金融发展研究, 2017 (7)：59 – 64.

性，强化综合监管。① 通过有效的金融监管增进金融机构间的公平竞争，以提高金融机构的效率并增进金融稳定。② 第二，充分考虑金融创新中的风险，③ 瞄准功能监管和行为监管的改革方向，全面建立功能监管和行为监管框架。对同类金融产品开展统一监管，如对资产管理产品、债券发行等实行统一监管、统一管理，减少或消除同类产品监管标准不一致引发的监管套利问题。第三，根据不同金融机构的特点，以全面的金融监管让其回归本源业务，规范金融市场业务发展。④ 最典型的是资产管理业务，要实施有针对性的监管，围绕打破刚性兑付，回归受托理财的本源，减少金融机构为保障兑付而进行的加杠杆行为。第四，加强金融监管规则与制度建设，强化金融业综合统计，⑤ 规范数据指标体系，完善各类监管信息系统，加强不同信息系统之间的协同建设和共享应用，打破数据孤岛，运用大数据提升监管效能。

四是合理把握监管从严节奏。杠杆率快速提高存在较大的风险，快速去杠杆也易于引发新的风险。从金融部门去杠杆、防范系统性金融风险的角度看，实施上述监管措施都是必要的，在此过程中需要重点考虑的是监管措施落地的节奏和力度。在金融机构加杠杆的过程中，同业存单被大量运用，其中隐含着较大的风险，需要对其加强监管。然而，金融机构利用同业存单的套利链条具有较强的刚性，骤然压降同业存单发行规模，有可能导致部分商业银行流动性紧张甚至面临流动性危机，委外投资资金链断裂影响股票市场、债券市场，处理不好也可能会在短期内提高实体经济的融资成本。面对这种情况，需要坚持同业存单作为商业银行的流动性管理

① 周小川．守住不发生系统性金融风险的底线［A］．党的十九大报告辅导读本．北京：人民出版社，2017：100－109．

② Gianni De Nicolò, Marcella Lucchetta. Bank Competition and Financial Stability：A General Equilibrium Exposition［R］. IMF Working Paper，WP/11/295，2011．

③ Nicola Gennaioli, Andrei Shleifer, Robert Vishny. Neglected Risks, Fnancial Innovation, and Fnancial Fragility［J］. Journal of Financial Economics，2012，104（3）：452－468．

④ 娄飞鹏．非金融部门杠杆率现状与去杠杆建议［J］．西南金融，2017（7）：23－29．

⑤ 周小川．守住不发生系统性金融风险的底线［A］．党的十九大报告辅导读本．北京：人民出版社，2017：100－109．

工具，对进一步推动利率市场化改革发挥着积极作用，① 发展需要规范但不宜全面禁止的思路，全面摸清同业存单的现状，合理评估同业存单纳入监管的短期和长期影响，逐步收紧监管规范同业存单发展，让商业银行等金融机构的资产扩张速度逐步回归理性，实现同业存单规范发展和金融稳步去杠杆的有机统一②。在强化金融监管的同时，也要充分考虑金融创新服务经济中"三新"的需要，保护金融机构正当创新的积极性。③

四、加快发展直接融资

党的十九大报告提出："提高直接融资比重，促进多层次资本市场健康发展。"④ "十三五"规划纲要也提出："积极培育公开透明、健康发展的资本市场，提高直接融资比重，降低杠杆率。"⑤ 党和政府近年来的重要会议、文件中反复强调要提高直接融资比重，这不仅是建设现代化经济体系的要求，也是去杠杆的有效举措。

（一）发展直接融资的理由

一是提高经济发展质量的需要。"我国经济已由高速增长阶段转向高质量发展阶段，正处在转变发展方式、优化经济结构、转换增长动力的攻关期。"⑥ 未来经济发展中，"三新"正在逐步成为经济发展的新动力，其

① 张欣怡. 利率市场化背景下同业存单对我国货币市场的作用 [J]. 生产力研究，2014（4）：45 – 49、86.

② 娄飞鹏. 金融去杠杆视角的同业存单发展与监管分析 [J]. 金融发展研究，2017（7）：59 – 64.

③ 娄飞鹏. 金融领域高杠杆的深层次成因与去杠杆建议 [J]. 西南金融，2017（6）：22 – 28.

④ 习近平. 决胜全面建成小康社会 夺取新时代中国特色社会主义伟大胜利 [M]. 北京：人民出版社，2017：34.

⑤ 新华社. 中华人民共和国国民经济和社会发展第十三个五年规划纲要 [EB/OL]. http://news. xinhuanet. com/politics/2016lh/2016 – 03/17/c_1118366322. htm，2016 – 03 – 17.

⑥ 习近平. 决胜全面建成小康社会 夺取新时代中国特色社会主义伟大胜利 [M]. 北京：人民出版社，2017：30.

共同特点是资本密集型、技术密集型特点突出，在融资方面，银行业以重资产为基础的抵押融资模式对其不再适用。这决定了国内融资模式也会发生较大的变化，高度依赖债务融资的模式不利于经济发展。因而，需要强化法制和制度建设，[①] 进一步从供求两方面推动债券融资和股权融资的规模扩大，更多地通过直接融资服务于经济增长新动力。也正是从这个角度看，加快发展直接融资也是建设现代化经济体系的要求。

二是增强金融市场稳定性的需要。以资本市场为主体的金融市场稳定性更高。[②] 金融发展历史表明，真正的市场规律约束只能来自资本市场，也就是股票市场和中长期债券市场，而不是短期的流动性工具市场，包括银行存款、货币市场等。[③] 资本市场也能够对整体金融和经济体系起到稳定器的作用。[④] 资本市场发达并且以直接融资为主导的经济体，在金融危机之后，经济复苏的速度更快且质量更高，在经济复苏的 4 个季度中直接融资为主的经济体 GDP 增速比间接融资为主的经济体高出 0.8%，[⑤] 也就是说，其在金融危机之后比银行为主导的国家经济修复能力更强。虽然 2008 年国际金融危机源自美国，但其危机后的经济复苏速度快于欧元区和日本，部分原因是以资本市场为主的金融体系的灵活性较高，顺周期性较小。[⑥]

三是控制杠杆率快速提高的需要。一般而言，发达国家企业资金需求的 60%～70% 甚至更高比例通过资本市场解决，有利于稳定其非金融企

---

① Rafael La Porta, Florencio Lopez – de – Silanes, Andrei Shleifer, Robert W. Vishny. Law and Finance [J]. Journal of Political Economy, 1998, 106 (6): 1113 – 1155.

② 彭文生. 渐行渐近的金融周期 [M]. 北京：中信出版集团，2017：358.

③ Gary Gorton. Slapped in the Face by the Invisible Hand: Banking and the Panic of 2007 [R]. Paper Prepared for the Federal Reserve Bank of Atlanta's 2009 Financial Markets Conference: Financial Innovation and Crisis, May 11 – 13, 2009.

④ 彭文生. 渐行渐近的金融周期 [M]. 北京：中信出版集团，2017：358.

⑤ Julien Allard, Rodolphe Blavy. Market Phoenixes and Banking Ducks: Are Recoveries Faster in Market – based Financial Systems? [R]. IMF Working Paper, WP/11/213, 2011.

⑥ Gary Gorton. Slapped in the Face by the Invisible Hand: Banking and the Panic of 2007 [R]. Paper Prepared for the Federal Reserve Bank of Atlanta's 2009 Financial Markets Conference: Financial Innovation and Crisis, May 11 – 13, 2009.

业的杠杆率。① 英国、美国等资本市场发达的国家，其非金融企业的杠杆率也低于中国、日本等银行金融机构发达的国家。② 对间接融资的依赖度较高而直接融资较低导致我国杠杆率整体较高，特别是在非金融部门更是如此。非金融企业去杠杆的过程也是优化其资本结构的过程，③ 而金融供给结构很大程度上决定了非金融部门尤其是非金融企业的债务结构，改善非金融部门的债务结构，优化其资本结构就需要调整金融供给结构④。权益融资占比越高杠杆率就越低，⑤ 去杠杆自然需要发展好权益融资⑥。有必要澄清的是，并非所有的直接融资都能显著降低非金融企业的杠杆率。去杠杆的关键不是调整直接融资与间接融资的比例，而是调整债务融资和股权融资的比例，提高股权融资比重降低债务融资比重。⑦ 在直接融资中，债券融资仍然是债务性融资，并不能大幅度降低非金融企业的杠杆率，但是能调节直接融资和间接融资的比例，股权融资才能从根本上降低非金融企业的杠杆率，这也应该是从去杠杆的角度看发展直接融资的重点。

（二）积极发展股权融资

股票市场天然有助于要素优化和创新激励，在国内不同部门资产负债不平衡的情况下，以资产证券化方式，借助资本市场满足新兴产业的融资需求，也是去杠杆的一个重要方式。⑧ 股权融资在我国发展还有较多的问题，此处重点围绕科技型企业股权融资来分析在扩大股权融资中需要解决

① 刘志彪. 去产能、去杠杆、重构价值链与振兴实体经济 [J]. 东南学术, 2017 (5): 110 - 117.

② 朱鸿鸣, 薄岩. "去杠杆"的五大误区: 认知根源及其危害 [J]. 发展研究, 2016 (12): 35 - 38.

③ 刘喜和, 周扬, 穆圆媛. 企业去杠杆与家庭加杠杆的资产负债再平衡路径研究 [J]. 南开经济研究, 2017 (3): 111 - 126.

④ 王国刚. "去杠杆": 范畴界定、操作重心和可选之策 [J]. 经济学动态, 2017 (7): 16 - 25.

⑤ 何自云. 去杠杆、融资结构与储蓄者损失承担意愿分析 [J]. 农村金融研究, 2017 (11): 13 - 17.

⑥ 娄飞鹏. 非金融部门杠杆率现状与去杠杆建议 [J]. 西南金融, 2017 (7): 23 - 29.

⑦ 杨凯生. 关于去杠杆的几点思考 [N]. 第一财经日报, 2017 - 06 - 26.

⑧ 刘喜和, 周扬, 穆圆媛. 企业去杠杆与家庭加杠杆的资产负债再平衡路径研究 [J]. 南开经济研究, 2017 (3): 111 - 126.

的问题。在经济转型发展，增强我国经济创新力的过程中，都需要科技型企业发挥更大的作用，目前国内资本市场虽然推出了的创业板、中小企业板、新三板、新四板等，使一些具备自主创新和可持续发展能力的科技型中小企业可以通过上市渠道融资。然而，以百度、阿里、腾讯、京东等为代表的科技型企业都选择在国外上市，这些企业上市后在资本市场都有很好的表现，其之所以不选择在国内上市，也从一个侧面说明国内在股权融资过程中存在一些待解决的问题。

一是优化公司股票发行及上市准入、管理和退出制度。国内股权融资还有较多的制度性问题，需要根据经济发展的实际情况及时修订完善，加快健全和完善多层次股权市场，为非金融企业股权融资提供更加完善友好的制度支持。[①] 第一，结合科技型企业的特点，合理调整上市企业盈利水平等方面的限制，降低企业上市融资的准入门槛。《证券法》规定：公司公开发行新股，应当符合的条件包括"具有持续盈利能力，财务状况良好"，申请股票上市的"公司股本总额不少于人民币 3000 万元"。对科技型企业而言，其融资需求较旺盛的阶段往往是需要大规模研发投入的阶段，此时不仅不盈利反而在财务报表上体现为亏损，并且规模较小，现行规定显然不利于其上市融资。第二，完善股权估值定价。科技型企业的固定资产较少而技术投入较多，在估值方面处于不利地位，需要针对其特点加强估值人才队伍建设，优化完善估值方法，提高估值的专业化水平。第三，优化信息披露。技术信息是科技型企业最核心的信息，也是其最宝贵的无形资产，在信息披露过程中如何做到既满足投资者需求，又能够保护好企业的专利信息需要合理平衡。第四，完善退出机制。重点是简化退市流程，完善企业破产清算制度。

二是完善股票投资交易管理。在国内股票交易市场，散户占比较高而机构投资者占比较低，股票交易投机氛围浓厚，容易导致市场波动。根据中国证券登记结算有限责任公司的统计数据，2016 年底，我国证券市场投资者为 11811.04 万户，比 2015 年增加 1900.5 万户，其中，自然人投资

---

① 娄飞鹏. 非金融部门杠杆率现状与去杠杆建议 [J]. 西南金融，2017 (7)：23 - 29.

者为 11778. 42 万户，比 2015 年增加 1896. 27 万户，非自然人投资者为 32. 62 万户，比 2015 年增加 4. 24 万户，自然人投资者绝对数占比为 99. 72%，新增数占比为 99. 78%。[1] 在这种情况下，需要根据主板市场、中小板市场、创业板市场的具体特点，差异化股票市场交易规则，从交易规则方面推动多层次股票市场发展。[2] 要依法加强市场监管，保护投资者权益，做好投资者教育，引导投资者更多地开展价值投资，稳定市场预期，减少各种非理性交易行为引发的市场波动。在扩大证券交易所主板市场的同时，深入发展中小板市场，深化创业板市场改革。

三是扩大股权投资主体范围。要进一步扩大股票市场对外开放程度，提高外国投资者在我国金融市场投资的自由度。准许金融机构开展股权融资。以商业银行为例，根据《商业银行法》《商业银行资本管理办法（试行）》《银行抵债资产管理办法》的相关规定，在国家没有另行规定的情况下，我国商业银行不能向非银行金融机构或企业进行股权投资。这些规定也是银行与证券公司、信托公司合作，绕道为非金融部门提供融资支持，并引发资金链条延长和杠杆率提高的原因之一。因而，需要研究推动银行业通过股权投资服务非金融部门，降低非金融部门的杠杆率。另外，在人口老龄化背景下，需要积极探讨把居民的高储蓄转化为股权投资，或者通过养老金投资为资本市场提供稳定的长期投资资金。[3] 在这方面，全球养老金的股权配置远超过 20%，很多北欧国家超过 50%，[4] 其成功经验值得借鉴。

---

① 中国证券登记结算有限责任公司. 中国证券登记结算统计年鉴（2016）［EB/OL］. http：//www. chinaclear. cn/zdjs/tjnb/center_datalist. shtml，2017 – 07 – 07.

② 王国刚. "去杠杆"：范畴界定、操作重心和可选之策［J］. 经济学动态，2017（7）：16 – 25.

③ 姚余栋. 养老金融、个税改革与去杠杆［J］. 金融客，2016（9）：12 – 13.

④ 姚余栋. 养老金融、个税改革与去杠杆［J］. 金融客，2016（9）：12 – 13.

五、深化金融领域改革

党的十九大报告提出："深化金融体制改革，增强金融服务实体经济能力。"① 去杠杆也要做好金融领域的改革。在这方面，具体的改革思路是提升金融自身发展能力，优化金融市场环境，最终目标要落实到增强金融服务实体经济能力上来。金融需要围绕党的十九大报告提出的重大发展战略，在深化供给侧结构性改革、加快建设创新型国家、实施乡村振兴战略、实施区域协调发展战略、加快完善社会主义市场经济体制、推动形成全面开放新格局六大现代化经济体系建设任务，推动社会主义文化繁荣兴盛，打赢扶贫攻坚战、实施健康中国战略、有效维护国家安全，建设美丽中国等领域深入挖掘服务潜力，服务新的增长点、新动能。围绕绿色金融、普惠金融、科技金融、老龄金融等开展更具有针对性的产品创新，更好地服务于居民消费升级、低收入和弱势群体、科技型中小企业、老龄人口等领域，提高金融产品和实体经济金融需求的匹配度。

一是增强金融服务实体经济能力。金融和实体经济密不可分，互促共生。实体经济发展既为金融发展提供了基石，也需要金融发展来推动实体经济发展。"金融是实体经济的血脉，为实体经济服务是金融的天职，是金融的宗旨，也是防范金融风险的根本举措。"② 从历史发展的角度看，金融是经济发展到一定阶段的产物，为满足经济发展的需要而产生，并随着经济的迂回曲折、复杂化而逐步复杂化。③ 在我国建设现代化经济体系的过程中，会更加注重经济发展的质量，创新在经济发展中的作用也会更

---

① 习近平. 决胜全面建成小康社会　夺取新时代中国特色社会主义伟大胜利 [M]. 北京：人民出版社，2017：34.

② 新华社. 全国金融工作会议在京召开 [EB/OL]. http：//www. gov. cn/xinwen/2017 - 07/15/content_5210774. htm，2017 - 07 - 15.

③ 娄飞鹏. 经济视角的金融复杂性问题 [J]. 金融市场研究，2017 (1)：116 - 122.

加突出，"三新"将会在经济发展中发挥更大的作用，也会有新的金融服务需求，需要通过金融机构商业模式、金融产品、风险管理模式等方面的创新来加以满足，通过金融创新服务实体经济发展势在必行。[①] 如资本密集型行业和技术密集型行业一般都是轻资产型行业，专业技术和专业设备的通用性较弱，企业又难以提供足值的不动产抵押，此时不仅需要商业银行创新风险管理方式为企业提供间接融资，更需要发展好创投、风投机构为其提供长期的资金支持。对目前为去杠杆而正在实施的债转股和不良资产证券化，要严格遵循市场化规则，在法制框架下组织实施。[②]

二是加快金融机构转型发展。在发展理念上，需要进一步加强稳健经营理念的宣传引导，真正坚持稳健经营。对于银行业金融机构要尽可能地做到适度风险适度收益，在市场拓展中牢固坚持自身的风险偏好。[③] 从注重增长速度转向注重发展质量，从重资本业务结构转向轻资本业务结构，利用现代科技手段，推动金融服务质量和效率提高。[④] 在组织架构上，完善内部组织管理架构，特别是金融同业业务的内部管理架构，以完善的组织架构规范业务发展，保障风险管理能力和业务复杂程度相匹配。在收入结构上，丰富金融机构的收入来源，减少金融机构特别是银行业对利差收入尤其是制度性利差收入的依赖，从根本上消除金融机构的规模偏好，减少为了快速扩张规模而加杠杆的行为。商业银行增加中间业务收入总量主要靠流量，不同于增大利差收入总量靠存量规模，因而可以尽可能提高中间业务收入规模和占比，减少对于规模的依赖。具体业务方面，需要积极探索投资银行业务服务实体经济的模式，提高资产配置和交易能力。在风险防控上，金融机构要能够切实根据自身的风险防控能力，确定自身的发展规模，自觉主动规避监管套利、关联套利和空转套利，消除由此带来的潜在风险隐患。[⑤] 在当前国内资产价格泡沫、影子银行、地方政府债务等

---

① 贾康. 金融改革需遵循七个"势在必行"［N］. 金融时报, 2017 – 12 – 25.
② 李扬. 综合施策去杠杆［J］. 中国经济报告, 2016 (10)：83 – 85.
③ 娄飞鹏. 金融领域高杠杆的深层次成因与去杠杆建议［J］. 西南金融, 2017 (6)：22 – 28.
④ 娄飞鹏. 经济和科技视角下, 商业银行如何转型［J］. 当代金融家, 2017 (7)：82 – 84.
⑤ 娄飞鹏. 金融领域高杠杆的深层次成因与去杠杆建议［J］. 西南金融, 2017 (6)：22 – 28.

重大风险防控压力较大的情况下，金融在服务实体经济的过程中要不断完善全面风险管理体系，通过制度建设、流程优化和创新工具等积极应对风险，增强风险的识别、计量、监测、缓释能力，强化主动风险管理，围绕重大风险做好重点防范，以金融安全增强国家安全。通过转型发展有效去杠杆，也增强金融机构自身的可持续发展能力，提高金融服务实体经济的质量。

三是深化金融市场机制改革。这方面重点是围绕让市场发挥决定性作用的理念，推动金融市场均衡协调发展，突出金融市场的统一性，完善金融市场利率传导，让利率价格机制切实发挥好作用。目前我国的利率传导过程大致是，由人民银行政策操作影响银行间市场为代表的货币市场利率，再进一步影响信贷市场、债券市场等实体经济融资利率。人民银行的货币政策操作对货币市场利率传导机制较通畅，但对信贷市场、债券市场的传导机制仍然需要进一步完善。利率在不同的市场传导存在差异，不同金融市场套利空间较大，不仅导致投资的碎片化，也为金融机构依靠加杠杆的方式扩大投资规模，从而赚取不同金融市场之间的利差创造了便利条件。对此，需要把金融部门去杠杆和完善金融市场利率传导相结合，真正实现在利率市场化背景下，强化利率传导管理，提高利率在不同市场间传导的效率，减少金融市场分割，从而减少在不同金融市场间的套利加杠杆行为。[①]

六、充分利用财政政策

就财政政策层面看，去杠杆也需要财政政策积极发力并关注财政系统的稳定性。[②] 一方面是通过财政政策调节私人部门加杠杆，另一方面是通

① 娄飞鹏. 金融领域高杠杆的深层次成因与去杠杆建议 [J]. 西南金融, 2017 (6): 22 – 28.

② Velimir Bolea, Janez Prašnikarb, Domen Trobecc. Policy Measures in the Deleveraging Process: A Macroprudential Evaluation [J]. Journal of Policy Modeling, 2014, 36 (2): 410 –432.

过财政手段实现政府部门加杠杆替代私人部门加杠杆。美国、爱尔兰、西班牙在去杠杆的过程中，也都利用了财政加杠杆的方式对金融机构实施救助。① 以政府部门加杠杆的方式的确能够对私人部门的杠杆率产生影响，② 除了通过帮助金融机构修复资产负债表让私人部门低成本获得信贷资金外，也可以直接对私人部门进行救助或扶持。在去杠杆的过程中，日本、韩国、泰国就曾经采用税收优惠的方式，推动非金融企业资产重组、转让等，美国、冰岛也采用对家庭部门住房按揭贷款利息实行补贴或者累进退税等税收优惠。③ 总之，财政政策在去杠杆过程中可以发挥较大的作用，我国的高杠杆率尚不足以引发金融危机，不需要财政采取救助措施，但在去杠杆的过程中也要充分加以利用。

一是发挥好财政的自动稳定器功能。财政投放的外生货币可以对冲信贷投放的内生货币的顺周期性，实现政策的逆周期操作，从而抑制经济周期和金融周期波动，抑制杠杆率快速提高。④ 这是由于财政投放的货币主要取决于政府的政策，是外生的。相对于人民银行发行货币并通过商业银行信贷投放进行货币创造而言，财政赤字扩大，政府发债支持的是与实体经济紧密相关的支出，如基础设施投资，或者公共服务和社会保障，其会导致通货膨胀，但不易引发资产泡沫。⑤ 因而，需要通过财政政策稳定货币投放，发挥好财政政策在经济发展中的自动稳定器作用。

二是减少地方政府的土地财政功能。非金融部门加杠杆的主体尤其是非金融企业往往是拥有土地使用权较多的主体，其可以提供足值的抵押物从商业银行等金融机构贷款融资，而金融机构之所以愿意为其融资也是看到土地价格只涨不跌。这背后的原因在于：1994 年分税制改革之后，与土地有关的税费收入划归地方政府所有，地方政府是土地供应的唯一合法

① 刘柏惠，寇恩惠. 促进社会去杠杆的财政政策研究 [J]. 经济社会体制比较，2017（4）：56 – 69.

② Òscar Jordà, Moritz Schularick, Alan M. Taylor. Sovereigns Versus Banks：Credit, Crises, and Consequences [J]. Journal of the European Economic Association, 2016, 14（1）：45 – 79.

③ IMF. IMF Fiscal Monitor：Debt – Use it Wisely [R]. Washington, DC, 2016：17.

④ 彭文生. 渐行渐近的金融周期 [M]. 北京：中信出版集团，2017：280 – 281.

⑤ 彭文生. 财政与货币关系的再审视 [J]. 金融市场研究，2015（3）：4 – 20.

主体。土地财政的存在让地方政府有动力维持地价不断上涨，从而为以土地使用权抵押的贷款融资提供便利，推动杠杆率提高。也正是从这个方面看，去杠杆需要尽快改革完善中央和地方财权与事权的划分，让地方政府摆脱对土地财政的依赖。

三是合理调节财政支出中建设性支出和保障性支出比例。财政建设性支出扩张往往推动产业链上游的国有企业杠杆率快速上升，对产业链下游民营企业杠杆率影响较小；而财政保障性支出扩张时则会推动产业链下游的民营企业杠杆率快速上升，对产业链上游国有企业杠杆率的影响较小。[①] 在国内国有企业杠杆率较高而民营企业杠杆率较低的情况下，去杠杆重点是压降国有企业的杠杆率。从这方面看，去杠杆需要在财政支出中适当突出保障性支出，但受制于目前国内经济发展阶段以及财政实力的限制，需要合理调节财政支出中建设性支出和保障性支出比例。这一做法也有助于民营企业投资需求的进一步增加，国有企业产能利用率提高，推动国有企业和民营企业去杠杆；[②] 还有助于间接提高居民收入水平并改善民生，有利于扩大居民消费，增强消费对经济增长的拉动作用，有助于居民部门去杠杆并带动经济整体去杠杆。

四是规范地方政府举债行为。非金融国有企业杠杆率较高，与我国财政体制不完善，中央政府和地方政府财权和事权不匹配，地方政府组建各类政府融资平台公司并以其代替地方政府融资有着密切的关系。由此一来，名义上是非金融企业的债务，但非金融企业承担了为政府融资的职能，实际上是政府部门的债务。因而，需要按照《关于加强地方政府性债务管理的意见》（国发〔2014〕43 号），以及 2015 年 1 月 1 日实施的《预算法》的要求，把发行地方政府债券作为唯一的举债方式，规范地方政府发债融资，剥离融资平台公司的政府融资职能，加快推进地方政府融资平台公司转型发展，严禁通过企事业单位作为融资主体为地方政府融

---

① 吕炜，高帅雄，周潮. 投资建设性支出还是保障性支出：去杠杆背景下的财政政策实施研究[J]. 中国工业经济，2016（8）：5 – 22.

② 吕炜，高帅雄，周潮. 投资建设性支出还是保障性支出：去杠杆背景下的财政政策实施研究[J]. 中国工业经济，2016（8）：5 – 22.

资，以此来降低非金融国有企业的杠杆率。开前门、堵后门，规范 PPP、政府引导基金发展，加大对各种隐性化地方政府债务的打击力度，加大对地方政府债务使用管理的绩效考核，严格违法违规举债终身问责制度，严格控制地方政府债务增量，加快推进地方政府专项债券发展，增强地方政府债券的流动性。另外，也要推进体制改革，理顺中央政府和地方政府财权和事权关系，继续做好地方政府债务置换，降低地方政府偿债压力。

五是做好税收政策的优化。一方面是逐步降低间接税的比重并提高直接税的比重。间接税占我国总体税收的比例为 60% ~ 70%，而发达经济体一般为 30% ~ 40%。[①] 间接税的纳税主体不一定是最终负税人，有利于征税管理，但其存在税收累退性质和较强的顺周期性，对宏观经济增长不能起到自动稳定器的作用，对经济运行效率提高也不利。就个人方面看，增值税、消费税等流转税的最终负税人是消费者，但高收入群体的消费占其收入的比例低，低收入群体的消费占其收入的比例高，所以流转税实际上具有累退性，不仅不能很好地调节收入分配差距，反而强化了中低收入人群的税收痛苦。[②] 就企业方面看，只要企业开工生产，发生货物和劳务交易，即使不盈利也会产生间接税，且间接税中有不少划归地方政府，这会鼓励地方政府追求经济规模甚于效益，导致低效率地重复建设和制造业的产能过剩。[③] 为形成去杠杆的长效机制，需要逐步改变间接税为主的税收模式，增加直接税的占比。同时，也要做好减费降税，以此来鼓励各类企业创新发展，降低企业经营压力，提高企业盈利能力，从而通过盈利水平提高来降低杠杆率。[④] 另一方面是结合去杠杆丰富财产税等税种。目前最迫切的是加快研究房地产税立法，实现房地产税税收法定。[⑤] 家庭部门加杠杆主要是抵押买房进行房地产投资，非金融企业加杠杆也与房地产抵

① 樊丽明，李昕凝．世界各国税制结构变化趋向及思考［J］．税务研究，2015（1）：39 – 47.

② 贾康．在"税收法定"轨道上推进房地产税改革［EB/OL］．http：//www. sohu. com/a/213562776_499083，2017 – 12 – 29.

③ 彭文生．渐行渐近的金融周期［M］．北京：中信出版集团，2017：283 – 287.

④ 毛振华．去杠杆与金融风险防范［J］．中国金融，2016（10）：87 – 89.

⑤ 贾康．在"税收法定"轨道上推进房地产税改革［EB/OL］．http：//www. sohu. com/a/213562776_499083，2017 – 12 – 29.

押有较大关系，其积极加杠杆的原因是对房价持续上涨的预期，以及房地产的保有成本较低，持有房地产的预期收益较高。因而，需要及时研究推出房地产税，加大对房产交易中印花税、增值税的征收，提高房地产的保有成本和交易成本，从而减少利用房地产抵押的加杠杆行为。从更深层次看，及时推出房地产税还有利于缓和经济周期和金融周期波动，经济向好时房地产价格上升政府税收随之增加，反之反是。① 也有利于缩减贫富差距，因为房地产作为主要资产其财富效应导致贫富差距拉大远胜过工资薪金收入。

七、优化政策协调配合

从经济周期和金融周期的角度看，杠杆率的提高也有周期性特点，高杠杆率即使有效去除也并非一劳永逸。在经济周期和金融周期的作用下，后续会再度出现高杠杆率，但这并不否定通过经济的良性发展，政策的有效搭配，金融的深化改革，可以降低高杠杆率出现的频率及其对经济社会发展造成的负面影响。美国、日本去杠杆的经验表明，单独依靠个别主体去杠杆会对宏观经济产生较大的负面影响。② 杠杆率高有着深刻的原因，去杠杆也是一个系统性的工程，需要金融、财政、税收、法律等领域有机配合形成系统性解决方案，因而要做好政策的协调配合，尤其是货币政策、金融监管政策和财政政策需要搭配协调，联动使用。

一是做好货币政策和金融监管政策的协调配合。货币政策与金融监管政策的政策目标和作用机制不一样，货币政策偏重总量，而金融监管政策则偏重结构。在没有货币政策逐步抬升利率的情况下，仅靠金融监管政策从严去杠杆很容易被金融机构创新所规避，而没有金融监管政策从严迫使

---

① 彭文生. 渐行渐近的金融周期 [M]. 北京：中信出版集团，2017：285.

② Kazuo Ueda. Deleveraging and Monetary Policy：Japan Since the 1990s and the United States Since 2007 [J]. Journal of Economic Perspectives，2012，26（3）：177-201.

金融机构去杠杆，仅靠货币政策从紧去杠杆则很容易引发泡沫崩盘的系统性风险。[①] 这要求在去杠杆的过程中两者要搭配使用，货币政策从紧推升短期资金利率以挤压杠杆，同时通过金融监管政策收紧迫使不同类型的资金主体有序逐步离场。在金融监管政策从紧取得阶段成果后，再次加大货币政策从紧力度以进一步挤压杠杆，金融监管政策也随之从紧，如此往复实现货币政策与金融监管政策交替从紧以实现稳妥去杠杆。[②] 在我国这一轮去杠杆的过程中采用了先收紧货币政策，再加强金融监管的做法，政策组合搭配得较好并且取得了明显的成效。

在杠杆有效稳定或者明显下降后，需要货币政策稳健，金融监管政策收紧。其理由在于：金融部门和非金融部门加杠杆，以及金融部门的期限错配都与充裕的流动性密不可分，[③] 去杠杆需要通过稳健的货币政策为经济金融发展提供适度从紧的流动性支持，增加各类主体加杠杆的利率成本。而货币政策要实现经济增长，物价稳定，充分就业和国际收支平衡的目标，推动宏观经济运行稳定，防止"债务—通货紧缩"风险，也需要有适宜的流动性，保障一定的通货膨胀水平，维持各类主体的收入稳步增长。特别是在高杠杆的结构性特点突出的情况下，国内杠杆率较高的行业或主体是资金获取能力较高的行业或主体，并不是资金利用效率较高或者资金需要程度较高的行业或主体，货币政策作为总量政策虽然具有结构性作用，但其从紧容易对实体经济产生较大的负面影响，甚至是确实需要外部资金支持的主体难以获得有效的资金支持。近 20 年来，国内杠杆率与CPI 衡量的通货膨胀率呈反向变动关系，通货膨胀率较高时杠杆率下降，简单采用紧缩型货币政策可能导致通货紧缩从而提高杠杆率，[④] 这也需要

① 明明."双支柱"如何协调货币政策和监管政策的关系［EB/OL］. http：//www. sohu. com/a/208804270_475968，2017 – 12 –06.

② 明明."双支柱"如何协调货币政策和监管政策的关系［EB/OL］. http：//www. sohu. com/a/208804270_475968，2017 – 12 –06.

③ 明明."双支柱"如何协调货币政策和监管政策的关系［EB/OL］. http：//www. sohu. com/a/208804270_475968，2017 – 12 –06.

④ 朱鸿鸣，薄岩."去杠杆"的五大误区：认知根源及其危害［J］. 发展研究，2016（12）：35 –38.

货币政策保持稳健。金融监管政策一方面是直接限制金融部门和非金融部门加杠杆的程度，打击各种投机交易行为，另一方面是引导资金流向，让资金流向更需要的领域或者利用效率更高的领域，从而实现在去杠杆的同时提高资金利用效率。

二是财政政策和货币政策的有效配合。除了前述的依靠财政政策推动去杠杆的具体做法外，财政政策和货币政策也要有效配合，以稳定整体的流动性水平。如结合财政投放、税收征缴的季节性特点，在财政投放资金较多的月份，货币政策公开市场操作中注意做好流动性回笼，在企业所得税纳税申报的月份，货币政策公开市场操作中注意做好流动性投放，以此来保持宏观流动性总体稳定。

三是通过完善法律规定提供制度保障。就法律层面看，主要是完善相关的股票发行与投资的法律法规，为企业通过资本市场进行股权融资提供制度支持。

后 记

　　经济学家经常成为人们吐槽的对象，尤其是其对经济走势和经济事件的预判与事实不符时更是如此。其中一部分原因在于，人们往往对经济学家的准确预判有意无意的忽视，对经济学家的错误预判则更加关注。即使经济学家多次准确的预判，但只要有一次错误的预判，就会导致人们更多地关注一次错误的预判带来的负面影响，而不去关注多次正确预判的正面影响。另一部分原因在于，如果经济学家做出了正确的预判，并且其预判得到人们的认同，人们就会事先采取预防性的措施，从而有可能使经济学家预测的事件没有发生，最终的结果还是会表现为经济学家的预判是错误的。还有一部分原因在于，经济现象并不能在限定条件的情况下开展实验，各种影响因素会不停地发生变化，对经济现象都会有这样那样的影响，甚至不乏有些因素及其影响经济学家的确没有关注到，从而导致出现错误的预判，这也是最主要的。无论从哪个角度看，理性的看法是经济学家对经济现象做出一些错误的预判是必然的，也是正常的，不能过多苛求。

　　尽管如此，仍然不能否定经济学研究的意义。面对浩瀚的宇宙，大部分都是人类所未知的，已知的反而只是极少部分。经济学研究为我们认识未知世界提供工具和方法，借助严密的理论逻辑对未来做出一些预测，在概率意义上提高预测的准确性，势必有助于我们更多地了解未知世界。通过对既有事件的研究，总结其中的特点和规律，可以减少类似问题重复出现的频率，或者降低其出现所造成的不良后果。毕竟，经济金融现象往往呈现周期性的特点，同类经济金融现象会周期性地出现。在历史会重复的情况下，深入系统的研究历史有助于更好地预判未来。经济周期、金融周期均是如此。我个人认为，经济金融现象之所以呈现周期性的特点，最根本的原因是人的生命有限而导致的代际更替。人的一生会经历不同的年龄阶段，在不同年龄阶段的行为方式特点，以及在经济社会中的角色地位都不一样，尽管同一个人在有了相关的教训后会少犯或者不犯同类错误，但不同的人到了同样的年龄段或者处于同样的角色时，则往往会受有限理性等因素影响而犯同类错误。人们会记住历史事件却记不住历史教训。这样一来，在人的代际更替中，同类错误会反复发生，经济周期、金融周期会反复出现，周期自然也就不可避免。

据此来看，加杠杆和去杠杆作为一种经济金融现象也是周期性的，目前我们所处的这一轮去杠杆既不是第一次，也一定不会是最后一次。因之前快速加杠杆，并且杠杆率在部分领域绝对水平较高，出现了较多的风险隐患，从而需要采取多种措施去杠杆。对此，我们可以认为，去杠杆的一个主要目的是化解潜在风险，但并不能因此而认为去杠杆就是完全有益的，也不能因此而只追求去杠杆而不讲究策略，去杠杆的领域、方法、措施、节奏、顺序等处理不好，同样会带来新的风险，加速风险隐患发展成风险事件，甚至是引发较大的风险，造成更大的危害。相对于盲目的追求加杠杆，去杠杆既然是主动作为就更需要客观理性的思考，深入系统的研究。关注去杠杆这一问题以来，我结合自己的工作实践进行思考，有一些个人的想法，并且发表了多篇文章讨论这个问题。在此过程中，我越来越清醒地认识到，去杠杆是个大课题，有着丰富的内容需要研究，也由此萌生了写本书较为系统地讨论这个问题的想法。这也促使我不断为之努力，尤其是在 2017 年国庆节之后，书稿的写作进入攻坚阶段，连续 4 个月经常熬到深夜甚至通宵，经过这一番努力，书稿终于在 2018 年 1 月底得以完成。预想中会很喜悦，而此时却并没有感到轻松，原因有二：其一是去杠杆的压力依然较大，自己的研究也只能是杯水车薪；其二是虽然我对去杠杆进行了系统的研究，也形成了一些成果，但自己也深知对这个问题的研究还有诸多值得进一步改进完善的地方，本书也是挂一漏万。

回想自己当年选择攻读博士学位的初衷，就是想毕业之后能够教书，做点研究。毕业之际求职时阴差阳错地选择了银行业，至今已从事金融实务工作近8年。在这其中，无论是在业务部门，还是在研究部门，也都在结合自己所从事的工作做些研究，形成了一系列的成果并得以公开发表。"物有甘苦，尝之者识；道有夷险，履之者知。"做这些事看似轻松，但个中甘苦只有自己最清楚，为此而放弃的闲暇时间自己也难以记起。如果问做这些事情的意义，我个人认为，其能够让我对一些问题看得更加客观、更加全面、更加理性、更加深刻。通过持续不断的学习研究，会增进我对经济金融的理解，这就是最大的收获。虽然经济金融现象纷繁复杂，其中的奥秘也难以全面学习掌握，但我相信"行之苟有恒，久久自芬芳"，只要不断地努力，就会了解掌握得更多，就会距离真相更近一步。正是为此，尽管要牺牲个人的闲暇时间，并且要持续不断地努力，今后我也会继续坚持下去，尽己之心。也就是说，在持续学习、深入研究、多出成果、提高能力的努力方向上，是没有周期的。

我个人的成长得益于恩师的教导，友人的帮助，家人的支持，每一点进步、每一分收获都有你们的贡献在其中。我一直提醒自己，要懂得感恩，对自己得到的关心、帮助，也会铭记在心，要感谢的人太多，不再详列，衷心祝愿好人一生平安。之前是女儿出生次年的国庆节开始，我进行了博士毕业论文的修订完善，并在2015年得以出版。现在是儿子出生次年的国庆节开始，我进行了本书的系统写作，并在2018年得以出版。这些事情只是巧合而非刻意选择，但正如一首歌所唱"床前小儿女，人间第一情"，与一双儿女的父女、父子缘分，尤其值得精心呵护，倍加珍惜。年幼的儿女更依赖父母，为他们营造好的成长环境也是我义不容辞的责任，我必须为此而不懈努力，同时希望他们能够"不累于俗，不饰于物，不苟于人，不忮于众"，也祝愿他们平安、健康、快乐！

娄飞鹏

2018 年 5 月 18 日于北京

后记

参考文献

［1］巴曙松，王月香．金融去杠杆的缘起与走向［N］．上海证券报，2017－04－19.

［2］白泽．欧元区去杠杆迟缓埋下金融风险［J］．中国外汇，2016（15）：28－30.

［3］卞永祖．"去杠杆"事关经济健康发展全局［EB/OL］．http：//business.sohu.com/20170314/n483335202.shtml，2017－03－14.

［4］陈雨露．建立"货币政策＋宏观审慎政策"双支柱政策框架［EB/OL］．http：//finance.sina.com.cn/roll/2017－03－24/doc－ifycsukm3482182.shtml，2017－03－24.

［5］陈志龙．良药苦口的"5－30"魔咒［N］．国际金融报，2013－03－22.

［6］CF40课题组．主动去杠杆还是被动去杠杆［J］．中国金融，2016（19）：12－14.

［7］催宇清．金融高杠杆业务模式、潜在风险与去杠杆路径研究［J］．金融监管研究，2017（7）：52－65.

［8］董希淼，杨芮．离明斯基时刻有多远［J］．中国金融，2017（21）：104.

［9］樊丽明，李昕凝．世界各国税制结构变化趋向及思考［J］．税

务研究，2015（1）：39 - 47.

[10] 冯明. 宏观债务管理的政策框架及其结构性去杠杆 [J]. 改革，2016（7）：104 - 114.

[11] 符林. 去杠杆的逻辑与策略 [J]. 中国金融，2017（13）：82 - 83.

[12] 高瑞东. 发达国家去杠杆启示 [J]. 中国金融，2016（10）：94 - 96.

[13] 高善文. 加杠杆与去杠杆 [J]. 清华金融评论，2014（7）：60 - 62.

[14] 高善文. 去杠杆将在长时间内持续 [J]. 清华金融评论，2017（8）：61 - 62.

[15] 顾海燕. 债券委外赎回的现状、原因与影响 [EB/OL]. http：//www. sohu. com/a/147654503_467322，2017 - 06 - 10.

[16] 管清友. 去杠杆的本土化思考 [J]. 新理财，2017（6）：52 - 54.

[17] 郭磊. 金融杠杆到底是什么？ [EB/OL]. http：//mt. sohu. com/20170320/n483991015. shtml，2017 - 03 - 20.

[18] 郭磊. 同业存单撬动结构性杠杆：从何而来、向何处去？ [EB/OL]. http：//business. sohu. com/20170329/n485419021. shtml，2017 - 03 - 29.

[19] 郭磊. 中国经济：分化的宏微观杠杆率 [EB/OL]. http：//www. sohu. com/a/157810738_475968，2017 - 07 - 17.

[20] 郭子睿，张明. 货币政策与宏观审慎政策的协调使用 [J]. 经济学家，2017（5）：68 - 75.

[21] 何自云. 去杠杆、融资结构与储蓄者损失承担意愿分析 [J]. 农村金融研究，2017（11）：13 - 17.

[22] 胡继晔. 去杠杆与防范系统性金融风险 [N]. 学习时报，2017 - 02 - 24.

[23] 黄益平. 去杠杆进展出乎预料，接下来要在杠杆结构上多做文章 [EB/OL]. https：//wallstreetcn. com/articles/3051724，2017 - 12 - 25.

［24］黄益平. 这是一个分子与分母的故事：黄益平详解中国杠杆率为什么这么高［EB/OL］. https：//wallstreetcn. com/articles/3037908，2017 - 10 - 29.

［25］贾康. 建设新时代的现代化经济体系——从我国社会主要矛盾的转化看以供给侧结构性改革为主线［J］. 人民论坛·学术前沿，2018（5）：52 - 54.

［26］贾康. 金融改革需遵循七个"势在必行"［N］. 金融时报，2017 - 12 - 25.

［27］贾康. 如何看待中国债务水平［N］. 经济日报，2017 - 09 - 29.

［28］贾康. 新供给之《中国式去杠杆：空中加油》［N］. 第一财经日报，2014 - 11 - 06.

［29］贾康. 在"税收法定"轨道上推进房地产税改革［EB/OL］. http：//www. sohu. com/a/213562776_499083，2017 - 12 - 29.

［30］姜超，梁中华，李金柳，宋潇. 有没有一种模式，居民杠杆一直飙？［EB/OL］. https：//wallstreetcn. com/articles/3042341，2017 - 11 - 21.

［31］姜超，梁中华. 金融杠杆是怎样炼成的？［EB/OL］. http：//money. 163. com/17/0314/07/CFFJ4KHL002580S6. html，2017 - 03 - 14.

［32］姜超. 金融去杠杆走向何方——从信用扩张和货币政策看债市［EB/OL］. http：//wallstreetcn. com/node/288308，2017 - 02 - 07.

［33］姜建清. 只有货币投放走上"存量为主"之路，金融业才能真正开始去杠杆［EB/OL］. http：//finance. sina. com. cn/wm/2017 - 05 - 08/doc - ifyeycte9160284. shtml，2017 - 05 - 08.

［34］降蕴彰. 家庭债务"灰犀牛"隐现［J］. 财经，2017（29）：56 - 61.

［35］金微. 融资平台启动全面转型 顶层设计或出台［N］. 2017 - 07 - 10.

［36］孔祥，何帆. 金融去杠杆去到哪儿了？［EB/OL］. http：//mt. sohu. com/business/d20170329/130945516_499106. shtml，2017 - 03 - 29.

［37］李波. CF40课题前瞻性研究"双支柱调控框架"［EB/OL］. 中

国金融四十人论坛微信公众号，2017 – 10 – 21.

［38］李超 . 关于"宏观审慎框架"的常见理解误区［EB/OL］. ht-tp：//www. sohu. com/a/68043071_119556，2016 – 04 – 07.

［39］李伏安 . 银行业去杠杆的主攻方向［EB/OL］. http：//www. cf40. org. cn/plus/view. php？aid = 11763，2017 – 03 – 30.

［40］李刚，王晴 . 同业存单推动利率市场化的国际经验［J］. 银行家，2014（3）：76 – 79.

［41］李黎力 . "明斯基时刻"之考辨［J］. 经济理论与经济管理，2013（7）：39 – 45.

［42］李奇霖，张德礼，常娜，钟林楠 . 中国杠杆全解析：金融杠杆的量化、跟踪与测算［EB/OL］. https：//xueqiu. com/8107212038/89746175，2017 – 07 – 31.

［43］李奇霖，钟林楠 . 同业存单"量缩价飙"下的负债荒现实［EB/OL］. https：//wallstreetcn. com/articles/309720，2017 – 06 – 09.

［44］李奇霖 . 如何看待金融去杠杆［J］. 银行家，2017（8）：92 – 94.

［45］李迅雷 . 金融严管下周期还能延续？［EB/OL］. http：//money. 163. com/17/0503/19/CJHMVQ6T002580S6. html，2017 – 05 – 03.

［46］李迅雷 . 去杠杆：这次真的不一样吗［J］. 新理财，2017（6）：20 – 21.

［47］李迅雷 . 日美去杠杆对中国的借鉴［J］. 新金融，2017（6）：4 – 8.

［48］李扬 . 从长周期视角观察国内外经济形势［N］. 经济日报，2018 – 01 – 04.

［49］李扬 . 杠杆率和不良率攀升 如何在刀刃上平衡？［EB/OL］. http：//www. imi. org. cn/viewpoint/26621，2017 – 05 – 02.

［50］李扬 . 综合施策去杠杆［J］. 中国经济报告，2016（10）：83 – 85.

［51］连平，陈冀 . 理性审视 M_2 的宏观指标意义［J］. 中国金融，

2017（24）：34－37.

［52］连平. 经济去杠杆需要理性和韧劲［N］. 中国联合商报，2017－08－07.

［53］连平. 中国金融改革开放跨上新台阶［N］. 金融时报，2017－10－23.

［54］林采宜. "去杠杆"是主旋律［J］. 中国房地产，2017（5）：8.

［55］刘柏惠，寇恩惠. 促进社会去杠杆的财政政策研究［J］. 经济社会体制比较，2017（4）：56－69.

［56］刘鹤. 两次全球大危机的比较［J］. 管理世界，2013（3）：1－7.

［57］刘秋万. 新技术时代银行的转型发展［J］. 中国金融，2015（5）：51－53.

［58］刘喜和，周扬，穆圆媛. 企业去杠杆与家庭加杠杆的资产负债再平衡路径研究［J］. 南开经济研究，2017（3）：111－126.

［59］刘志彪. 去产能、去杠杆、重构价值链与振兴实体经济［J］. 东南学术，2017（5）：110－117.

［60］娄飞鹏. M_2 与社会融资规模比较及货币政策中介目标选择［J］. 甘肃金融，2017（7）：48－52.

［61］娄飞鹏. 从资金来源变化看去杠杆的逻辑［J］. 金融与经济，2017（6）：25－30.

［62］娄飞鹏. 大类资产配置：理论、现状与趋势——基于人口老龄化的视角［J］. 金融理论与实践，2017（6）：51－56.

［63］娄飞鹏. 非金融部门杠杆率现状与去杠杆建议［J］. 西南金融，2017（7）：23－29.

［64］娄飞鹏. 杠杆要去也要优［J］. 武汉金融，2017（5）：1.

［65］娄飞鹏. 国外央行实施名义负利率政策的原因与利弊分析［J］. 金融发展研究，2016（7）：45－51.

［66］娄飞鹏. 宏观审慎——防范系统性风险的利器［N］. 大众日

报，2017 – 08 – 02.

[67] 娄飞鹏. 金融领域高杠杆的深层次成因与去杠杆建议 [J]. 西南金融，2017（6）：22 – 28.

[68] 娄飞鹏. 金融去杠杆视角的同业存单发展与监管分析 [J]. 金融发展研究，2017（7）：59 – 64.

[69] 娄飞鹏. 金融与非金融去杠杆 [J]. 金融理论探索，2017（5）：20 – 26.

[70] 娄飞鹏. 经济和科技视角下，商业银行如何转型 [J]. 当代金融家，2017（7）：82 – 84.

[71] 娄飞鹏. 经济视角的金融复杂性问题 [J]. 金融市场研究，2017（1）：116 – 122.

[72] 娄飞鹏. 美联储缩表的研判与应对 [N]. 学习时报，2017 – 09 – 22.

[73] 娄飞鹏. 如何积极稳妥去杠杆 [N]. 大众日报，2017 – 04 – 26.

[74] 娄飞鹏. 协调推进金融和实体经济去杠杆 [N]. 学习时报，2017 – 06 – 30.

[75] 娄飞鹏. 中美央行资产负债结构分析与建议——基于美联储缩表与人民银行政策选择的视角 [J]. 金融理论与教学，2017（6）：5 – 11.

[76] 娄飞鹏. 资金循环流转视角的去杠杆思路 [J]. 浙江金融，2017（7）：22 – 30.

[77] 陆磊. 建立宏观审慎管理制度有效防控金融风险 [N]. 学习时报，2017 – 04 – 05.

[78] 陆岷峰，葛和平. 中国企业高杠杆成因及去杠杆方式研究 [J]. 金融监管研究，2016（12）：63 – 73.

[79] 陆晓明. 美国经济去杠杆化的进程、效果、经验教训及对中国的启示 [J]. 国际金融，2017（2）：29 – 39.

[80] 吕炜，高帅雄，周潮. 投资建设性支出还是保障性支出：去杠

杆背景下的财政政策实施研究 [J]. 中国工业经济, 2016 (8): 5 - 22.

[81] 毛振华. 去杠杆与金融风险防范 [J]. 中国金融, 2016 (10): 87 - 89.

[82] 孟蓼筠. 基于微观视角的非金融企业"去杠杆"问题研究 [J]. 金融理论与实践, 2016 (8): 110 - 113.

[83] 明明. "双支柱"如何协调货币政策和监管政策的关系 [EB/OL]. http://www.sohu.com/a/208804270_475968, 2017 - 12 - 06.

[84] 明明. 2018 年全球货币政策和大类资产展望(下)——去杠杆和大类资产展望 [EB/OL]. http://www.sohu.com/a/209031351_313170, 2017 - 12 - 07.

[85] 明明. "滚隔夜"被点名,"居民加杠杆""双支柱""全球政策分化"等关键词值得关注 [EB/OL]. http://www.sohu.com/a/205391446_481436, 2017 - 11 - 20.

[86] 欧文·费雪. 繁荣与萧条 [M]. 李彬译。北京:商务印书馆, 2014.

[87] 潘晶. 我国非金融企业杠杆率高企原因及去杠杆路径 [J]. 武汉金融, 2016 (12): 58 - 60.

[88] 盘和林. 去杠杆与稳增长并非经济的"矛"与"盾"[N]. 第一财经日报, 2017 - 12 - 05.

[89] 彭文生. 财政与货币关系的再审视 [J]. 金融市场研究, 2015 (3): 4 - 20.

[90] 彭文生. 房价下降才能促进宏观杠杆率的可持续下降 [EB/OL]. http://finance.sina.com.cn/china/gncj/2017 - 12 - 26/doc - ifypxrpp4283308.shtml, 2017 - 12 - 26.

[91] 彭文生. 渐行渐近的金融周期 [M]. 北京:中信出版集团, 2017.

[92] 邱冠华, 王剑, 张宇. 金融去杠杆到底是什么?[EB/OL]. 大金所微信公众号, 2017 - 05 - 08.

[93] 曲凤杰. 美国经济去杠杆化的成效及影响 [J]. 宏观经济管

理，2014（9）：80－83.

［94］任泽平．同业存单的罪与罚：套利链条与监管影响［EB/OL］. https：//wallstreetcn. com/articles/3013723？ivk＝1，2017－06－07.

［95］盛松成．社融与 M_2 增速背离看金融去杠杆［J］．中国金融，2017（21）：22－24.

［96］盛松成．一个全面反映金融与经济关系的总量指标［J］．中国金融，2013（22）：34－37.

［97］舒展，程建华．我国实体经济"脱实向虚"现象解析及应对策略［J］．贵州社会科学，2017（8）：103－109.

［98］司瑞灏．试论商业银行投行在实体经济"去杠杆"中的作用［J］．农村金融研究，2017（11）：43－47.

［99］宋军．地方融资平台债务管控制度回顾与评述［J］．金融理论与实践，2017（1）：107－110.

［100］苏建森．金融降杠杆探析［EB/OL］. http：//www. sohu. com/a/137742940_460367，2017－05－02.

［101］孙海波，刘诚燃.2017 年银行监管趋势：核心负债、理财、加杠杆、委外［EB/OL］. http：//www. gold678. com/dy/A/481476，2017－02－28.

［102］孙韶华．今年地方债尚余 1.88 万亿待置换［N］．经济参考报，2018－01－04.

［103］王爱俭，孙强．银行业去杠杆应防范发生系统性风险［J］．西南民族大学学报（人文社会科学版），2017（10）：127－134.

［104］王国刚．"去杠杆"：范畴界定、操作重心和可选之策［J］．经济学动态，2017（7）：16－25.

［105］王剑．银行同业业务去杠杆［J］．中国金融，2017（11）：51－53.

［106］王新华，曾晓星．同业存单发行情况及大额存单发展趋势［J］．银行家，2014（9）：59－61.

［107］王永利．记账清算与货币金融［EB/OL］．全球共享金融 100

人论坛微信公众号，2017 - 05 - 24.

［108］魏革军．去杠杆的哲学［J］．中国金融，2016（12）：5.

［109］伍戈．金融去杠杆的"虚"与"实"［J］．金融博览，2017（14）：94.

［110］伍戈．去杠杆与结构性改革结合才能"脱虚向实"［N］．21世纪经济报道，2017 - 12 - 20.

［111］习近平．决胜全面建成小康社会 夺取新时代中国特色社会主义伟大胜利［M］．北京：人民出版社，2017.

［112］徐诺金．辩证理解去杠杆［J］．中国金融，2016（10）：84 - 87.

［113］徐忠．国企治理问题和财政软约束是杠杆率飙升的核心原因［EB/OL］．http：//finance. sina. com. cn/wm/2017 - 04 - 30/doc - ifyetstt3995796. shtml，2017 - 04 - 30.

［114］徐忠．降杠杆并非利率越低越好［EB/OL］．http：//news. hexun. com/2017 - 10 - 31/191454747. html，2017 - 10 - 31.

［115］徐忠．中国现阶段去杠杆需要有序的市场出清［J］．社会科学报，2017 - 06 - 15.

［116］杨金河．日本去杠杆的得失［J］．中国金融，2017（17）：82 - 83.

［117］杨金梅．美国经济去杠杆化及其对我国的影响［J］．新金融，2009（4）：19 - 23.

［118］杨凯生．当前稳步推进金融去杠杆的战略考量［J］．中国党政干部论坛，2017（6）：43 - 47.

［119］杨凯生．关于去杠杆的几点思考［N］．第一财经日报，2017 - 06 - 26.

［120］杨楠，谭小芬．我国企业去杠杆的途径与建议［J］．中国国情国力，2016（11）：65 - 67.

［121］杨荣．银行资金四大空转模式解析及预测［EB/OL］．http：//mt. sohu. com/20170123/n479382024. shtml，2017 - 01 - 23.

［122］杨小静，张英杰．去杠杆、市场环境与国企债务化解［J］. 改革，2017（4）：137－149.

［123］杨毅．同业存单"量价齐升"引发市场多方关注［N］. 金融时报，2017－03－24.

［124］杨筝．国企去杠杆：重中之重［J］. 中国金融家，2017（8）：43－44.

［125］杨志锦，王海平，李伊琳．解构18.38万亿机关团体存款余额［N］. 21世纪经济报道，2014－11－06.

［126］姚洋．美丽的烦恼——如何用好中国的巨额储蓄？［EB/OL］. http：//www.yicai.com/news/5289129.html，2017－05－22.

［127］姚余栋．去杠杆不能过度使用凯恩斯主义刺激政策［N］. 中国证券报，2013－12－13.

［128］姚余栋．养老金融、个税改革与去杠杆［J］. 金融客，2016（9）：12－13.

［129］易宪容．经济新常态下央行货币政策应去杠杆［J］. 新金融，2015（1）：22－26.

［130］益言．从国际经验看中国去杠杆［J］. 中国金融，2016（7）：86－88.

［131］殷剑峰．去杠杆及债转股的作用［J］. 中国金融，2016（19）：18－20.

［132］余向荣，梁红．中国货币政策框架转型的未尽之路［EB/OL］. http：//news.hexun.com/2017－03－17/188535870.html，2017－03－17.

［133］余永定．企业去杠杆不能急［J］. 资本市场，2016（Z4）：13.

［134］张斌．美联储加息和防治坏杠杆不是中国加息的理由［EB/OL］. http：//www.sohu.com/a/216819360_257448，2018－01－15.

［135］张斌等．这份报告详细为你评估当下的中国经济风险［EB/OL］. http：//finance.sina.com.cn/wm/2017－04－26/doc－ifyetxec6599795.shtml，2017－04－26.

［136］张方波. 当前稳步推进金融去杠杆的战略考量［J］. 中国发展观察, 2017（14）: 12 – 14.

［137］张茉楠. 去杠杆化让欧美陷入衰退型增长［N］. 人民日报, 2011 – 07 – 26.

［138］张茉楠. 全球步入去杠杆化艰难期［N］. 经济参考报, 2012 – 02 – 16.

［139］张世翔, 汪道峰. 去杠杆的国际经验镜鉴与启示［J］. 银行家, 2017（9）: 103 – 104.

［140］张婷, 李金顺, 李敏. 我国同业存单市场总体概况及未来展望［J］. 农村金融研究, 2017（4）: 29 – 32.

［141］张帏栋. 金融去杠杆下的刚性兑付［N］. 金融时报, 2017 – 09 – 11.

［142］张晓慧. 宏观审慎政策在中国的探索［J］. 中国金融, 2017（11）: 23 – 25.

［143］张晓晶, 常欣, 刘磊, 李育. 中国去杠杆进程［J］. 中国经济报告, 2017（10）: 90 – 91.

［144］张晓晶, 常欣. 如何积极稳妥去杠杆［N］. 社会科学报, 2017 – 02 – 16.

［145］张晓宇, 李建伟, 郭光锐. 美国去杠杆的实践及启示［J］. 华北金融, 2016（12）: 22 – 26.

［146］张欣怡. 利率市场化背景下同业存单对我国货币市场的作用［J］. 生产力研究, 2014（4）: 45 – 49、86.

［147］赵洋. 如何看待宏观审慎管理"升级"［N］. 金融时报, 2016 – 01 – 04.

［148］中国金融论坛课题组. 杠杆率结构、水平和金融稳定: 理论与经验［R］. 中国人民银行工作论文, 2017.

［149］中国人民银行货币政策分析小组. 2015 年第四季度中国货币政策执行报告［R］. http://www.pbc.gov.cn/zhengcehuobisi/125207/125227/125957/index.html, 2016 – 02 – 06.

［150］中国人民银行货币政策分析小组.2016 年第一季度中国货币政策执行报告［R］. http：//www. pbc. gov. cn/zhengcehuobisi/125207/125227/125957/index. html，2016－05－06.

［151］中国人民银行货币政策分析小组.2016 年第三季度货币政策执行报告［R］. http：//www. pbc. gov. cn/zhengcehuobisi/125207/125227/125957/index. html，2016－11－08.

［152］中国人民银行货币政策分析小组.2016 年第四季度货币政策执行报告［R］. http：//www. pbc. gov. cn/zhengcehuobisi/125207/125227/125957/index. html，2017－02－17.

［153］中国人民银行货币政策分析小组.2017 年第一季度货币政策执行报告［R］. http：//www. pbc. gov. cn/zhengcehuobisi/125207/125227/125957/index. html，2017－05－12.

［154］中国人民银行货币政策分析小组.2017 年第二季度货币政策执行报告［R］. http：//www. pbc. gov. cn/zhengcehuobisi/125207/125227/125957/index. html，2017－08－11.

［155］中国人民银行货币政策分析小组.2017 年第三季度货币政策执行报告［R］. http：//www. pbc. gov. cn/zhengcehuobisi/125207/125227/125957/index. html，2017－11－17.

［156］中国证券登记结算有限责任公司. 中国证券登记结算统计年鉴（2016）［EB/OL］. http：//www. chinaclear. cn/zdjs/tjnb/center_datalist. shtml，2017－07－07.

［157］中华人民共和国审计署. 全国政府性债务审计结果［EB/OL］. http：//www. audit. gov. cn/n5/n25/c63642/content. html，2013－12－30.

［158］周君芝. 金融杠杆的动态演绎：周期轮回、结构变化［EB/OL］. https：//wallstreetcn. com/articles/3007411，2017－05－03.

［159］周昆平，许文兵，赵亚蕊.“金融去杠杆”对商业银行的影响及对策［J］. 中国银行业，2017（10）：55－58.

［160］周琼，韩军伟. 欧美银行业去杠杆路径［J］. 中国金融，2017（11）：57－59.

［161］周小川．守住不发生系统性金融风险的底线［A］．党的十九大报告辅导读本．北京：人民出版社，2017：100 – 109.

［162］周小川．未来将重点关注互联网金融、金融控股公司等四方面问题［EB/OL］．http：//finance. ifeng. com/a/20171016/15726260_0. shtml，2017 – 10 – 16.

［163］周哲．年轻家庭负债缘何猛增［J］．财经，2017（29）：62 – 67.

［164］周子章．"货币 + 宏观审慎"双支柱政策日渐清晰［N］．上海证券报，2017 – 03 – 31.

［165］朱尔茜．杠杆转移与结构改革：美国去杠杆的经验与启示［J］．求索，2017（3）：141 – 146.

［166］朱鸿鸣，薄岩．"去杠杆"的五大误区：认知根源及其危害［J］．发展研究，2016（12）：35 – 38.

［167］曾刚．供给侧改革需有序去杠杆［J］．中国金融，2017（4）：21 – 23.

［168］曾刚．金融去杠杆还将持续多长时间？［J］．21 世纪经济报道，2017 – 07 – 03.

［169］宗良．稳步推进去杠杆保持流动性稳定［J］．2017（8）：92.

［170］Anil K. Kashyap，Jeremy C. Stein，David W. Wilcox. Monetary Policy and Credit Conditions：Evidence from the Composition of External Finance［J］．American Economic Review，1993，83（1）：78 – 98.

［171］Ben S. Bernanke，Mark Gertler. Inside the Black Box：The Credit Channel of Monetary Policy Transmission［J］．Journal of Economic Perspectives，1995，9（4）：27 – 48.

［172］BIS. BIS Statistical Bulletin［EB/OL］．http：//www. bis. org/statistics/bulletin1703. pdf，2017 – 03 – 06.

［173］Carlos Cuerpod，Inês Drumondb，Julia Lendvaia，Peter Pontucha，Rafal Raciborski. Private Sector Deleveraging in Europe［J］．Economic Modelling，2015，44（1）：372 – 383.

[174] Carmen M. Reinhart, Kenneth S. Rogoff, Miguel A. Savastano. Debt Intolerance [R]. NBER Working Paper, No. 9908, 2003.

[175] Carmen M. Reinhart, Kenneth S. Rogoff. From Financial Crash to Debt Crisis [J]. American Economic Review, 2011, 101 (5): 1676 - 1706.

[176] Carmen M. Reinhart, Kenneth S. Rogoff. Growth in a Time of Debt [J]. American Economic Review, 2010, 100 (2): 573 - 578.

[177] Carmen Reinhart, Kenneth Rogoff. Financial and Sovereign Debt Crises: Some Lessons Learned and Those Forgotten [R]. IMF Working Paper, No. 13/266, 2013.

[178] Charles Roxburgh, Susan Lund, Tony Wimmer, Eric Amar, Charles Atkins, Ju - Hon Kwek, Richard Dobbs, James Manyika. Debt and Deleveraging: The Global Credit Bubble and its Economic Consequences [R]. The McKinsey Global Institute, 2010.

[179] Gary Gorton. Slapped in the Face by the Invisible Hand: Banking and the Panic of 2007 [R]. Paper Prepared for the Federal Reserve Bank of Atlanta's 2009 Financial Markets Conference: Financial Innovation and Crisis, May 11 - 13, 2009.

[180] Gianni De Nicolò, Marcella Lucchetta. Bank Competition and Financial Stability: A General Equilibrium Exposition [R]. IMF Working Paper, WP/11/295, 2011.

[181] Hyman P. Minsky. Stabilizing an Unstable Economy [M]. Columbus: McGraw Hill Education, 2008.

[182] IMF. Global Financial Stability Report [R]. Washington, DC: 2012.

[183] IMF. Global Financial Stability Report [R]. Washington, DC: 2017.

[184] IMF. IMF Fiscal Monitor: Debt - Use it Wisely [R]. Washington, DC, 2016.

[185] Irving Fisher. The Debt - Deflation Theory of Great Depressions

参考文献

[J]. Econometrica, 1933, 1 (4): 337 – 357.

[186] Jean – Louis Arcand, Enrico Berkes, Ugo Panizza. Too Much Finance? [R]. IMF Working Paper, WP/12/161, 2012.

[187] Julien Allard, Rodolphe Blavy. Market Phoenixes and Banking Ducks: Are Recoveries Faster in Market – based Financial Systems? [R]. IMF Working Paper, WP/11/213, 2011.

[188] Justin Lahart. In Time of Tumult, Obscure Economist Gains Currency [N]. Wall Street Journal, 2007 – 08 – 18.

[189] Kazuo Ueda. Deleveraging and Monetary Policy: Japan Since the 1990s and the United States Since 2007 [J]. Journal of Economic Perspectives, 2012, 26 (3): 177 – 201.

[190] Livia Iliea, Roxana Olaru. Leveraging and Deleveraging: Pluses and Minuses [J]. Procedia Economics and Finance, 2013, 6 (1): 634 – 644.

[191] Mathias Drehmann, Mikael Juselius. Evaluating Early Warning Indicators of Banking Crises [R]. BIS Working Paper, No. 421, 2013.

[192] Nicola Gennaioli, Andrei Shleifer, Robert Vishny. Neglected Risks, Fnancial Innovation, and Fnancial Fragility [J]. Journal of Financial Economics, 2012, 104 (3): 452 – 468.

[193] Òscar Jordà, Moritz Schularick, Alan M. Taylor. Sovereigns Versus Banks: Credit, Crises, and Consequences [J]. Journal of the European Economic Association, 2016, 14 (1): 45 – 79.

[194] Pierpaolo Benigno, Federica Romei. Debt Deleveraging and the Exchange Rate [J]. Journal of International Economics, 2014, 93 (1): 1 – 16.

[195] Rafael La Porta, Florencio Lopez – de – Silanes, Andrei Shleifer, Robert W. Vishny. Law and Finance [J]. Journal of Political Economy, 1998, 106 (6): 1113 – 1155.

[196] Stephen Cecchetti, Madhusudan Mohant, Fabrizio Zampolli. The Real Effects of Debt [R]. BIS Working Paper, No. 352, 2011.

[197] Thomas Herndon, Michael Ash, Robert Pollin. Does High Public

去杠杆研究

Debt Consistently Stifle Economic Growth? A Critique of Reinhart and Rogoff [J]. Cambridge Journal of Economics, 2014, 38 (2): 257 -279.

[198] Velimir Bolea, Janez Prašnikar, Domen Trobec. Policy Measures in the Deleveraging Process: A Macroprudential Evaluation [J]. Journal of Policy Modeling, 2014, 36 (2): 410 -432.

[199] William Easterly, Roumeen Islam, Joseph E. Stiglitz. Shaken and Stirred: Explaining Growth Volatility [R]. Annual Bank Conference on Development Economics, World Bank, 2000.

[200] Zhang Xiaojing, Chang Xin. Deleveraging: Data, Risks and Countermeasures [J]. China Economist, 2017, 12 (1): 2 -37.

参考文献